헤드라인 쇼퍼

읽고 싶어지는 한 줄의 비밀

헤드라인 쇼퍼

읽고 싶어지는 한 줄의 비밀

박용삼 지음

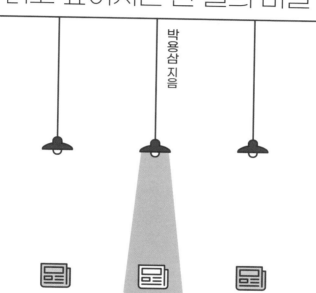

일에일북스

책 한 권을 놓고 봤을 때, 머리말이 차지하는 분량은 고작 1%도 안 됩니다. 전체 300페이지 책이라면 3페이지가 될까 말까입니다. 그런데 머리말에 들이는 시간과 공은 99%에 가까운 것 같습니다. 지금 필자는 본문을 거의 다 작성해놓고 머리말에서 막혔습니다. 머리와 몸통이 지금처럼 멀게 느껴진 적도 없습니다. 고심 끝에 단도직입적으로 가기로 했습니다. 질문과 답변, Q&A입니다. Q는 독자분들의 마음속 궁금증을 어림짐작으로 적었습니다. A는 필자가 드리고 싶은 말씀입니다.

왜 이 책이 필요한가?

우리는 지금 정보 과잉(Information overload)의 시대를 살고 있습니다. 정보를 찾아 학교 도서관과 헌책방 거리를 헤집고 다닌 기억이 채 잊히기도 전에 정보가 쓰나미처럼 몰려왔습니다. 불과 20년도 안 된 것 같습니다. 아무럼 결핍보다는 과잉이 나을 것 같았는데 막상 닥치고 보니 꼭 그렇지만은 않음을 알게 됩니다.

정보 과잉의 원흉(?)은 뉴스입니다. 시도 때도 없습니다. 번듯

한 언론사들은 하루 한 번의 약속을 파기하고 실시간으로 뉴스를 올립니다. 이름도 생소한 인터넷 언론사들도 부지런히 퍼 나르고 퍼 올립니다. 개인도 질 새라 정보 발신의 대열에 합류했습니다. 요즘엔 가짜 뉴스까지 난리입니다.

현기증이 납니다. 두 마리 토끼 중에 선택하라고 하면 무작위로 골라도 무방합니다. 어차피 집토끼 아니면 산토끼일 테니까요. 그런데 100마리가 한꺼번에 달려오면 이야기가 달라집니다. 토끼에 밟힐 지경이 됩니다. 그야말로 멘붕, 아니 멘증(멘탈 증발)입니다.

이런 정보 과부하 상황에서 '멍 때리는 햄릿' 꼴 나지 않으려면 대책이 필요합니다. 1999년에 개봉한 영화 〈주유소 습격사건〉에 힌트가 있습니다. 무식하지만 무식하다는 말을 제일 싫어하는 무대포(유오성 분)의 대사 "난 한 놈만 팬다"가 정답입니다. 2019년에 개봉한 영화 〈극한직업〉의 마봉팔 형사(진선규 분)도 중국 깡패 한 놈만 골라서 집중적으로 팹니다.

그렇습니다. 우리는 골라 읽어야 합니다. 어떻게 고르냐고요? 제목(헤드라인)을 잘 고르면 됩니다. 더군다나 요즘은 종이 신문보다 스마트폰이나 태블릿 PC로 뉴스를 보는 시대입니다. 거기에는 헤드라인밖에 없습니다. 좋은 뉴스, 쓸 만한 뉴스를 헤드라인만으로 판단해서 빛의 속도로 낚아채는 기술이 필요합니다.

『탈무드』에는 정보 과잉의 시대를 사는 세 가지 유형의 인간이 나옵니다. 스폰지형, 터널형, 필터형 인간입니다. '스폰지형'은 모든 정보를 마구 흡수합니다. 그러다 머리가 터질 수 있습니다. '터널형'은 한쪽 귀로 듣고 한쪽 귀로 흘립니다. 마음은 편한데 머리는 비게 됩니다. 마지막으로 '필터형'은 취사선택해서 필요한 것만 소화합니다. 이 책은 필터형 인간으로 사는 법, 즉 필요한 정보를 필요한 만큼만 섭취하는 경험과 노하우를 공유합니다.

누가 읽으면 좋을까?

전 국민이 읽으면 제일 좋습니다. 장르 불문, 모든 책 저자들의 소원이기도 합니다. 그중에서도 특히 서둘러 읽으실 분들은 두 부류입니다.

먼저 정보 수신자분들, 즉 헤드라인 쇼퍼(Headline shopper)에게 권합니다. 뉴스의 홍수에 새파랗게 질린 분들에게 헤드라인만으로 영양가 있는 뉴스를 선별하는 안목과 센스를 드리고자 합니다. 물론 책에 적힌 내용은 결코 정답일 수 없습니다. 필자가 드리는 힌트에 독자 여러분의 색깔을 가미하면 개개인에 최적화된 헤드라인 레시피를 완성하실 수 있을 겁니다.

다음은 정보 발신자분들, 즉 헤드라인을 써야 하는 헤드라이너(Healiner)에게 권합니다. 발신은 수신에 닿아야 비로소 완결됩니다. 필자가 들려드리는 이야기가 헤드라인 쇼퍼들의 눈높이와 취향을 짐작하게 하는 단서가 되었으면 합니다. 비단 언론사 기자나 전문 블로거들에게만 국한되지 않습니다. 우리는 이미 학교, 직장, 각종 모임에서 숙제가 되었든 보고서가 되었든 나름의 정보 발신자입니다. 한 줄로 승부하는 세상에서 여러분들이 만든 콘텐츠의 가치는 헤드라인으로 완성됩니다.

헤드라인을 고른 기준은?

애플의 창업주 고(故) 스티브 잡스는 "창의력은 연결이다(Creativity is just connecting things)"라고 했습니다. 우리는 천재의 말을 들어야 합니다.

'연결'을 위해 인터넷에서 좋은 헤드라인이 갖춰야 할 조건을 찾아보았습니다. 아니나 다를까. 정보 과잉 시대에 걸맞게 TMI (Too Much Information)입니다. 그중 몇 가지만 꼽는다면, 숫자를 넣을 것, 독자들의 삶과 관련될 것, 교훈이나 전문가가 되는 방법을 담을 것, 신비주의를 자극할 것, 찰나의 느낌을 줄 것, 보편화된 느낌을 제시할 것, 돈과 관련될 것, 사실에 충실할 것, 경험담을 담을 것 등이 좌르륵 펼쳐집니다.

숨을 고르고 좀 더 찾아보았습니다. 단도직입적으로 말할 것, 큰 혜택을 명시할 것, 흥미로운 소식을 전할 것, 어떻게 할지에 대한 본능을 자극할 것, 도발적인 질문을 던질 것, 강하게 명령할 것, 유용한 정보를 제공할 것, 솔직하고 열정적인 추천을 노출할 것, 부정적인 언어로 관심을 유도할 것 등이 더해집니다.

정보 과잉을 줄이는 방법에 대한 정보도 과잉이더군요. 상충하는 것도 있고 겹치는 것도 있습니다. 인과관계로 얽힌 것도 있고, 앤드(and)와 오어(or)가 섞여 있기도 합니다. 과감히 5개로 추렸습니다. 유쾌(Funny), 유익(Fruitful), 참신(Fresh), 궁금(Foggy), 심오(Far-sighted)입니다.

의도한 것은 아니었는데 어쩌다 보니 영어 이니셜이 모두 'F'가 되더군요. 하마터면 환호성을 지르며 거리를 내달릴 뻔했습니다.

헤드라인을 고르는 다섯 가지 필터, '5F(Five F)'입니다.

책의 재료는 무엇인가?

자나 깨나 헤드라인에 목숨 거는 분들이 계십니다. 언론사 기자들입니다. 글로 쓰면 수십 페이지에 달할 구구절절한 사연들을 한 줄의 헤드라인에 녹여 넣는 일은 기술이 아닌 예술입니다. 헤드라인에 대한 책을 기획하고 집필을 시작하면서, 앞으로 이 땅의 모든 기자분들을 존경하겠다고 맹세했습니다. 당연히 이 책도 기자분들의 고뇌의 결과물인 언론 헤드라인을 기본 재료로 했습니다.

모든 언론을 다 들여다보는 것은 시간상으로 또 체력적으로 불가능했기에 몇 개만 추렸습니다. 우선 종합 일간지 3개(조선일보, 중앙일보, 한겨레신문)를 고르고, 여기에 경제전문지 1개(한국경제신문)를 더했습니다. 2019년 1월 1일부터 2020년 8월 31일까지 1년 8개월간의 뉴스들 모두 살펴보았습니다(2018년 기사도 일부 포함). 1년 8개월이면 주말이나 국경일을 빼고 대략 500일, 4개 신문이니까 무려 2천 일 정도의 분량이 되더군요. 네이버 뉴스 검색에 감사할 따름입니다.

앞서 말씀드린 '5F' 기준에 가장 부합하는 헤드라인들을 나름의 촉(觸)을 믿고 1차로 300개 정도 뽑았습니다. 국민투표는 아무래도 성가실 것 같아 직장인과 대학생을 포함한 주변 지인들의 감(感)을 빌려 최종적으로 각 'F'의 기준별로 14개씩, 총 70개 헤드라인을 추렸습니다.

정치 관련 기사는 가급적 배제했습니다. 우선 5F 기준으로 봤을 때 그다지 유쾌, 유익, 참신, 궁금, 심오하지 못한 경우가 많았습니다. 간혹 괜찮다 싶은 경우에도 취재 기자 혹은 언론사 데스크의 체취가 강해 샘플로 적절치 못하다고 보았습니다.

책의 구성은?

우선 70개의 꽤 괜찮은 헤드라인 각각에 대해 괜찮다고 생각한 이유를 서너 줄 적었습니다. 여기서 '꽤 괜찮다'고 한 것은 순전히 필자의 주관적 견해임을 다시 한번 밝힙니다. 그다음에 해당 기사를 '사연인즉슨'이라 이름 붙여 소개했습니다. 책의 분량상 기사 전문을 게재하지는 못하고 해당 헤드라인이 도출된 맥락을 이해할 수 있을 정도로만 줄여서 옮겼습니다.

다음으로 왜 그 헤드라인이 임팩트가 있는지에 대한 필자의 견해를 '스치는 생각'에 적었습니다. 필요한 경우에는 기사에서 미처 다루지 못한 전후 사정, 헤드라인이 나온 맥락, 그리고 관련 보충 자료도 조사해서 넣었습니다.

그다음은 매우 주저했던 부분인데요, 같은 소재를 가지고 다른 언론사들에서는 어떤 헤드라인을 뽑았는지를 '같은 재료, 다른 레시피'에서 살펴보았습니다. 여기서 주저했다고 하는 이유는 혹시라도 언론사 헤드라인 간 우열을 가리는 것처럼 비쳐질까 봐 염려되었기 때문입니다. 필자는 유수 대학 '헤드라인 학과'를 다니지 않았고, 국가 공인 '헤드라인 자격증'도 없습니다. 감히 언론사의 헤드라인을 평가할 식견과 안목도 부족합니다. 그저 이 땅의 뉴스 소비자의 한 사람으로서 필자의 개인적인 취향 정도로 이해해

주셨으면 합니다.

　JTBC의 〈냉장고를 부탁해〉에는 한국을 대표하는 스타 쉐프들이 총출동합니다. 유명 연예인 한 명의 냉장고를 통째로 가져다가 그 안에 든 재료만으로 놀라운 요리들을 뚝딱 만들어냅니다. 그러면 게스트 연예인이 자기 입맛에 가장 맛있는 요리를 뽑습니다. 그러고는 그 요리를 만든 쉐프에게 놀랍게도 달랑 배지 하나를 달아주고 끝납니다. 쉐프 중에 어느 누구도 배지에 집착하지 않습니다. 필자가 뽑은 헤드라인도 딱 그만큼의 의미입니다.

끝으로 하고 싶은 말은?

앞서 2천 일자 신문을 뒤졌다고 말씀드렸는데요, 어느 순간 '내가 지금 뭐 하고 있지?' 하는 회의감이 맥주 거품처럼 올라왔습니다. 아마 진도의 반, 1천 일자 검색 즈음이었던 것 같습니다. 이유는 두 가지였습니다. 우선 주로 일과를 마치고 오밤중에 작업을 하다 보니 망막에 갑자기 월동 뽁뽁이(에어캡)가 씌워진 것처럼 모니터 속 글자가 자체 모자이크 처리되기 시작했습니다. 또 하나는 처음엔 멋모르고 시작했지만 반 정도를 마치고 나니 나머지 반을 마저 살펴볼 엄두가 나지 않았습니다. 군대를 1년씩 두 번 끊어 가지 않고 딱 한 번에 2년을 채우게 하는 데는 다 이유가 있는 것입니다.

　이럴 땐 손을 놔야 합니다. 필자도 그렇게 마음을 다스리고 몇 달을 속 편하게 지냈습니다. 그러다 결국 모니터 앞에 다시 앉게 된 것은 또 두 가지 이유 때문입니다.

하나는 달리기 중독자들이 느낀다는 짜릿함(러너스 하이)에 비견될 만한 검색자의 희열입니다. '서처스 하이'라 할까요. 땅덩어리는 좁지만 대한민국은 헤드라인 천국입니다. 얽히고설킨 사건 사고, 누가 먼저 때렸는지 확인 불가한 각종 시비, 원인과 결과가 뒤죽박죽인 한 맺힌 사연을 한 줄 헤드라인에 녹여내는 고수들이 있습니다. 이분들의 솜씨를 엿보는 것만으로도 감동과 쾌감에 중독되게 됩니다.

또 하나는 의무감입니다. 소설가는 책으로, 가수는 노래로, 화가는 그림으로 기억됩니다. 그러나 한 줄 헤드라인을 위해 몇 시간씩 머리를 쥐어뜯었을 누군가의 노고는 기억되지 않습니다. 단 하루밖에 살지 못하고 잊혀버리는 보석 같은 헤드라인들을 누군가는 기록해야 한다는 생각이 들었습니다. 우선 필자부터 다만 한 움큼만이라도 먼저 시작해보자는 주제 넘는 욕심이 생겼습니다.

여기까지 적고 보니 최후 변론을 마친 기분이 듭니다. 이제 필자의 눈동냥을 독자 여러분과 함께 나누고자 합니다.

2020년 이른 겨울,

박용삼

4장	궁금한 헤드라인	Foggy

우리 속담과 서양 격언의 '유쾌한' 헤드라인

•

가는 방망이 오는 홍두깨

방망이로 때리다가 홍두깨로 맞는 수가 있다.
남을 해치려 하다가 오히려 더 큰 화를 입게 된다는 뜻.

•

카르페 디엠(Carpe diem)

현재를 즐겨라(힘 있을 때 놀아라?).
지금 이 순간에 충실하고 최선을 다하라는 뜻.

1장

유쾌한
헤드라인

Funny

유머에 목마른 세상이다. 〈개그콘서트〉도 없어졌다.
웃기는 헤드라인이라면 누군들 마다할까.

불만 없어요,
우리집 부엌

요즘은 부엌이 럭셔리해서 불만(不滿, 컴플레인) 없다는 말로 들린다. 주방기기나 인테리어 광고일까, 아님 갓 결혼한 유명 연예인의 신혼집 자랑일까? 무슨 불만일지 궁금하다.

사연인즉슨

지난달 서울 마포의 한 신축 아파트에 입주한 주부 이미선(35) 씨의 집 주방에는 가스관이 연결돼 있지 않다. 아파트 기본 옵션으로 가스레인지가 아닌 전기레인지가 설치됐기 때문이다. 이 씨는 튀김 요리를 할 때는 기름을 잔뜩 부은 팬을 사용하는 대신 에어프라이어에 재료를 넣는다. (…) '불 볼 일 없는 집'이 늘고 있다. 가스레인지의 자리를 전기레인지와 에어프라이어가 대체하고 있기 때문이다. 이에 따라 주방용품과 식품 시장도 변하고 있다.

가스레인지는 1825년 처음 개발된 이후 오랜 기간 가정집의 필수품이었다. 하지만 롯데하이마트에 따르면 전체 레인지 판매 시장에서 전기레인지가 그 영역을 점차 넘보고 있다. 2014년 18%였던 전기레인지 판매 비중이 지난해에는 절반 가까운 45%로 치솟았다.

(…) 롯데하이마트는 "가스레인지와 달리 일산화탄소 발생 염려가 없고 화재나 가스 누출 등 안전사고의 위험이 낮다는 장점에 더해 인테리어 효과가 크다는 점이 소비자에게 매력적으로 다가간 것으로 분석하고 있다"고 말했다. 추세에 발맞춰 LG전자는 지난해 말부터 가정용 가스레인지 생산을 중단했다. LG전자 관계자는 "전기레인지 제품 출시 초반에는 전기요금 폭탄에 대한 걱정이 많았지만, 최근 효율이 좋아져 더는 전기요금 걱정할 필요 없이 쓸 수 있는 단계까지 발전했다"고 말했다.

'기름 없는 튀김기'인 에어프라이어도 이런 흐름을 가속화하고 있다. 에어프라이어는 기름 없이 뜨거운 공기로 튀김을 만드는 제품으로 2011년 필립스가 세계 최초로 개발했다. 한때 고급 생활가전으로 인식됐지만, 가격이 낮고 생닭을 4마리까지 한꺼번에 조리할 수 있는 대용량 제품도 나오면서 최근 판매가 폭증하고 있다. 출시 초반 가격이 수십만 원대였지만 이제 10만 원 이하 제품을 쉽게 볼 수 있다. (…)

『조선일보』 2019년 1월 15일

유쾌한 헤드라인

스치는 생각

집에서 가장 소중한 공간은 어디일까? 집마다 다르고 상황따라 다르겠지만 아주 오래전에는 단연코 방이었다. 특히 안방의 넓이가 중요한데 애지중지하는 자개장롱을 들여놔야 했기 때문이다. 그러다 아파트 문화가 확산되면서 거실이 방의 지위를 대신했다. 커다란 브라운관 TV와 물소가죽 소파가 완비되어야 비로소 집 같은 집이었다.

지금은 그 자리를 부엌이 차지했다. 어차피 방이야 잠만 자면 되고, 스마트폰과 태블릿 PC가 있는데 굳이 거실에서 TV를 볼 일도 없어졌기 때문이다. 광활한 부엌에 놓인 아일랜드 식탁에 둘러앉아야 비로소 가족들 얼굴을 마주할 수 있게 되었다.

결국 헤드라인이 말하는 것은 부엌에 대한 '불만(不滿)'이 아니라 '불(火)'만 없다 뿐이지 있을 건 다 있고 요리하는 데 아무 지장 없다는 내용이다. 대대로 중국 문화권이었던 까닭에 우리말 단어에는 한자가 엄청 많다. 이건 자존심 따위와는 상관없다. 영어가 라틴어에서 파생되었다고 해서 영국이나 미국이 기죽었다는 이야기는 들어본 적 없다. 한자 단어와 순우리말이 융합되어 지금의 우리말이 되었을 뿐이다. 한자와 한글의 미묘한 차이를 잘 살리면 헤드라인이 유쾌해진다.

불로 인한 화재 걱정이 없어지는 건 좋은데 불과의 이별이 썩 달갑지만은 않다. 코흘리개 시절, 어머니는 연탄불 위에 냄비를 올려놓고 라면을 끓여 주셨다. 그러다 중학교에 가면서부터 석유

풍로에 UN성냥으로 불을 붙여 라면을 끓여 주셨다. 대학에 가면 서는 가스레인지를 딸깍 켜고는 파란색 불꽃을 지켜보며 직접 끓 여 먹었다. 이제는 도무지 작동원리가 이해되지 않는 인덕션의 눈 금을 터치로 조절해가며 라면을 끓인다.

인간이 비로소 품위를 유지하게 된 것은 순전히 불을 이용하면 서부터다. 프로메테우스는 우리를 위해 제우스를 속여가면서까 지 불을 훔쳤다. 익혀 먹기 시작하면서 인간은 비로소 사람이 되 었다. 사람들은 MBN 〈나는 자연인이다〉에 지겹게 나오는 시뻘 건 장작불을 넋을 잃고 바라본다. 인간은 불의 종족이다.

─────── 같은 재료, 다른 레시피 ───────

비슷한 내용을 담은 뉴스가 꽤 많다. 이 중 수치를 강조한 헤드라 인은 한눈에 윤곽을 드러내는 장점이 있는 반면 큰 트렌드를 담기 에는 한계가 있어 보인다. 제목에 대개의 정보가 친절히 나와 있 어서 굳이 기사를 읽을 필요는 반감된다.

전기레인지 시장, 작년 말 기준 80만대 돌파…올해 '100만 대' 넘는다
전자랜드 "3분기 전기레인지 판매 급증…전년 比 112% ↑"

주방기기의 세대교체를 암시하면 독자는 뭔가 중대한 변화가 진행 중임을 알게 되고 기사 내용에 관심을 보인다.

가스레인지 비켜…주방에 전기레인지 '바람'

에어프라이어, 전자레인지·전기오븐 제쳤다

필자가 꼽은 헤드라인처럼 '불'이 없어지는 주방의 혁명을 의미하는 헤드라인들도 눈에 띈다. 독자에게 생각할 여지를 주면서 당연히 클릭 확률도 높아진다.

'불꽃 없는 전쟁'…주방 전기레인지 주도권 경쟁 점화

부엌 내 '불꽃'이 사라진다…전기레인지 인기 이유는?

중국이 쏜 화살,
애플 떨어뜨리다

허공에 활질을 했을 리는 없고, 그렇다면 쏜 자(중국)와 맞은 자(애플)의 정체에 시선이 간다. 전자는 중국 공산당? 시진핑 주석? 한 성질 하는 중국 네티즌? 그렇다면 후자도 부사, 홍옥, 아오리가 아니라 미국에서 잘나가는 그 애플이 틀림없다. 그나저나 무슨 화살을, 왜 쏜 걸까.

─── 사연인즉슨 ───

미국 최대 스마트폰 업체인 애플이 29일(현지 시각) 실적 발표를 통해 작년 4분기 매출 843억 달러(약 94조 1,600억 원), 순이익 199억 6,500만 달러(약 22조 3,000억 원)를 기록했다고 밝혔다. 1년 전보다 매출은 4.5%, 순이익은 0.5% 감소했다. 애플이 2007년에 아이폰을 처음 선보인 뒤 최대 성수기인 4분기에 매출·순이익이 동반 하락한 것은 이번이 처음이다. 애플은 올 1분기 매출 전망치도 시장 예상(600억 달러)보다 낮은 550억~590억 달러를 제시했다.

IT(정보기술) 업계 관계자는 "그동안 수면 아래에 있었던 미·중 무역 전쟁의 부작용이 애플의 실적에서부터 본격적으로 나타난 것"이라고 말했다. 세계 경기 침체의 먹구름이 몰려온다는 우려가 현실화하고 있다는 것이다.

(…) 전문가들은 작년 4분기 애플 실적 하락은 오롯이 중국 시장의 침체 때문이라고 분석하고 있다. 애플이 이 기간에 중국 시장(대만·홍콩 포함)에서 벌어들인 매출은 131억 6,900만 달러에 그쳤다. 1년 전보다 47억 6,000만 달러(27% 하락)가 줄어든 것이다. 4분기 전체 매출 감소분(39억 8,300만 달러)보다도 많다. 작년에 중국 현지에서는 미국 정부의 중국 압박에 따라 반미(反美) 여론이 커지면서 아이폰 불매 운동이 일어나기도 했다.

(…) 애플의 실적 하락은 미·중 무역 전쟁으로 인한 교역 위축과 중국 경기 침체 후폭풍의 징후를 보여주는 대표적인 사례. (…)

『조선일보』 2019년 1월 31일

───────── 스치는 생각 ─────────

작품 자체가 뛰어났던 것인지, 마케팅이 탁월했던 것인지 암튼 우리는 모두 로빈 후드의 활약상을 배우며 자랐다. 특히 아이의 머리 위에 사과를 올려놓고 화살을 쏘아 맞추는 장면은 지금 생각해도 아슬아슬하다. 그래서일까? 중국이 쏜 '화살'은 당연히 '애플'을 겨냥했을 거라고 연상된다.

이 헤드라인에서 또 하나 떠오르는 것은 조세희 작가의 『난장이가 쏘아 올린 작은 공』이다. 아마도 '중국이 쏜'에서 '난장이가 쏘아 올린'이 연상되었는지 모르겠다. 1978년 초판이 발행된 이래 1996년에 무려 100쇄를 찍으며 40만 부가 팔렸다고 한다. 어지간한 한국 사람들은 다 읽거나 샀거나 줬거나 했을 거다. 책을 읽으며 사회 소외계층의 현실에 처음으로 안타까워하고 분개했던 기억이 난다.

아무튼 '중국이 쏜 화살, 애플 떨어뜨리다'라는 헤드라인은 로빈 후드나 조세희 작가를 연상시키면서도 중국의 요즘 행동을 잘 잡아냈다. 중국이 쏜 화살은 과연 애플을 떨어뜨릴 수 있을까? 아니면 난장이가 쏘아 올린 작은 공처럼 무력한 몸짓에 불과한 걸까? 기사를 읽어보지 않을 수 없게 만든다.

중국이라는 나라는 우리에게 참 가까운 듯 먼 나라다. 중국 공산당이 만들어내는 불확실성은 당분간 계속될 것 같다. 원톱이 되고 싶은 나라, 하지만 원톱이 되기에는 뭔가 허술하고 불안한 나라다. 1980~1990년대에 덩샤오핑이 100년간 도광양회(韜光養晦, 자신을 드러내지 않고 때를 기다리며 실력을 기른다는 뜻)하랬더니 시진핑은 40년도 못 채우고 분발작위(奮發作爲, 떨쳐 일어나 할 일을 한다는 뜻)하겠다며 일어섰다. 이런 중국이 어디 애플에 화살만 쏘랴. 중국이 던진 벽돌은 아마존 정수리에 내리꽂히고, 중국이 휘두른 칼은 페이스북을 찢는다.

상수(常數)가 되기를 거부하는 중국, 우리에게는 영원한 변수(變數)다.

같은 재료, 다른 레시피

애플의 부진한 실적을 강조한 기사가 많은데 헤드라인만 봐서는 일시적인 현상처럼 느껴질 수 있다. 의례 그런가 하며 클릭하지 않고 건너뛸 수 있다.

애플 아이폰, '화웨이 홈그라운드' 중국서 판매 20% 급감
애플 중국서 20% 가격인하에도 매출 20% 급감

중국이 애플 혹은 삼성의 텃밭을 잠식해 들어간다는 헤드라인에서는 뭔가 예사롭지 않음이 전해온다. 과연 정말 그런가 싶어 기사를 읽게 만든다.

애플 '아이폰 고가 작전' 중국서 참패
아시아부터 유럽 국가까지 중국폰 뜨고 삼성·애플폰 지고

상가에 병원 연다더니…
그 의사는 '배우'였다

배역 끊긴 영화배우가 머리 싸매고 공부해서 의사가 되었다는 이야기일까? 배우처럼 멀끔하게 생긴 사기꾼이 의사 행세를 했다는 이야기일까? 전자라면 인간승리의 감동 스토리, 후자라면 눈 뜨고도 당하는 사기 주의보다. 확인 들어가야 한다.

사연인즉슨

(…) 경기도 화성시 남양신도시의 한 상가 건물. 약사 최준식(이하 모두 가명·53) 씨는 약국 매물 중개 사이트를 통해 약국 자리를 알아보고 있었다. 거기서 알게 된 한 약국 창업 컨설턴트가 남양신도시 건물을 소개했다. 내과, 소아과, 이비인후과 그리고 정형외과까지 병원 4곳이 입점한다고 했다. 분양가는 7억 원으로 비쌌다. 4억 원의 '병원 지원금'까지 포함하면 모두 11억 원으로 같은 층 점포의 최대 4배 수준이었다. 병원 지원금은 병원 입점을 대가로 약

국이 내는 일종의 '독점 수수료'를 말한다.

최 씨는 망설였다. 그때 컨설턴트가 병원과 시행사가 맺은 5년짜리 임대차 계약서를 꺼내 들었다. "하루에 180건 이상 처방전이 보장되는 자리 5년 이상 독점 운영은 흔치 않다"며 "세브란스 출신의 유능한 원장이 4, 5층 전체를 자기 병원으로 임대"했음을 강조했다.

(…) 병원을 끌어오고, 약사의 돈을 얹으면 신도시 상가 분양의 '판돈'이 만들어진다. 이 판돈을 끌어오는 데 가장 중요한 '선수'는 의사다. 의사는 병원 임대차 계약을 가능하게 하는 배우다. 판돈의 10%를 챙긴다. 10억 원짜리 약국이 들어서면 1억 원이 의사 몫이다.

(…) '자영업계의 귀족'이라고 불리는 전문직 자영업자가 신도시 상가 분양의 불쏘시개로 전락한 셈이다. 건물주로선 손 안 대고 코 푸는 격이다. 병원 입점 결정은 다른 점포 분양가를 끌어올린다. 보통 평당 200만~300만 원 이상 높아진다. 병원이 들어선다고 해야 식당 자리가 팔리고 카페 자리가 팔린다. 병원에 다닐 유동인구를 반영해 분양가가 부풀려진다. 약사의, 식당 주인의, 피시방 사장의 돈이 건물주를 거쳐 병원 창업컨설팅 업체로 흘러들어간다. (…)

『한겨레신문』 2019년 3월 22일

──────────── 스치는 생각 ────────────

사연이 복잡해서 꼼꼼히 읽지 않으면 누가 피해자고 누가 가해자인지 헷갈린다. 어디까지가 사기죄고 어디까지가 관행인지도 아리송하다. 한 가지 확실한 점은 분명히 누군가는 다른 누군가의 말을 믿었고, 또 다른 누군가에게 속아 피해를 봤다는 것이다.

이런 복잡함을 일거에 정돈해준 헤드라인 '그 의사는 배우였다'가 그래서 시원스럽다. 상가에 병원이 들어오면 환자, 보호자, 문병객 등 왕래하는 사람이 많아질 거다. 그 많은 사람이 조용히 와서 조용히 갈 리 없다. 약을 사는 것은 물론 온 김에 편의점도 들르고, 밥도 먹고, 커피도 마시고, 기분 내키면 술도 한잔할지 모른다. 그렇다면 임대료가 얼마간 비싸더라도 그 상가에 들어가는 게 정답이다. 이제 돈 긁어 담을 일만 남았다.

아름다운 이야기는 뒤끝이 있다. 병원, 손님, 약국, 부대시설로 이어지는 무지갯빛 선순환의 출발점은 병원 입점이다. 그런데 뜻밖의 반전이 있었으니 그 병원을 운영할 의사가 배우였다는 말이다.

사기꾼 나오는 영화는 땡큐지만 일상에서의 사기는 범죄다. 『2019 사법연감』을 보면 2018년 한 해 동안 우리나라에서 법의 심판을 받은 사기와 공갈은 30,641건, 횡령과 배임은 3,364건에 달한다. 이럴 때 우리는 자동반사적으로 '일본은?' 하고 묻는다. 궁금할 것 없다. 당연히 우리가 압도적으로 높다. 그리고 만에 하나 사기 건수가 일본보다 적다고 해서 가슴을 쓸어내릴 일도 아니다. 중요한 것은 이 땅에서 하루에 100건 이상은 누군가 다른 누군가의 뒤통수를 치고 돈을 꿀꺽했다는 점이다.

사기꾼들의 유전자는 정상인(?)보다 더 이기적일지 궁금하다. 어렸을 때 "나는 커서 꼭 사기꾼이 될 거야"라고 다짐했을지도 의문이다. 사기는 돈만 훔치는 게 아니다. 당하는 사람의 영혼까지 탈탈 턴다. 사기꾼들에게 칸트의 정언명법을 권한다. "네 의지의 준칙이 언제나 동시에 보편적 입법의 원리로 타당할 수 있도록 행위하라."

아, 하마터면 미안할 뻔했다. 칸트를 읽었을 정도면 애초에 사기꾼이 되지 않았을 거다. 혹시 늦게라도 진로를 고민하며 지금 이 대목을 읽고 있는 사기꾼들을 위해 해설을 덧붙인다. "너도 사기당하는 거 싫지요? 그럼 사기 치지 마세요."

같은 재료, 다른 레시피

사기 사건의 내막에만 초점을 맞춘 헤드라인은 그저 남의 일이려니 싶어 지나칠 확률이 높다. 세상 인심이 그렇다. 누굴 탓하랴.

경기도 화성 남양뉴타운 내 '신종사기' 약국전문 컨설팅
약사 "권리금 돌려달라" VS 컨설팅 "공소시효 지났다"

분양사기가 광범위하게 진행되고 있어 당장은 아니더라도 언제든 나도 걸려들 수 있겠구나 싶으면 저절로 기사에 눈이 간다.

경기도약사회, 약국 분양사기 주의보 발령
약사 노리는 지능적 분양사기…표적이 되지 않으려면?

할머니가 할아버지보다 더 밟는다

마을 청년회장인 70대 할아버지가 80대 형님 할아버지의 커피를 탄다. 그 나이가 되어서도 설탕과 프림을 못 맞춘다고 핀잔 듣는 건 예사다. 고령화 사회의 일상이다. 이런 와중에 할머니 대 할아버지 간 대결구도가 생뚱맞다. 그런데 할머니가 '밟는다'고? 설마 아스팔트 위에서?

사연인즉슨

우리나라에서 어느 지역 사람들이 가장 운전을 얌전하게 할까? 반대로 험한 지역은? 여성이 남성보다 안전하게 운전할까?

이런 궁금증에 대한 답이 나왔다. 본지가 4일 SK텔레콤의 내비게이션 '티맵' 이용자의 운전 습관 빅데이터를 지역별, 성별, 연령별로 분석한 결과, 과속은 강원에 사는 운전자가 1위, 급가속과 급감속은 제주에 사는 운전자가 가장 많이 하는 것으로 나타났다. 또 평균적으로 여성이 남성보다 안전 운전을 하지만, 70대 이상에서

유쾌한 헤드라인

는 여성 운전자의 과속 비율이 더 높은 것으로 분석됐다. 이번 분석은 '티맵 운전 습관 서비스'에 가입한 고객 1,059만 명 중 누적 500km 이상 주행한 기록이 있는 272만 명을 대상으로 했다.

티맵의 운전 습관 서비스는 GPS(위성 항법 장치) 정보를 바탕으로 운전자의 안전 운전 점수를 뽑아 준다. 점수를 매기는 항목은 과속, 급가속, 급감속 세 가지다. 도로의 제한 속도를 과도하게 넘거나 1초에 시속 10km를 초과해 가속·감속하면 감점한다. 점수가 높을수록 안전 운전을 한다는 뜻이다. SK텔레콤 강동웅 매니저는 "제한 속도를 잘 지키면서 가속기, 브레이크를 덜 쓰고 여유 있게 운전해야 높은 점수를 받을 수 있다"고 말했다.

(…) 티맵 이용자 272만 명 운전 습관 분석해보니 성별로는 여성이 남성보다 3점 정도 점수가 높았다. 여성이 더 안전 운전을 하는 셈이다. 하지만 74세부터는 남녀 간 점수가 역전됐다. 특히 과속 항목에서 여성의 점수가 크게 떨어져 할머니들이 할아버지들보다 빨리 차를 모는 것으로 나타났다. 보험사 관계자는 "여성들이 더 오래 사는 남녀 간 평균 수명의 차이가 반영된 것으로 보인다"고 말했다. (…)

『조선일보』 2019년 6월 5일

──────── 스치는 생각 ────────

빅데이터(Big data)는 심증을 물증으로 바꾸는 기술이다. 살면서 왠지 기분이 묘하긴 한데 뭐라 꼭 집어 말하기 어려운 때가 있다. 중학교 동창이 갑자기 30년 만에 보고 싶다며 연락해올 때, 배우자가 웬일로 상냥하게 말을 걸어올 때, 사장이 요즘 힘들지 않냐며 어깨를 툭 치고 지나갈 때처럼. 가수 이승환의 노래 가사처럼 "왜 슬픈 예감은 틀린 적"이 없을까(이승환, 〈한 사람을 위한 마음〉, 1992). 이럴 땐 지체 없이 빅데이터 분석을 해봐야 한다.

운전 행태는 빅데이터의 주요 분석 대상이다. 사람의 목숨, 재산상의 피해, 과실 비율과 보험금 산정 등과 직결되기 때문이다. 운전자들의 운전 습관을 잘 추적하고 분석하면 여러모로 요긴하다. 누가 더 얌전히 운전할까, 누가 더 법규를 잘 지킬까, 누가 딱지를 모으고 있을까 등을 알게 되면 그에 딱 맞는 후속 대책이 가능해진다.

예전 같으면 결론이 뻔해서 굳이 빅데이터까지 갈 필요 없는 것들이 많았다. 남자가 더 난폭하게 몰고, 영업용이 더 사고를 많이 내고, 10년 차쯤 되었을 때 과속을 즐겨 하고, 고속도로보다 국도가 더 위험하고 하는 것들은 운전자들의 일반 상식이었다. 그러나 지금처럼 자동차가 대중화된 시대에는 이런 생각들이 편견인 경우가 점점 많아진다. 욱하는 여성 운전자, 끼어들기를 주저하는 영업용 택시, 과속에 맛 들린 초보, 과속방지턱으로 도배를 한 국도처럼 말이다.

이런 때는 제로베이스에서 빅데이터 분석을 해봐야 안다. '할머니가 할아버지보다 더 밟는다'는 헤드라인도 통념을 깨는 빅데이터 분석의 결과물이어서 흥미롭다. 그런데 정말 그럴까? 요즘 할아버지들도 장난이 아닌데 할머니들한테는 밀린단 말인가? 그렇다면 할머니들은 도대체 왜 밟으시는 걸까?

통상 남성은 공간 인지력이 뛰어나 길 찾기나 운전을 잘하고, 여성은 시간 인지력이 뛰어나 집에서 출발해 마트, 미용실, 은행, 세탁소를 하나도 빠뜨리지 않고 들른 후에 제시간에 딱 맞춰 귀가하는 놀라운 능력을 갖춘 것으로 알려져 있다. 그런데 다 옛날 이야기다. 여성의 능력이 갈수록 업그레이드되어 이제 여성, 특히 할머니들도 액셀을 힘주어 밟으니 남성의 설 자리는 점점 더 없어져 간다.

우스갯소리 하나. 아파트 이름이 갤러리아포레, 아크로포레스트, 트리마제, 첼리투스 등 갈수록 어려워지는 이유가 시어머니 못 찾아오게 하려는 거라던데 그래 봤자 소용없다. 요즘 할머니들, 액셀을 즈려밟고 날라 오신다.

같은 재료, 다른 레시피

운전 습관에 대한 빅데이터 분석이 어떤 보험 혜택으로 이어지는지를 다룬 헤드라인이 많다. 매년 내는 자동차 보험료가 신경 쓰이는 분들, 반드시 클릭한다.

건강·운전 습관 반영하는 손안의 디지털 보험 서비스
"T맵 운전 습관으로 68만 명 보험료 10% 할인받아"

대개의 소시민들에게 범죄는 다른 세상 이야기다. 살인, 강도, 폭행, 절도 등은 영화나 드라마에서나 접할 수 있다. 어제와 같은 일상이 내일도 반복될 뿐이다. 하지만 운전은 예외다. 자동차는 언제든 흉기가 되고, 핸들을 잡는 우리 모두는 여차하면 범죄자가 된다. 도로 위의 운전 행태와 주의해야 할 상황들을 알려주는 헤드라인은 모든 운전자들, 특히 면허 시험을 앞둔 예비 운전자들에게 필독이다.

빨간날 전날이 더 '위험'…귀성길 설레도 과속은 안 돼요

운전자 30%는 깜빡이 안 켜고 50%는 속도 위반

'했던 사람이 또 하는' 음주운전·과속운전…이대로 놔둬도 될까

비데 장관과
와인 장관

세상 참 좋아졌다. 장관이면 조선시대 이조판서, 병조판서 할 때 바로 그 판서(判書)인데 무엄하게도 호칭 앞에 수식어를 붙였다. 그나마 비데와 와인은 여전히 다소 고급 쪽이니까 용서가 된다. 구분하자면 비데는 청결, 와인은 품위. 그렇다면 청결하고 품위 있는 장관을 칭찬하는 기사일 것 같다. 푸세식 장관, 막소주 장관 이라고 안 한 걸로 봐서 더욱 그렇다.

──────── 사연인즉슨 ────────

(…) 시계를 2년 전으로 돌려보자. 정권 초 '감동'은 인사에서 나왔다. 비외무고시 출신에 여성인 강경화 외교부 장관, 군의 잘못된 인사 정책과 싸우다 전역한 예비역 육군 중령 출신의 피우진 보훈처장 발탁 등이 대표적이다. 진정성을 가지고 한 우물을 파온 재벌 개혁 전도사 김상조 경제개혁센터 소장이 공정거래위원장에 임명 됐고, 안철수 캠프에 몸담았던 장하성 고려대 교수를 청와대 경제 사령탑으로 모셔와 새로운 경제 패러다임을 선보이고자 했다. 기

존 흐름을 깨고 뭔가 새로운 바람을 일으킬 것으로 기대됐다.

(…) "정권 출범 뒤 두 번째 인사부터 신선함이나 윤리성, 도덕성 그 어떤 기준으로도 감동을 준 인사가 없다. 더 큰 문제는 그 뒤로도 널리 인재를 구하기 위해 적극적인 노력을 기울인 게 전혀 보이지 않는다는 점이다. 훌륭한 이가 발탁돼 성과를 내면 자연스레 영입 과정의 뒷이야기들이 나오기 마련인데, 그런 경우가 한 명이라도 있었나?" 문 대통령과도 친분 있는 한 원로 인사의 이야기다.

(…) 최근 몇 년 잘 나가는 몇몇 고위 간부를 두고서는 검사로서 쌓아온 성과나 태도가 아니라 '친문 핵심 실세와 고교 동문', '대통령 신임이 두터운 참모와 대학 운동권 시절 선후배' 등 누군가와의 연줄이 그 배경으로 언급되고 있다.

어디 법조뿐이겠는가. 전 정권 시절 한 경제부처 장관은 해외출장을 갈 때면 자신의 전용 비데를 챙기도록 해 내부에서 원성을 샀더랬다. 문재인 정권 출범 뒤 새로 취임한 장관님은 달랐다. 문재인 정부 인사에 두루 영향을 미쳤다는 정권 실세와 학연(대학)으로 연결됐다던 새 장관님은 대신에 해외출장에서 귀국하는 길에 와인을 여러 병 사서, 세관 무사통과를 위해 수행원들이 각자 짐에 장관님 와인 한두 병씩을 나눠 챙겨야 했단다.

그래도 비데 장관보다는 와인 장관이 낫지 않냐고? 따지자면 틀린 말은 아니겠지만, 너무 서글픈 비교우위 아닌가.

『한겨레신문』 2019년 6월 30일

기사를 읽어 보니 기자의 장관 작명법을 알겠다. 비데 장관은 국민 건강을 위해 모든 양변기에 비데 설치를 의무화하는 보건복지부 장관, 와인 장관은 국가 품격 향상과 자유무역 촉진을 위해 와인 섭취를 권장하는 산업통상자원부 장관 이야기가 아니었다. 슬프게도 자기 비데를 사랑한 장관, 와인으로 보은하는 장관 이야기였다.

대한민국 건국 이래 지금까지 장관 자리에 오르신 분들을 다 합치면 몇 명이나 될까? 장관 자리가 보통 10여 개이고 한 정권에서 2~3번은 바뀌니까 모두 합치면 수백 명은 될 것 같다. 그런데 그 많던 장관 중에 이름이 기억나는 분은 (한) 손에 꼽힐 정도밖에 안 된다. 정권과의 연결고리만 있었지 능력이나 업적으로 어필하지 못했기 때문이리라.

막중한 출장길에 사적인 편의를 챙기는 것조차 민망한 일이지만, 백번 양보해서 비데든 다리미든 헤어드라이어든 자기 것 자기가 준비하는 거는 그렇다 치자. 빈손으로 귀국하기 섭섭해서 와인이든 육포든 아몬드든 귀국 선물도 샀다 치자. 다만 사적인 것은 사적으로 사서, 사적인 가방에 담아 오는 게 맞다. 어렵게 고시 패스한 귀한 집 자식들 손 빌리는 일은 하지 말아야 옳다.

인사가 만사, 결국 사람이 제일 중요하다. 국가의 중대 정책을 담당하는 고위 공무원들이야 말할 나위도 없다. 가장 큰 문제는 이런저런 석연치 않은 이유로 위에서 내리꽂히신 분들이다. 쉽게 번 돈 쉽게 쓰듯이 쉽게 얻은 자리는 쉽게 대하기 마련이다. 중요한 자리일수록 사람을 앉힐 때 더 엄격하고 깐깐하게 골라야 하는 이유다. 자리에 앉기까지 시달린 기억 때문에라도 더 열성적이고 책임 있게 행동하지 않을까.

미국의 인본주의 심리학자인 매슬로(A. Maslow)는 인간의 욕구를 인수분해 해서 5단계로 나누었다(놀랍게도 이분은 슈퍼마리오를 닮으셨다). 생리, 안전, 애정과 소속, 존경, 자아실현의 욕구인데 순서에 따라 고차원적 욕구다. 기사에서 지목한 비데 장관과 와인 장관의 욕구는 몇 단계를 지나고 있을까. 설마 자아실현?

같은 재료, 다른 레시피

장관들의 도덕적 흠결과 역량 결핍을 지적하는 기사는 일일이 열거하기 힘들 정도로 많다. 장관의 당연한 운명이고 언론의 당연한 역할이겠다. 다만 헤드라인에 감정이 묻어나거나 소소한 부분만 따진다면 독자들은 헤드라인만 흘끗 보고 넘기게 된다. 독자도 먹고살기 바쁘다.

'비데 장관과 와인 장관'처럼 작성자의 숙고가 묻어나는 헤드라인은 독자의 클릭을 부른다. 꼭 '좋아요'를 누르지 않더라도 독자는 좋은 헤드라인을 클릭하면서 수줍은 공감을 표시한다.

유쾌한 헤드라인

화전민, 대리기사, 그리고 무인자동차

화전민? 조선시대 이 산 저 산 불 질러가며 농사지은 사람. 대리기사? 때때로 풀어헤친 정신줄을 챙겨주시는 고마운 분. 무인자동차? 저 혼자 알아서 굴러가는 신박한 차. 난센스 퀴즈가 아니라면 이 셋의 관계는 뭘까? 설마 낮에는 산에 올라 화전을 일구고 밤에는 하산해 대리를 뛴다? 그렇게 악착같이 돈을 모아 드디어 테슬라를 샀다?

사연인즉슨

단편소설 아이디어 하나가 있는데, 쓸까 말까 망설이는 중이다. 내용은 이렇다. 10~15년 뒤의 미래. 구글에서 마침내 무인자동차 개발을 마치고 판매에 들어간다. 세계 자동차업계와 운수업계에 지각변동이 인다. 한국도 난리가 난다. 가만히 있으면 현대기아차가 망하는 것도 시간문제다. 대통령이 '한국형 무인자동차'를 빨리 만들어야 한다고 역설한다.

산업통상자원부의 전폭적인 지원을 받은 현대기아차-카이스트 연구팀이 그 한국형 무인자동차를 내놓는다. 해외 전문가들은 구글을 따라잡는 데 최소한 5년이 넘게 걸릴 것이라고 전망했지만, 휴가도 퇴근도 반납한 연구원들 덕분에 2년 만에 그런 쾌거를 이뤄낸다.

(…) 무인 택시, 무인 공유차량을 이용해본 젊은 소비자들 위주로 호평이 퍼진다. 값도 싸지만, 말을 걸거나 자기가 좋아하는 옛날 음악을 크게 틀거나 난폭 운전을 하는 인간 기사가 없다는 사실이 그렇게 안심이 된다고 한다. 마침 여성 승객을 상대로 한 택시기사 성범죄 사건과 버스기사의 졸음운전으로 인한 인명 사고가 연달아 터진다.

(…) 소설 주인공은 살길이 막막해지고 마음에 상처를 크게 입은 택시기사다. 그는 집회에서 알게 된 버스기사, 대리기사와 함께 자살특공대를 조직한다. 그들은 무인차에 치여 죽으려 한다. '인간 기사는 믿을 수 없다'는 슬로건에 너무 절망해서, 무인차도 사망사고를 일으킬 수 있음을 입증하는 게 삶의 목표가 되어버렸다.

(…) 자신을 덮치는 무인차의 전조등 불빛 앞에서 눈을 감으며 택시기사는 생각한다. 10년 전, 15년 전 정치인들은 이런 일이 벌어질 걸 정말 예상하지 못했을까. 구글이 무인차를 개발한다는 뉴스는 분명히 2010년대부터 나왔던 것 같은데. 소설은 거기서 끝난다.

(…) 사회파 연작소설을 쓰면서는 요즘이 조선시대 말기와 닮지 않았나 생각했다. 조선 말의 정치인들도 서양 함선들을 보며 뭔가 거대한 충격이 오고 있음은 알았을 것이다. 고향에서 쫓겨나 떠

유쾌한 헤드라인

돌아다니며 하루하루를 버티는 화전민들의 삶을 모르지도 않았을 것이다. 그러나 그 시절 권력자들의 눈은 다른 곳에 팔려 있었다. 지금 우리는 어떤가. 우리의 눈은 미래를 향해 있나, 아니면 과거를 보고 있나.

『중앙일보』 2019년 7월 10일

──── 스치는 생각 ────

독자의 호기심을 끄는 방법 중에 일견 전혀 무관해 보이는 것들을 나열한 후에 새로운 시각으로 해석하고 이어 붙이는 방법이 있다. 화전민, 대리기사, 무인자동차가 그렇다.

국어사전에 화전(火田)을 검색하면 '미개간지나 휴경지를 새로이 경작할 때 불을 놓아 야초와 잡목을 태워버리고 농경에 이용하던 농법'이라고 나온다. 원시시대 이야기가 아니다. 불과 100~200년 전 조선 말기까지도 가난한 백성들이 산으로 들어가 화전을 일궜다. 물론 산이 좋아 들어간 건 아니겠다.

대리기사는 남의 차를 대신 운전해주고 수고비를 받는 사람들이다. 음주운전 단속이 강화되면서 파생된 신종 서비스업인데 우리 사회에 모처럼 실질적인 보탬이 되는 업종이다. 물론 대리기사가 본인의 천직이라고 생각하는 기사들은 많지 않다.

무인자동차는 테슬라와 구글이 주도하고 있는데 레벨 1(인간이 운전, 시스템이 조향 혹은 가·감속 수행), 레벨 2(인간이 운전, 시스템이 조향과 가·감속 모두 수행), 레벨 3(시스템이 운전, 필요 시 인간 개입), 레벨 4(고도의 자율주행, 지역 제한)를 거쳐 레벨 5(완전 자율주행)로 진화 중이다. 지금은 레벨 3 정도다. 자율주행이 가능해지면 더 이상 운전 중에 이빨을 딱딱거리거나, 허벅지를 꼬집거나, 주먹으로 머리를 때리지 않아도 된다.

기사의 요점은 비록 조선은 백성들을 화전민으로 내몰았지만 무인자동차는 대리기사들을 내몰지 말아야 한다는 이야기다. 지당한 말이다. 다만 대리기사들을 위해 무인자동차를 내치는 일도 없어야 한다. 늘 그래왔듯이 미래는 낯설고 날 선 모습으로 들이닥친다. 무인자동차는 미래다. 미래에 대한 저항은 종종 더 큰 상처를 남긴다.

시대를 거슬러 19세기에 내연기관 자동차가 처음 등장했을 때 마차 마부들은 생사의 기로에 직면한다. 영국 정부는 마부들의 편에 서서 1865년에 적기조례(Red Flag Act)를 만들었다. 우선 자동차 최고 속도를 시내는 시속 2마일, 교외는 4마일로 제한했다 (사람의 보통 걸음은 시속 4km 정도, 2마일은 약 3.6km). 또한 자동차를 운행하려면 운전자와 석탄 화부 외에 별도의 조수를 두게 했는데, 조수는 자동차 전방 50m 앞에서 낮에는 붉은 깃발, 밤에는 붉은 등을 들어 자동차가 접근하는 것을 알려야 했다. 이 황당한 법은 무려 30년을 끌다가 1896년에야 폐지된다. 그 기간 동안 영국 자동차 산업은 암흑기를 거쳐야 했다.

언제부터인지 모빌리티(Mobility)라는 영어 단어를 심심치 않게 접한다. 인간이 원하는 이동 욕구를 채워줄 모든 기술과 서비

유쾌한 헤드라인

스를 총칭한다고 보면 된다. 과거 내연기관 자동차를 석권했던 미국, 독일, 일본 등이 세계를 휩쓸었다면 앞으로는 전기차, 수소차, 자율주행차 혹은 거기에 들어가는 각종 전장부품이나 배터리 등 모빌리티를 주도하는 국가와 기업이 주도하는 시대가 된다.

다행히 배터리 등에서는 한국이 약간 앞서고 있지만 모든 국가가 말 그대로 빨간 눈, 혈안(血眼)이 되어 뛰고 있기 때문에 앞으로 어찌 될지는 아무도 모른다. 우리는 지금 점점 더 빨라지는 세상을 살고 있다. 속도가 느릴 때는 눈앞만 잘 보면 되지만 속도가 빨라지면 멀리 봐야 한다. 10년, 20년 후 한국이 모빌리티의 최강국으로 자리 잡게 되면 그때는 화전민도 대리기사도 일자리 걱정은 안 해도 된다. 한국판 적기조례('태극조례'라 할까) 같은 실수만 없으면 된다.

한 가지 더. 자율주행 기술이 과연 레벨 5까지 도달할 것이냐는 여전히 논쟁거리다. 인공지능이 인간의 지능을 초월하는 순간을 특이점(Singularity)이라고 하는데 2045년이라고 주장하는 흥분파도 있고, 아니(어야 한다)라고 주장하는 소심파도 있다. 인공지능의 윤리 문제도 있어 법적인 부분도 해결해야 할 숙제다.

그나저나 자율주행 시대가 되면 '전설의 고향' 가자고 해도 알아서 '예술의 전당' 데려다주는 그런 인간적인 모습은 기대할 수 없을 것 같다.

같은 재료, 다른 레시피

대개의 헤드라인이 자율주행의 명(明)과 암(暗) 한쪽을 강조하는데 그러면 독자도 극명하게 갈린다. 우선 명(明).

> 화려한 핸들링이 나를 감싸네…제주·서울서 자율주행차 타봤다

다음은 암(暗).

> 자율주행차로 30만 명 실업 발생 예상

자율주행은 피해갈 수 없는 혁명이라고 했을 때, 자율주행이 초래할 사회문제와 집단 간 갈등을 다룬 헤드라인은 많은 사람의 클릭을 부른다.

> 9월 달릴 자율주행 버스, 사고 나면 누구 책임?
> 구글, 자율주행차 과실 첫 인정
> 돌 던지고 타이어 펑크 내고…美시민 자율주행車 공격 잇달아

군산 꽃새우에 항복한
새우깡

군산에 '꽃'새우가 많이 사나 보다. 우리가 아는 그 새우가 '꽃'새우인지는 모르겠다. 아무튼 그 새우가 무슨 일로 단단히 화가 나서 누군가를 박살 낸 것 같다. 그런데 상대가 새우깡? '아이 손 어른 손, 자꾸만 손이 가는' 국민 간식 새우깡? 이건 심상치 않다.

사연인즉슨

농심이 과자 '새우깡'의 원재료인 전북 군산 꽃새우 대신 외국산을 쓰기로 했다가 지역에서 거센 반발이 일자 불과 일주일 만에 방침을 철회했다. 지역 어민들은 물론 군산시장, 정치권까지 나서 "값싼 외국산을 쓰기 위해 전북 어민을 배신했다"며 구매 재개를 요구하자 이를 외면하기 어려웠을 것이란 분석이다. 앞서 농심은 "서해가 오염돼 꽃새우 품질이 저하됐다"고 주장했으나 지역에선 "설득력이 떨어진다"고 반발해왔다.

농심 관계자는 30일 오후 "전북도와 군산시 관계자가 찾아와 '새우 품질을 보증하겠다. 다시 구매해달라'는 요청을 했다"며 "지자체의 요청을 받아들여 국산 새우를 다시 구매하기로 했다"고 밝혔다. 농심 측은 "원료 품질이 확실하게 보장되어야 한다는 조건을 달았다"고 했다.

(…) 이처럼 군산의 반발이 컸던 것은 농심의 꽃새우 구매량이 군산 꽃새우 전체 생산량의 60~70%를 차지하기 때문이다. 농심은 지난 2015년부터 지난해까지 연평균 40억 원가량의 군산 꽃새우를 구매했다. 한때 한 상자(14~15kg)에 9만 원까지 갔던 꽃새우 위탁판매 가격은 농심의 구매 중단 결정 후 최근 2만 7천~2만 8천 원까지 떨어졌다.

원래 서해 꽃새우만 쓰던 농심은 지난 2016년부터 미국산 새우 50%를 섞어 쓰기 시작했다. 그런데 올해부터는 군산 꽃새우를 쓰지 않았다. 농심 관계자는 "꽃새우에서 이물질이 계속 나온다"고 했다. 이 관계자는 또 "수입 꽃새우 가격이 국산보다 10~15% 정도 싼 것은 사실이지만, 외국산으로 대체하는 것은 품질 신뢰도 때문이지 가격 탓이 아니다"라고 말했다.

농심의 방침이 밝혀지자마자 꽃새우를 잡는 군산연안조망협회 회원들은 군산수협을 찾아 가격 폭락에 대한 대책 마련을 촉구했다. 군산시에서 항의 집회를 열고 농심 서울 본사 앞에서 1인 시위에 나섰다. 이후 반발이 잇따라 확산되면서 다시 군산 꽃새우가 들어간 새우깡이 나오게 됐다.

『조선일보』 2019년 7월 31일

'꽃새우에 항복한 새우깡'이라는 표현이 과하지 않으면서 싱싱하게 읽힌다. 꽃새우가 간만에 허리를 꼿꼿이 펴고 기세등등해 하는 모습이 눈에 선하다. 동시에 국민 브랜드 새우깡이 뭘 잘못한 건지, 단순 실수였는지 나쁜 의도였는지 궁금하다. 지레 항복한 건지 힘에 눌려 수건을 던진 건지도 궁금하다.

　우선 꽃새우의 정체를 알아야 한다. 농심 홈페이지를 살펴봤다. 새우의 종류는 매우 많은데 농심 새우깡에는 오직 꽃새우 (Southern rough shrimp)만 들어간다. 꽃새우는 붉은빛을 띠고 껍데기는 단단한 편이며 몸길이는 약 10cm다. 우리나라에서는 군산 일대에서 많이 잡히는데 군산은 조수 간만의 차가 크고 연평균 기온이 12.5도로 온화하기 때문에 꽃새우가 서식하는 데 천혜의 자연조건을 갖췄다고 한다. 아, 제일 중요한 것. 새우깡 한 봉지에는 꽃새우가 4마리 들어간다.

　가난했던 시절 먹던 향수의 음식을 소울 푸드(Soul food)라고 한다. 미국 팝의 전설 엘비스 프레슬리가 트럭 운전할 때 즐겨 먹었다는 땅콩버터와 으깬 바나나를 넣은 샌드위치나 우리나라 김영삼 대통령이 즐겨 드시던 칼국수가 그렇다. 그럼 새우깡은 한국인에게 소울 안주, 소울 간식, 소울 주전부리쯤 되겠다.

　염려했던 것과 달리 농심과 어민들이 좋게 타협했다고 하니 모처럼 즐겁다. 음식은 처음엔 입으로 먹고, 나중엔 눈으로, 머리로, 궁극에는 마음으로 먹는 거라고 한다. 그동안 새우깡을 입과 눈으로 먹었는데(사실은 귀로도), 이제 군산 꽃새우와 농심의 따뜻함이 더해져 머리와 마음으로도 먹을 수 있을 것 같다.

역시 일이 잘 풀리려면 꽃새우처럼 이름이 예뻐야 한다. '꽃'으로 시작되는 이름들, 예를 들어 꽃길, 꽃단장, 꽃사슴, 꽃가마, 꽃방석, 꽃동네 등을 들으면 일단 푸근해진다(예외적으로 꽃뱀이 있긴 하다). 군산 앞 푸른 바다의 꽃새우들이 무럭무럭 잘 자라서 어민들도 행복하고 새우깡도 영원하길 빈다.

—————— 같은 재료, 다른 레시피 ——————

국민간식이다 보니 관련 뉴스가 제법 많다. 그런데 해피엔딩 결론을 헤드라인에 다 보여주는 건 좀 아쉽다. 독자들은 기사는 클릭하지 않고 해피하게 엔드할 수 있다.

> 군산 꽃새우 다시 새우깡 속으로⋯ 농심, 100% 미국산 철회
> 농심, 국민과자 '새우깡' 다시 국내산 새우 사용

다툼의 배경이나 전개 과정에 대해 약간의 단서를 주는 헤드라인이 좋다. 독자들은 답답함을 못 견디고 클릭할 수밖에 없다.

> "꽃새우가 무슨 죄" 어민 반발에 새우깡 백기
> 새우깡, 다시 국산 원료 쓰기로⋯ 품질 보증은 어떻게?

철없는 딸기,
과일 판을 뒤집다

철딱서니 없는 딸기가 과일 가게에서 행패를 부렸다는 기사다.
그것도 과일이 진열된 매대(판)까지 엎어 가면서 난리를 친 모양
이다. 여기서 드는 두 가지 의문. 첫째, 딸기는 왜 철이 없을까?
둘째, 판은 어떻게 뒤집었을까?

─── 사연인즉슨 ───

한 해 동안 대형마트에서 가장 많이 팔린 과일은 뭘까. 이마트에
따르면 2017년과 지난해 과일별 매출 순위 톱3에는 사과, 바나나,
감귤이 이름을 올렸다. 올해는 분위기가 다르다. 지난 2년 동안
5위에 머물렀던 딸기가 1위를 차지할 것으로 전망된다. 현실이 될
경우 이마트 창립(1993년) 이후 26년 만에 처음으로 딸기가 왕좌
를 차지하게 된다.

　(…) 충남 논산에서 주로 생산되는 킹스베리는 한입에 베어 물

지 못할 정도로 크기가 크고, 은은한 복숭아 향이 나는 게 특징이다. 경남 진주가 주산지인 금실 딸기는 단맛이 강하고 과육이 단단해 식감이 좋은 게 특징인 신품종이다. 이마트 관계자는 "딸기 인기가 계속되면서 어떤 과일보다 신품종을 개발하고 재배하는 사례도 빠르게 늘고 있다"고 말했다.

(…) 사물인터넷(IoT) 등을 통해 수집한 빅데이터를 기반으로 최적의 딸기 생육 환경을 만들어주는 스마트팜 덕분에 딸기가 언제 제철인지도 의미가 없어졌다. 이산화탄소 농도가 적정량보다 낮아지면 시스템이 이산화탄소를 강제 삽입해 자동으로 최적의 환경을 유지해주는 식이다. 스마트팜에서 딸기가 생산되면서 이제 딸기는 11월부터 6월까지 1년에 8개월을 먹을 수 있는 과일이 됐다.

(…) 신품종이 쏟아지고, 사 먹을 수 있는 기간이 는 데 더해 업계에서 딸기의 질주 비결로 꼽는 게 또 있다. 바로 소셜미디어다. 업계 관계자는 "인스타그램 등 소셜미디어에 올리기 딱 좋은 과일이 색이 선명하고 예쁜 딸기"라며 "맛보다 멋을 중요시하는 요즘 시대에 화려한 디저트로 무한변신이 되고 '사진발'을 잘 받는 딸기가 수혜를 보고 있다"고 말했다.

4일 인스타그램에 '딸기'로 검색을 하니 230만 개의 게시물이 떴다. 사과(63만 개), 바나나(65만 개), 귤(37만 개), 포도(23만 개)를 압도하는 수치다. (…)

『조선일보』 2019년 12월 5일

슬며시 미소를 짓게 만드는 헤드라인이다. 우리말 단어의 중의적인 표현을 재미있게 잘 살렸다. 독자들도 제목에서 짐작했겠지만 '철없다'는 사리를 분별할 지각이 없다는 의미가 아니고 사시사철할 때처럼 그 철(계절)이 없다는 의미다. '판을 뒤집다'도 판을 들어 올려 뒤집은 게 아니고 시장의 판도를 바꿨다는 말이겠다.

4차 산업혁명이 이런 거다. 가장 전통산업인 농업에 접목되어 소비자들이 피부로 실감할 수 있는 부분에서 진가를 발휘한다. 장담하건대 4차 산업혁명이 가져온 스마트 파밍(Smart farming) 덕분에 이제 곧 자연산 송이를 물리도록 먹고, 세계 3대 진미라는 트러플과 캐비어에 싫증 낼 날이 곧 들이닥칠 거다(3대 진미 중 나머지 하나인 푸아그라는 굳이 먹지 말자. 거위에게 미안하다).

딸기를 네덜란드의 튤립처럼 한국의 대표 수출 상품으로 만들 수는 없을까. 네덜란드는 튤립 구근 등 원예품 수출액이 100억 유로(약 13조 원) 가까이 된다(2018년 기준). 튤립을 보러 오는 관광객들이 뿌린 돈까지 합치면 그 액수는 더 커진다. 튤립 종주국이 아님에도 튤립 덕을 톡톡히 보고 있는 것이다. 딸기가 인삼만으로는 힘에 겨운 우리 농산품 수출 포트폴리오를 '철없이' 풍성하게 해줄 날을 기대해본다.

그러기 위해 꼭 필요한 것이 스토리텔링이다. 스토리는 구슬을 꿰는 줄이다. 같은 구슬을 가지고도 어떻게 꿰느냐에 따라 이발소 주렴도, 수공예 비즈 공예품도 된다. 경영학적으로도 그렇다. 오스트리아 태생의 경제학자 조지프 슘페터(Joseph A. Schumpeter)가 말한 대로 "좋은 비누를 생산하는 것만으로 충분치 않고 소비자들에게 몸을 씻어야 할 필요성을 알리는 것이 중요"하다. 즉 국내외 소비자들이 그 많은 과일 중에 왜 하필 딸기를 먹어야 하는지 이유를 만들어줘야 한다.

절정으로 치닫고 있는 한류와 접목하면 어떨까. BTS 일곱 명 멤버 모두 디저트로 딸기만 먹는다든지, 손흥민 선수가 소싯적에 춘천 딸기밭 옆에서 볼을 찼다든지 등 생각할 수 있는 스토리는 무한정이다(BTS나 손흥민 사진을 도용하는 건 명백한 불법, 구전으로 스토리를 퍼뜨리는 건 농민의 애교). 약간의 과장도 나쁘지 않다. '아니면 말고'는 이럴 때 쓰는 거다. 예를 들어 한국 딸기가 치매 예방에 좋다거나 혹은 한국이 코로나에 강한 이유가 딸기 때문이라는 것처럼 말이다. 딸기를 먹으며 수다를 왕창 떨면 당연히 치매 예방에 나쁘지 않다. 가족들과 집에서 딸기를 자주 먹으면 외부 활동이 자제되면서 얼결에 코로나 방역에 기여한다.

———— 같은 재료, 다른 레시피 ————

딸기가 잘 팔린다는 걸 언급하는 건 좋은데 왜, 어떻게 등 구체적 내용이 약하면 다소 밋밋하게 들린다. 특별히 딸기에 이해관계가 있지 않다면 헤드라인만 흘끗 보고 지나칠 수 있다.

이유있는 딸기의 '거침없는 질주'
딸기 '르네상스'…이마트 지난달 매출 첫 100억 돌파

필자가 뽑은 헤드라인처럼 '철이 없다'에 방점을 찍은 헤드라인이 많다. 사계절 팔 수 있다는 것은 누구라도 혹할 만한 장점이어서 그렇다.

끝물? 아직은 철없는 딸기의 반항
'제철' 없어진 딸기…과일 시장 판도 바꾼 '스마트팜'

누나의 선전포고…
한진家 경영권 '휴화산' 터졌다

형은 동생이 애써 끓인 라면을 맛만 본다며 먹어 치운다. 누나는
아무 말 안 해도 달걀까지 넣어 라면을 끓여다 준다. 그리하여 형
은 가가멜이고 누나는 스머페트다. 그랬던 누나가 선전포고를?
이상한 누나거나 꼭지 돈 누나, 둘 중 하나다. 잠자던 휴화산까지
터졌다니 박진감이 백만 배다.

사연인즉슨

지난 4월 별세한 조양호 전 한진그룹 회장의 장녀 조현아 전 대한
항공 부사장이 동생인 조원태 한진그룹 회장의 경영권에 정면으
로 제동을 걸고 나섰다. 조 전 부사장은 23일 '조 회장이 공동경영
하라는 아버지의 유훈과 다르게 회사를 운영하고 있다'는 내용의
입장문을 발표했다. (…) 재계 서열 13위, 최대 국적 항공사를 보유
한 한진그룹이 국내 대기업 초유의 '남매의 난(亂)'에 빠져드는 것
이다.

(…) 재계에서는 한진그룹의 경영권 분쟁 문제를 '휴화산'이라 일컬었다. 지난 4월 세상을 떠난 조양호 회장은 유언장을 남기지 않았고, 가족들은 민법상 상속 비율에 따라 유산을 나눴다. 한진그룹의 지주회사인 한진칼 지분은 상속 결과, 조원태 회장이 6.52%, 조현아 전 부사장 6.49%, 조현민 한진칼 전무 6.47%, 이들의 어머니인 이명희 정석기업 고문이 5.31% 지분율로 각각 나눠 보유하게 됐다. 지난해 구본무 LG그룹 회장이 별세했을 때 상속 지분의 78%를 장남 구광모 회장에게 몰아준 것과는 대조적이다. 이 때문에 조 전 부사장 등이 "6% 남짓으로 거의 비슷한 지분을 갖고 있는데, 왜 조원태 회장이 독단적으로 그룹을 경영하느냐"는 불만을 제기하고 있다는 건 재계에 공공연히 퍼져 있는 이야기였다.

(…) 조원태 회장은 지난달 미국 뉴욕 기자간담회에서 조 전 부사장의 경영 복귀와 관련해 "둘(누나와 나) 다 그런 생각은 하지 않고 있다"고 선을 그었다. 이 말이 조 전 부사장을 격분시켰다는 이야기가 나온다. (…)

『조선일보』 2019년 12월 24일

───────── 스치는 생각 ─────────

헤드라인에서 '누나의 선전포고'가 특히 눈에 띈다. 남의 집안 문제에 참견하면 안 되지만 한국 경제에서 재벌 기업이 갖는 위상과 역할이 워낙 크기 때문에 관심을 갖지 않을 수 없다.

우리나라 재벌 그룹 대부분은 창업주 사후에 '형제의 난(亂)'을 겪었다. 정주영 회장 사후에 정몽헌, 정몽구 형제간 다툼이 제일 유명하고, 최근에는 롯데 신격호 회장의 두 아들 신동주, 신동빈 형제간 다툼이 지면을 장식했다. 조선 태종 이방원의 1, 2차 왕자의 난 때보다 훨씬 더 스펙터클하다. 지금까지 재벌가의 경영권 다툼은 주로 '형제의 난'이었는데 느닷없이 누나가 나오는 걸 보니 우리 사회가 변하긴 많이 변한 것 같다. 해묵은 장자상속 관행 때문이어서 그렇지 앞으로는 자매의 난, 공주의 난 같은 뉴스도 종종 접하게 될 거다.

헤드라인에서 또 하나 눈에 띄는 표현은 '휴화산'이다. 볼썽사납게 활화산도 아니고, 볼 장 다 본 사화산도 아니다. 잠시 쉬었다 가지만 언제든 일을 내고야 마는 휴화산이다. 휴화산은 재벌 그룹의 지배구조에 언제든 불씨가 잠복해 있음을 암시한다.

대한항공이 바람 잘 날 없다. 2014년 땅콩 회항 이후 물컵 투척, 폭언·폭행 등 각종 갑질 논란에 이어 회장 타계까지 내리 겪었다. 급기야 이번에는 경영권 다툼까지 벌어졌다. 한 가지 확실한 것은 이런 때일수록 깊은 심호흡이 필요하다는 점이다. 그렇지 않으면 소탐대실의 늪에 빠진다. 남매간의 이익 다툼보다 더 중요한 것은 지금까지 국가대표 항공사로서 대한항공을 믿고 '기왕이면 칼(KAL)'을 선택해준 고객들이다. 화난 고객은 말을 하지 않는다. 조용히 발을 끊는다.

한국의 손꼽히는 카피라이터 박웅현은 "모든 근경은 전쟁이고 모든 원경은 풍경"이라고 말한다(박웅현, 『책은 도끼다』, 2011). 한진

유쾌한 헤드라인

이 모든 역경 툭툭 털고, 풍경 앞에 선 관객의 시점에서 호흡을 가다듬어주기를 기대한다. 그래서 다시 한국의 날개로 비상하는 풍경을 보고 싶다.

같은 재료, 다른 레시피

한진그룹의 경영권이나 지분 변동을 다룬 헤드라인은 그 중요성에도 불구하고 독자들에게 어필하지 못할 수 있다. 남의 일인 듯 여겨져서 그렇다.

계열사 매각 vs 경영권 방어…한진家 3남매 미래는?
'같은 비율의 양면성' 한진가 남매경영 체제의 미래

'남매의 난'이 등장한 헤드라인은 귀에 익숙한 '형제의 난'을 상기시키며 그 속편이나 리메이크 같은 느낌을 준다. 조씨 가문에는 미안하지만 클릭 안 할 수 없다.

동생 조원태 저격한 조현아…한진家, 남매의 난 번지나
조현아 "조원태, 공동경영 유훈 어겨"…한진家, 남매의 난 발발하나

'손 묶인' 토트넘…
힘겨운 박싱데이

국민 대다수는 토트넘(Tottenham)이 어디인지 모른다. 심지어 어느 나라 도시인지 모르는 사람도 있다. 그런데도 토트넘 이야기만 나오면 귀가 쫑긋한다. 이번에 토트넘이 손이 묶였다는데 일단 안 좋은 소식 같아 걱정이 앞선다. 무엇에 손이 묶였다는 말인지 답답하기도 하다. 혹시 그 '손'이 그 '손'인가.

사연인즉슨

'손 묶인 토트넘'은 지난 시즌 유럽 챔피언스리그 우승을 다투던 그 팀이 아니었다. 공격수 손흥민(27)이 레드카드에 따른 추가 징계로 못 뛰는 동안, 잉글랜드 프로축구 토트넘 홋스퍼가 힘겨운 연말을 보내고 있다.

토트넘은 29일(한국 시각) 열린 프리미어리그 20라운드 원정경기에서 노리치시티와 2-2로 비겼다. 리그 상위권(6위)인 토트넘은 최하위 노리치시티를 상대로 무난한 승리를 예상했다. 하지만 먼저 실점한 뒤 만회하기를 두 차례, 그야말로 진땀을 뺐다. 1-2로 뒤진 후반 38분 해리 케인(26)의 페널티킥 동점 골이 없었다면 충격적인 패배로 경기를 마감할 뻔했다. 사흘 전 경기도 분위기는 노리치시티 전과 비슷했다. 프리미어리그 19라운드 홈경기에서 브라이턴 앤 호브 알비언(14위)을 맞아 전반에 선제골을 내주고 끌려갔다. 후반에 두 골을 터뜨리며 간신히 2-1로 역전승했다.

두 경기 공통점은 손흥민의 부재다. 손흥민은 23일 첼시전(0-2패) 후반 17분 상대 수비수 안토니오 뤼디거(26·독일)에게 발길질을 했고, 레드카드를 받은 뒤 퇴장당했다. 추가로 세 경기 출장정지 처분을 받았다. 손흥민이 빠지는 기간은 공교롭게도 프리미어리그 팀들이 2~3일 간격으로 경기를 치르는 '박싱데이(연말연시에 받은 선물 상자를 열어보는 기간이라는 뜻, 크리스마스부터 새해 초까지다)' 기간이다. 그렇지 않아도 강행군 일정인데 손흥민이 빠지면서 빈자리가 더욱 크게 느껴진다.

(…) 토트넘의 달라진 경기 템포가 손흥민의 공백을 그대로 보여줬다. 토트넘의 주요 공격 옵션 중 하나가 손흥민을 중심으로 한 빠른 카운터 어택이었는데, '손이 묶이자' 눈에 띄게 줄었다. 상대적으로 느리고 행동반경이 좁은 케인으로 공격이 몰리다 보니, 드리블과 반 박자 빠른 침투 패스 대신 코너킥·프리킥 위주의 '패턴 플레이'에 의존하는 비율이 높아졌다. (…)

『중앙일보』 2019년 12월 30일

국가대표 A매치 경기가 아니면 스포츠에 담쌓는 사람도 해외 명문 구단 몇 개는 잘 안다. 야구는 LA다저스와 토론토 블루제이스, 축구는 맨체스터 유나이티드와 토트넘 홋스퍼다. 어떻게 아느냐고? 순서대로 박찬호, 류현진, 박지성, 손흥민 선수가 몸담았던 팀이기 때문이다.

'손을 묶다'는 표현이 어디서 유래했는지는 모르겠으나 손이 묶이면 참 허망하다. 발이 묶이면 손으로 풀면 되는데 묶인 손을 발로 풀 재간은 없다. 아, 인간은 결국 손의 동물이었나 보다. 토트넘 모리뉴 감독의 손은 손(Son)을 말한다. 손이 뛰지 못하면 토트넘으로서는 딱 손(手) 묶인 기분일 거다. 뭘 해보려 해도 할 수가 없으니 말이다.

지금 이 순간에도 손흥민은 "달리고 달리고 달리고 달린다"(노라조, 〈슈퍼맨〉, 2008). 손흥민을 대하는 외국 팬들의 환호에 덩달아 신이 난다. 손흥민의 인기 비결은 물론 실력이겠지만 또 하나 안 알려진 비결이 있다. 바로 스마일이다. 관상 보는 분들이 뭐라 할지 모르겠지만 필자가 보기에 그의 얼굴은 스마일에 최적화되어 있다. 화를 낼 때도 자세히 보면 입꼬리는 올라가 있다. 외국인들은 동양인, 특히 한국인들의 표정이 경직되어 있다는 말을 자주 한다. 특히 40대 이상은 죄다 근엄하다. 손흥민은 한국인의 얼굴에 대한 외국인들의 선입견까지도 바꾸고 있는 중이다. 진짜 열일한다.

그에게 어떻게 보답하면 좋을까. 돈은 충분하다고 하니 힘 닿는 데까지 맘껏 뛰도록 방해하지 않는 게 최고의 선물이지 싶다. 다만 먼 발치에서 응원하거나 그저 그가 지나쳤을 토트넘 거리를 걸어보는 정도는 괜찮다. 멀지 않다. 런던의 명물인 빅토리아 역에서 일곱 정거장만 가면 토트넘 해일 역이다. 2019년에 새로 개장한 토트넘 축구장으로 직접 가려면 바로 직전 세븐 시스터즈 역에서 내려 걸어가면 더 편하다고 한다.

─────── 같은 재료, 다른 레시피 ───────

대부분 헤드라인이 손흥민의 공백과 그로 인한 토트넘의 아쉬움을 직설적으로 표현했다. 손흥민에 대한 기사가 워낙 빈번하다 보니 그때그때 성적이나 근황 묘사에 치우치는 경향이 있다. 독자 입장에서는 헤드라인만 봐도 그림이 훤히 그려지니까 제목만 체크하고 넘어갈 수 있다. 필자가 뽑은 '손 묶인 토트넘' 헤드라인이 더 돋보이는 이유다.

손흥민 빠진 토트넘, 사우샘프턴에 져…케인·은돔벨레 부상까지
손흥민 공백에 모리뉴 "쏘니 빈자리 아쉬워"
손흥민 공백은 예상보다 컸다…토트넘, 박싱데이에서 단 1승

'등등등 전략'으로
위기 넘는다

세종대왕님, 당신의 한계는 정녕 어디까지란 말입니까? 한글은
세상의 모든 소리를 표현할 수 있는 거의 유일한 문자다. 급기야
'어린 백성'들은 자음과 모음의 조합 없이 자음, 모음 한 글자만으
로도 뜻을 전달하는 방법을 깨치게 되었다. ㄷㄷㄷ.

사연인즉슨

삼성전자 스마트폰 사업을 총괄하는 노태문(52) 신임 무선사업부
장(사장)은 11일(현지 시각) 미국 캘리포니아주 샌프란시스코에서
기자간담회를 열고 눈앞에 닥친 위기감을 토로했다. 삼성전자는
작년 4분기 애플에 세계 스마트폰 판매량 1위를 내줬다. 스마트폰
부문의 작년 연간 영업이익도 10조 원 벽을 넘지 못했다.

(…) 노 사장은 20년 넘게 삼성 휴대폰 개발에만 주력해온 자타
공인 '갤럭시맨'이다. 최연소 임원 승진 기록을 거듭하면서 지난달

부터 삼성 스마트폰 사업의 수장을 맡고 있다. 그는 위기 극복의 방법으로 세 가지를 제시했다. 혁신과 협력, 효율 극대화다. 조개처럼 접히는 미니 폴더블(화면이 접히는)폰 '갤럭시Z플립'과 같은 혁신, 구글·마이크로소프트·톰브라운 등 주요 기업과 협력, 해외 위탁생산과 같은 저가(低價) 전략을 의미하는 것으로 해석된다. 앞으로 '노태문호(號)'의 주요 키워드가 될 것으로 보인다.

노 사장은 폴더블폰의 수익성 확보 방안에 대해 "갤럭시폴드는 6~7년, Z플립은 2~3년간 장기 개발해온 제품"이라며 "폴더블폰은 새 카테고리를 여는 제품인 만큼, 현재는 수익성보다 소비자 경험을 좋게 만드는 방향으로 투자하고 있다"고 했다.

후속 폴더블폰에 대해선 "다양한 타입을 물밑에서 연구·개발하고 있다"며 새로운 형태의 폴더블폰이 또 나올 수 있음을 예고했다.

(⋯) 노 사장은 "금융·영상·뉴스 등으로 생태계를 확장하는 애플과 달리 삼성이 '하드웨어 혁신'에만 몰두한다"는 지적에 대해선 "수년간 많은 토론과 시행착오를 통해 우리가 원하는 게 아니라 고객이 원하는 걸 제대로 전달하자는 것이 우리의 방향"이라고 했다. "삼성페이와 같은 강점을 더욱 발전시켜나가되, 고객이 원하는 방향이 있다면 세계 유수의 서비스, 콘텐츠 회사와 협력해 최적의 시점에 최상의 경험을 제공하는 게 목표"라는 것이다. (⋯)

『조선일보』 2020년 2월 13일

스마트폰 기기 시장이 워낙 숨가쁘게 움직이다 보니 일반 소비자 입장에서 기술 변화 속도를 일일이 따라가기는 불가능에 가깝다. 생소한 기술 이름과 암호 같은 모델명을 일반인이 꼭 알아야 하는 지도 회의적이다. 얼마 전까지만 해도 주변의 자칭 얼리어답터들은 신상 스마트폰 출시 소식을 생중계하고 다녔는데, 이제 그들도 지쳤나 보다. 요새는 누가 폰을 바꿔도 심드렁하게 흘끗 보기만 한다. 그러던 차에 삼성전자의 고난도 전략을 'ㅎㅎㅎ' 단 3개 자음으로 잡아낸 헤드라인에 눈길이 가지 않을 수 없다.

한글만이 세상의 모든 소리를 표현할 수 있다고 했는데, 혹시 몰라서 필자와 같은 직장에 근무하는 미국, 중국, 일본, 스페인, 러시아 유학파 동료들의 힘을 빌렸다(통번역이나 무역회사가 아닌데도 어쩌다 보니 참 골고루 모여 있다). '얼레리꼴레리(알나리깔나리의 비표준어)'를 각각 그 나라 문자로 적고 발음해달라고 부탁했다.

영어는 Eor-re-ri-ggor-re-ri, 발음은 어-ㄹ레뤼 고우-ㄹ레뤼.

중국어는 尔赖哩(er2 lai4 li3), 哥赖哩(ge1 lai4 li3), 발음은 (성조를 무시하면) 얼라이리 거라이리[중국어는 표의문자여서 최대한 뜻을 맞추었더니 '너도 엉터리고 형(저놈)도 엉터리'라는 뜻이 되었다].

일본어는 おるれりこるれり, 발음은 오루레리 코루레리.

스페인어는 Ulreri~Coleri~, 발음은 울레리 꼴레리(스페인어에는 '어' 모음이 없다).

러시아어는 олери колери, 발음은 올레리 꼴레리.

와, 역시 정확한 소리를 잡아내는 데 한글을 당할 문자는 없음을 알았다. 스페인어와 러시아어가 제법 강력한데 2라운드(꿍따리샤바라), 3라운드(얄리얄리얄라셩)로 가면 결국 한글만 남는다. 잠깐이라도 의심한 점, 세종대왕님께 용서를 빈다. "사람마다 해여 수비니겨 날로 쑤메 편안케 하고져 할 따라미니라"는 말씀을 받들어 앞으로 우리 한글을 더 많이 읽고 써야겠다.

같은 재료, 다른 레시피

한국의 간판 기업, 삼성전자의 혁신은 항상 단골 기사다. 하지만 일반 독자 입장에서는 그저 '삼성이 잘하고 있구나', '삼성이니까 역시 다르구나' 정도에서 끄덕이고 넘어갈 공산이 크다. 필자가 뽑은 헤드라인처럼 미래를 준비하는 삼성의 고뇌와 그것이 집대성된 사업·기술 전략을 소개하는 헤드라인은 의외로 드물다.

삼성전자, '갤럭시Z플립' 출시…"폴더블폰의 대중화"
갤S20·Z플립, '만리장성' 넘을까…코로나19 여파, 점유율 반전 주목

'기생충' 만나 매출 폭발…
"농심은 다 계획이 있었구나"

사람은 두 종류다. 〈기생충〉을 본 사람과 안 본 사람. 남한 인구
5천만 명 중에 영화 주 고객층인 15~64세는 3,700만 명쯤 된다.
그중 〈기생충〉 총 관객은 1천만 명. 그럼 2,700만 명은 못 보거나
안 본 분들이다. 이 2,700만 명에게 위 헤드라인은 의문투성이다.
우선 라면에 어떻게 기생충이 들어갔을까? 그런데도 망하지 않고
매출이 폭발했다고? 그리고 이 모든 걸 농심이 계획했다고?

사연인즉슨

55년 역사의 라면 회사 농심이 수출 기업으로 도약하고 있다.
1971년부터 해외시장을 두드려온 농심은 올해 모멘텀을 만났다.
영화 〈기생충〉의 아카데미상 수상이다. 영화에 나온 '짜파구리(짜
파게티+너구리)'가 세계적인 화제를 모으면서 신라면 일변도에서
벗어나 시장을 더 키울 수 있는 기회를 잡았다. 농심은 올해 해외
매출 1조 원 돌파를 앞두고 있다. 연 매출 2조 3,439억 원 중 50%
가량을 한국 밖에서 올린다는 목표다.

농심은 1971년 라면을 처음 수출했다. 창업 6년 만이었다. 농심의 눈은 이후 늘 세계 무대를 향했다. 남극의 길목부터 알프스 최고봉에서까지 '신라면'을 팔고 있다. 해외에서의 성과는 느리지만 견고했다. 농심의 라면 수출액은 2004년 1억 달러를 넘었고, 2015년엔 5억 달러를 돌파했다. 지난해 농심은 전체 매출의 약 40%인 8억 1,000만 달러(약 9,591억 원)를 미국과 중국 등 해외에서 달성했다. 농심의 올해 해외 매출 목표는 전년보다 17% 증가한 9억 5,000만 달러다.

영화 〈기생충〉 신드롬은 농심의 해외 사업에 호재다. 아카데미상 발표 이후 농심 주가는 10% 이상 올랐다. 식품업계에선 '내수시장 1등'의 자만에 빠지지 않고 꾸준히 해외시장을 두드려온 농심이 또 한 번의 도약을 위한 기회를 만났다는 말이 나온다.

농심은 발 빠르게 움직이고 있다. 아카데미상 발표 직후 영화 〈기생충〉이 상영 중인 영국 모든 극장에서 '짜파구리'와 홍보물을 나눠주는 행사를 했다. 11개국 언어로 제작한 '짜파구리 레시피 영상'을 유튜브에 올렸다. 미국 시장에선 '짜파구리'를 아예 완제품으로 만들어 컵라면으로 내놓기로 했다.

농심 관계자는 "신라면으로 100여 개국 시장을 30년 넘게 두드렸다"며 "수십 년간 구축한 영업 네트워크를 총동원해 기회를 살려나갈 것"이라고 말했다. (…)

『한국경제신문』 2020년 2월 17일

라면은 민주적이다. 소설가 김훈은 "배고픈 시절에 나타난 라면의 맛은 경이로운 행복감을 싼값으로 대량 공급했다"고 기억한다(김훈, 『라면을 끓이며』, 2015). 또 먹는 자의 기교를 기꺼이 끌어안는 라면의 관대함을 칭찬한다. "파가 우러난 국물은 달고도 쌉쌀하다. 파는 라면의 공업적 질감을 순화시킨다."

필자가 뽑은 헤드라인의 포인트는 '농심은 다 계획이 있었구나' 부분이다. 이제 유행어가 된 명대사, 영화 속 기태(송강호 분)가 아들 기우(최우식 분)의 사기 계획을 듣고는 감탄하듯이 내뱉은 "아들아, 넌 계획이 다 있구나"를 패러디했다. 〈기생충〉 덕분에 운 좋게 매출이 늘었다 정도의 헤드라인은 눈에 띄지 못한다. '농심은 횡재했네' 혹은 '그래서 어쩌라고' 정도의 인상밖에는 못 준다. 그런데 농심이 뭔가 계획적으로 준비를 했나 보다 싶으면 궁금해서 견딜 수가 없다. 손끝은 자연스레 기사를 클릭한다.

기사에 자세히 소개된 바와 같이 이번에 라면의 명가 농심이 영화 〈기생충〉을 만나 크게 한번 기지개를 펴는 듯하다. 영화가 한류를 만들고, 한류가 한국 제품의 도약을 견인하는 아름다운 장면이다. 모든 일에는 계획이 중요하다. 흉유성죽(胸有成竹)이라는 사자성어처럼 대나무를 그리기 앞서 가슴속에 이미 완성된 대나무의 모습이 있어야 한다. 붓 가는 데 정신 팔고 먹 가는 데 힘 빼서는 수작이 나올 수 없다. 기사에 인용된 대로 30년 넘게 해외시장을 차근차근 공략해온 농심의 '계획'이 대단한 이유다.

핵주먹 마이크 타이슨은 계획에 대해 "누구에게나 그럴싸한 계획이 있다. 한 대 쳐 맞기 전까지는"이라는 명언을 남겼다. 세상일은 계획대로 풀리지 않을 수 있음을 그는 온몸으로 보여줬다. 1997년 6월, 세기의 대결로 관심을 모았던 WBA 헤비급 타이틀전에서 경기가 잘 풀리지 않자 그는 이성의 끈을 훌훌 풀어 헤치고 에반더 홀리필드의 귀를 물어 실격패했다(처음엔 오른쪽, 심판의 주의를 받고 나서는 왼쪽 귀까지 물었다).

농심의 계획은 타이슨처럼 허술하지 않다. 너구리는 1982년, 짜파게티는 1984년에 출시했다. 40년이 다 되어가는 지금 사람들은 그걸 섞는다(사실 우리나라 군인들은 좀 더 먼저 섞기 시작했다). 레시피까지 알려주니 더 신나서 섞는다. 농심의 계획은 40년짜리다.

───────── 같은 재료, 다른 레시피 ─────────

〈기생충〉이 상을 받았고, 영화에 나온 짜파구리가 인기라는 헤드라인은 그 자체로 모든 걸 다 설명하기 때문에 다소 밋밋한 느낌이 든다.

기생충 오스카 4관왕, 짜파구리 인기
'기생충 열풍' 탄 짜파구리

농심이 친절하게 조리법까지 소개해준다는 헤드라인은 그동안 곱게 간직해온 나만의 조리법과 비교하고픈 욕구를 부른다.

'기생충' 속 짜파구리, 농심이 알려준 초간단 조리법
'기생충' 열풍에 '짜파구리'도 들썩⋯11개 언어로 조리법 소개

짜파게티와 너구리를 손수 융복합할 수고조차 덜어준 신제품 출시 소식이 대미를 장식한다. 간편식품에 대한 농심의 열정을 누가 당하랴.

농심, 영화 '기생충' 힘입어 '짜파구리' 제품으로 나왔다
농심, '짜파구리' 용기면으로 제품화⋯글로벌 시장 노린다

유쾌한 헤드라인

"안돼요, 느려요, 끊겨요"
···400만 명 수업 첫날 아우성

아우성! 얼마 만에 다시 들어보는 단어인가. 유치환 선생의 〈깃발〉에 나오는 '소리없는 아우성' 이후 일상에서 거의 볼 일도, 쓸 일도 없는 단어가 된 듯하다. 그런데 코로나가 느닷없이 아우성을 소환했다. '저 푸른 해원을 향하여 흔드는 영원한 노스탤지어의 손수건'을 배경으로 '안돼요, 느려요, 끊겨요'라는 아우성이 메아리친다.

---- **사연인즉슨** ----

"선생님 접속이 안 돼요." "또 오류 나와요." "영상 끊겨요." 16일 서울 용산구의 한 초등학교 6학년 학생들은 온라인 수업 내내 선생님에게 이런 하소연을 했다. 담임교사는 "클래스팅(출석 확인 등을 위한 학급용 소셜미디어)은 지금 안 되는 것 같고, 교육방송(EBS) 온라인 클래스는 2교시 영상이 좀 느리게 나올 거예요. 조금만 기다려요"라고 아이들을 달랬다.

　지난 9일 고교 3학년과 중학 3학년 85만 8,000여 명이 1차로 온라인으로 개학한 데 이어 이날 초등 4~6학년, 중학 1~2학년, 고교 1~2학년 등 312만 7,000여 명(교육부 추정)이 2차로 개학했다. 오는 20일에는 초등 1~3학년 학생이 3차로 개학해 540만 명에 달하는 모든 초·중·고교생이 원격 수업을 받게 되는데, 원격 수업 접속 오류 등은 여전했다.

이날 오전 원격 수업을 진행한 학교는 5,500여 곳으로 전체 초·중·고교의 46%였다. 전날 총선에서 투표소로 사용된 학교들은 오전 수업을 하지 않고 오후 1시에 개학을 했다. 그런데도 교육부 산하 한국교육학술정보원이 운영하는 '위두랑' 사이트는 오전 9시부터 접속이 되지 않아 오후 수업이 끝날 때까지 먹통이었다. 위두랑 사이트를 통해 출석 확인을 하기로 한 학교들은 사실상 개학을 하지 못하는 상황이 벌어졌다.

온라인 학급을 개설하고 수업을 관리하는 e학습터도 이날 오전 9시부터 약 30분간 구글·네이버 아이디 등으로 접속할 경우 지연되는 문제가 나타났다. 이 사이트는 지난 14일에도 접속 장애가 발생해 이튿날 오전까지 서비스가 중단됐다.

지난 9일 첫 온라인 개학 이후 세 차례 접속 장애가 발생한 교육방송(EBS) 온라인 클래스는 이날도 오전 9시 52분부터 10시 37분까지 45분간이나 일부 동영상이 재생되지 않거나 끊기는 등의 문제가 발생했다. (…)

『조선일보』 2020년 4월 17일

유쾌한 헤드라인

스치는 생각

〈미스 트롯〉과 〈미스터 트롯〉이 대세가 되기 한참 전에 가수 장윤정이 혜성같이 나타나 트롯의 대중화를 선언했다. 특히 〈어머나〉(2004)는 참 대단했다.

> 어머나 어머나 이러지 마세요 / 여자의 마음은 갈대랍니다 /
> 안돼요 왜 이래요 묻지 말아요 / 더 이상 내게 원하시면 안돼요

    지금 이 대목을 읽으면서도 독자분들은 이미 노래를 따라 했다! 원격수업에 따른 접속장애는 다 알고 있고, 결국 해결은 학부모의 몫이라는 사실도 새로울 게 없다. 그런데 이 헤드라인은 '안돼요, 느려요, 끊겨요'를 짚어주면서 구체적으로 어떤 문제가 발생하는지를 아이들의 목소리를 빌어 생생하게 알려준다. 잘 만든 헤드라인이 갖는 힘이다.

    코로나 때문에 많은 게 바뀔 조짐이다. 교육도 그중 하나다. 심훈 선생의 『상록수』(1935) 시절도 아닌 지금, 하루도 빠짐없이 시계추처럼 등하교하는 방식은 불편하고 부자연스럽다. 예배당 담장 너머 뽕나무 가지에 닥지닥지 붙어 올라 수업 들을 게 아니라면 더욱 그렇다. 지금 학교 교육 방식은 기본적으로 조선시대 서당교육 방식과 다를 게 없다(회초리만 빼고). 건축가 유현준 교수의 말처럼 교도소같이 생긴 획일화된 학교에서 기업가치 1조 원 이상의 유니콘이 나올 리 없다. 호그와트에서 해리포터와 마법 배

울 게 아니라면 집에서 모니터 보며 수업 듣는 게 나을 수 있다.

한 시대의 장점은 다른 시대의 약점이 된다. 이참에 우리나라 교육에 일대 혁명이 일어나기를 기대해본다. 그렇게만 되면 한국에서도 매년 스티브 잡스 열 명씩 나올 수 있다. K에듀를 전 세계에 전파하고 관련 시스템이나 솔루션도 수출할 수 있다. 하드웨어는 우리 기업들이 워낙 잘 만드니까 콘텐츠만 보강하면 된다. 학생들의 집중력을 계속 붙잡아 둘 고품질 콘텐츠가 필요하다. 앉으면 눕고 싶고, 누우면 자고 싶은 게 인지상정. 이걸 해결하는 게 관건이다.

씨제이이엔엠(CJ ENM)의 나영석 PD에게 우리나라 초중고교 교육 콘텐츠 제작을 일임하면 어떨까. 달랑 '여행' 콘셉트 하나로 시청자들을 이렇게까지 오랜 기간 붙들어놓는 역량이라면 학생들에게도 당연히 통한다. 엔씨소프트(NC Soft)의 힘도 빌려야 한다. 교육이 꼭 엄숙하고 지겨울 이유는 없다. 온라인 게임과 모바일 게임의 화려한 그래픽과 스토리텔링 기법을 교육 콘텐츠에 적용하면 학생들이 잠 안 자며 공부하겠다고 난리가 날 거다.

시를 가르치는 것도 좋다. 윌리엄 블레이크(1757~1827)의 〈순수를 꿈꾸며〉 같은 시를 온라인 콘텐츠로 만드는 거다.

한 알의 모래 속에서 세계를 보고 / 한 송이 들꽃에서 천국을 본다 / 그대 손바닥 안에 무한을 쥐고 / 한순간 속에서 영원을 보라

BGM도 깔고 뮤직비디오 같은 영상도 입힐 수 있다. 학생들이

유쾌한 헤드라인

좋아하는 아이돌 스타가 낭송하면 더없이 좋다. 이 시국에 한가하게 무슨 시 타령이냐고? 불세출의 영웅, 스티브 잡스가 좋아했던 시다.

같은 재료, 다른 레시피

2차, 3차 온라인 개학 기간 동안 접속장애가 발생했다는 헤드라인은 '아, 그랬나 보군' 하며 지나칠 수 있다.

> 전국서 400만 명 몰린 '2차 개학'…원격수업 접속장애 여전
> 3차 온라인 개학, 535만 명 원격 수업…일부 접속 오류 발생

접속장애로 학부모들이 진땀을 흘렸다는 헤드라인은 임팩트가 크다. 기사를 클릭하면서 학부모들은 진땀의 보편성(나만 흘린 게 아니었구나)에 안도하게 된다. 어떤 플랫폼이 특히 더 문제인지에 대한 단서가 들어 있으면 좀 더 실리적인 동기를 자극한다.

> "접속 어떻게 해요?"…초등 저학년 온라인 개학에 부모들 진땀
> 400만 원격 수업에 접속 안 되고 영상 '버벅'…
> 초등학교에선 '부모 개학, 조부모 개학' 푸념
> 'e학습터·위두랑 접속오류'…2차 온라인개학 앞서 잇단 장애

"한국서 군함 샀더니 마스크·소독제가 딸려왔습니다"

벤츠가 인생의 꿈이었던 시절이 있었다. 싱거운 녀석들은 어디서 별 모양 열쇠고리를 하나 구해와서는 키홀더를 샀으니 이제 차만 사면 된다고 했다. 그토록 슬픈 이야기를 어쩜 그리도 천연덕스럽게⋯ 그런데 세상일이 진짜 그런가 보다. 이제 까짓것 군함 한 척만 사면 마스크를 득템할 수 있게 되었다.

사연인즉슨

현대중공업이 건조한 2,600t급 최신예 호위함 '호세리잘 함'이 마스크, 소독제 등 방역물품을 싣고 필리핀으로 출항했다.

현대중공업은 울산 본사에서 필리핀 해군의 호위함 호세리잘 함의 인도 기념행사를 열고 필리핀 수비크 항으로 출항시켰다고 18일 발표했다. 호세리잘 함은 필리핀 해군의 노후 함정 현대화 사업의 일환으로 현대중공업이 2016년 수주해 건조한 군함이다. 8,300km 이상의 긴 항속 거리를 보유해 장기간 해상 경비 업무가

유쾌한 헤드라인

가능하다. 필리핀 해군은 유도탄과 어뢰를 운용하는 군함을 처음 보유하게 됐다.

현대중공업은 호세리잘 함에 마스크 2만 개, 손 소독제 2,000개, 방역용 소독제 180통, 소독용 티슈 300팩 등 방역 물품을 실어 보냈다. 이 회사 관계자는 "6·25전쟁 참전국인 필리핀에 보은하는 의미"라며 "신종 코로나바이러스 감염증(코로나19) 누적 확진자가 1만 2,000여 명에 달하는 필리핀에 도움이 되기를 바란다"고 말했다. 이 함정은 코로나19 확산으로 인도 연기가 우려됐지만 당초 인도 예정 시기였던 올 9월보다 4개월가량 빨라졌다. 한국 해군도 이날 출항식에 해군2함대의 성남 함을 배치하고 호세리잘 함의 안전 항해를 기원했다.

남상훈 현대중공업 특수선사업본부장(부사장)은 "국방부, 해군, 방위사업청, 필리핀 대사관 등의 도움으로 최신예 호위함을 조기 인도할 수 있었다"며 "앞선 기술력으로 필리핀 해군 현대화 사업에 현대중공업이 앞장서는 한편 양국 간의 깊은 신뢰 관계를 바탕으로 향후 프로젝트에서 추가로 수주할 수 있도록 최선을 다하겠다"고 말했다.

『한국경제신문』 2020년 5월 18일

───────── 스치는 생각 ─────────

배보다 배꼽이 더 크다 해야 하나, 발보다 발가락이 더 크다 해야 하나. 코로나에 대한 K방역의 인기가 워낙 높다 보니 뉴스의 방점을 군함보다 마스크와 소독제에 찍었다. 격하게 재미있는 헤드라인이다.

꼭 기자의 과장이 아니더라도 우리 주변에는 이러한 왝더독 (Wag the dog), 즉 꼬리가 몸통을 흔드는 트릭을 마케팅에 활용하는 경우가 종종 있다. 가히 '주객전도 마케팅'이라고 할 만한데 대표적인 것이 맥도날드의 해피밀 세트다. 알다시피 장난감 '부록'이 햄버거 선택의 결정적 요인으로 부상한 경우다. 혹은 연말 부록(보통 탁상 달력이나 가계부) 때문에 여성잡지를 사는 경우도 있다.

스타벅스가 여름마다 진행하는 e프리퀀시 이벤트도 비슷하다. 2020년에는 6~7월 동안 계절 음료 3잔 포함 17잔의 음료를 구매하면 서머체어 3종과 서머레디백 2종 중 원하는 증정품을 제공했다. 매년 품목이 바뀌는 데다 물량이 한정되어 있어 스벅 마니아들 사이에 큰 인기였다. 계절 음료 3잔과 가장 양이 적은 에스프레소 14잔을 한 번에 구매하면 7만 원 남짓 되는데 여럿이서 함께 구매하고 한 사람에게 증정품을 몰아주는 경우가 많았다. 놀랍게도 서울 여의도 한 매장에서는 커피 300잔을 주문하고 커피는 놔둔 채 사은품만 챙겨간 소비자도 있다고 한다.

군함과 마스크가 한 헤드라인에 나와도 전혀 이상하지 않은 걸 보면 K방역이 대단하긴 하다. 이참에 나라 간판을 바꿔보는 건 어떨까? 솔직히 더 이상 우리가 '조용한 아침의 나라'는 아닌 것 같다. '조용한 아침의 나라'가 어디서 나왔나 봤더니 미국의 천문학자 퍼시벌 로웰(Percival Lowell)이라는 사람이 조선 말엽에 우리

나라에 왔다가 한국을 소개하는 책을 냈는데 그 책 제목이 『조용한 아침의 나라(The land of morning calm)』였다고 한다. 조선(朝鮮)의 아침 조(朝)와 고울 선(鮮)을 그대로 풀어 쓴 것이다. 뭔가 신비하고 아련해서 좋긴 한데 이제는 아무래도 아닌 듯하다. 아프리카나 남미 오지처럼 아침이 상쾌하지도 않고 광화문이나 서초동에서 수시로 들고 일어나는 통에 이제 썩 조용하지도 않다.

잘 알려진 것처럼 외국 유튜버들 사이에 한국은 외국인이 밤에 마음 놓고 나다닐 수 있는 유일한 나라다. 지갑을 벤치에 놔둬도 아무도 건드리지 않는 나라이기도 하다(실제 한 외국인이 실험해본 유튜브 영상도 올라와 있다). 거기에 한 가지 추가하면 한국은 이제 짱짱한 의료진과 일사불란한 국민이 받쳐주는 방역 선진국이다. 안전, 믿음, 안심 등을 키워드로 새로운 국가 브랜드를 만들어 보는 건 어떨까. 문화체육관광부 주도로 국민 공모대회를 열고, 1차로 뽑힌 후보작에 대해 모바일 국민투표를 해보는 것도 좋을 것 같다.

같은 재료, 다른 레시피

군함 건조는 우리에게는 이미 익숙한 내용이다. 따라서 건조 사실에 초점을 맞추면 '전 세계 최고 조선 강국인 우리가 군함을 또 하나 만들어 팔았나 보군' 정도의 반응이 예상된다. 흐뭇한 기사임은 분명한데 클릭은 별개다.

현대重, 필리핀 호위함 '호세리잘' 인도
함체도 무기도 국산…최신예 군함 필리핀 수출

때가 때인 만큼 K방역을 부각시키면 관심이 고조된다. '보은 마스크'라는 헤드라인에서는 한국과 필리핀의 '은혜로운' 관계까지 새삼 궁금해진다. 군함을 건조한 현대중공업 직원이거나 친인척이 아니어도 클릭할 사람 많을 듯하다.

현대重, 최신예 호위함 '호세리잘함'…방역용품 가득 싣고 필리핀으로
현대重이 건조한 최신예 호위함, '보은 마스크' 싣고 필리핀으로 출항

유쾌한 헤드라인

우리 속담과 서양 격언의 '유익한' 헤드라인

・

엎어진 김에 쉬어 간다

엎어졌을 때 벌떡 일어나면 이미지 구긴다.
하던 일이 벽에 부딪혔을 때 차분히 숨을 고르며
힘을 비축하라는 뜻.

・

호크 퀘퀘 트란시비트(Hoc quoque transibit)

이 또한 지나가리라.
잘나갈 때 교만하지 말고 힘들어도 절망하지 말라는 뜻.

2장

유익한
헤드라인

Fruitful

각자도생(各自圖生)의 시대, 정보가 곧 구원이다.
나만 모르는 정보는 있어서는 안 된다.

조회 수가 곧 돈이라서…
혐오를 팝니다

우리는 지금 분노사회를 산다. 모두가 뭔가에 잔뜩 화가 나 있다. 이 와중에 '혐오를 판다'는 말이 비수처럼 꽂힌다. '조회 수가 곧 돈'이라는 말에서는 혐오 장사꾼들의 야비함까지 전해오며 새로운 분노가 꿈틀거린다.

사연인즉슨

1분마다 500시간 분량의 영상이 올라오는 유튜브. 말 그대로 무한 경쟁 전장에서 최근 가장 뜨거운 유튜버는 '띠예'란 아이디를 쓰는 열한 살 소녀. 말 한마디 없이 4분여간 바다포도(포도처럼 생긴 해초)를 먹는 영상의 조회 수는 1,000만. 지난해 11월 유튜브를 시작한 후 동치미 무나 과자를 먹는 3~4분짜리 영상을 올리는 그의 영상을 받아 보는 구독자만 70만 명이다.

이 기간 띠예만큼 화제가 된 말이 '띠예 저격'. 인기 유튜버가 된

그를 욕하거나 신고한다는 등의 내용을 담은 영상을 만들어 띠에를 공격한다는 뜻이다. 유튜버 A는 "감히 어린 초딩 주제에? 양심이 있으면 유튜브 계정 삭제해라. ×가지가 없다. 정신 좀 차려" 같은 내용을 담은 영상을 올렸다. 이 영상은 띠에 공격 글로 화제가 되며 20만 번 이상 시청됐다.

(…) '싫다'는 감정을 폭력적으로 분출하는 혐오 콘텐츠가 늘어나고 있다. 최근엔 되레 '싫어해야 돈이 된다'는 이야기가 퍼지며 '혐오 비즈니스'란 말까지 나왔다. 시청 횟수가 고스란히 수익으로 연결되는 유튜브나 아프리카TV 등이 온라인의 중심이 되면서 '관심 끌기'가 이제는 아예 노골적 비즈니스로 전환되고 있는 것이다. 욕이나 폭력, 엽기, 성적 묘사 등 눈살을 찌푸리게 하는 내용이 담겼지만, 보는 사람들도 '욕하면서 본다'며 점차 수위가 더 센 콘텐츠를 찾고 있다.

(…) 혐오가 맹렬히 자라는 배경에는 돈이 있다. 유튜브는 조회 수가 곧바로 돈으로 환산되기 때문에 계속해서 자극적 소재를 찾을 수밖에 없다. 유튜브에는 영상 재생 전이나 중간, 후, 재생 중 여러 방식으로 광고가 붙는다. 영상의 길이나 독자 수 등에 따라 광고 수익은 천차만별이지만, 유튜버가 55%, 유튜브 측이 45%가량을 가져간다. 구독자 30만 명가량을 확보한 후, 한 달 영상 조회 수 800만이 넘으면 월 1,000만 원이 넘는 수익을 올릴 수 있다고 한다. (…)

『조선일보』 2019년 1월 19일

유익한 헤드라인

비즈니스 마케팅 기법 중에 노이즈 마케팅(Noise marketing)이라고 있다. 상품 판매를 늘릴 목적으로 사회적으로 민감한 이슈들을 일부러 광고에 활용하는 전략을 말한다. 예를 들어 흑인이 사용하면 피부색이 하얗게 된다는 비누 광고나 수녀와 신부가 '열린 마음'으로 입맞춤하는 의류회사 광고 등이다. 노이즈 마케팅은 돈을 목적으로 소음이나 잡음, 즉 '노이즈'를 일부러 조성한다는 비난을 많이 받는데, 혐오 비즈니스에 비하면 그나마 순진한 마케팅이었나 보다.

혐오를 파는 사람이 문제일까, 사는 사람이 문제일까? 이런 질문이 어려울까, 닭이 먼저냐 달걀이 먼저냐가 어려울까? 베트남 출신의 틱낫한 스님은 "화는 몸의 일부라 떼어버릴 수 없고 달래고 다스려야 한다"고 했는데(틱낫한, 『화』, 2002), 다스리기는 고사하고 그것을 돈벌이 삼는 사람들이 있다는 게 놀랍도록 무섭다. 더 무서운 것은 누구나 자칫하면 혐오 비즈니스에 발을 들여놓게 된다는 점이다. 때론 생산자, 때론 소비자의 모습으로.

독일 태생 유대인 여성 철학자 한나 아렌트(Hannah Arendt)는 2차 대전 중 유대인을 학살한 아돌프 아이히만의 재판 과정을 지켜보면서 '타인에게 공감하지 못하는 무능력'을 '악'으로 규정하고 우리 주변에 잠재해 있는 '악의 평범성'을 지적한다. 악은 가까운 곳에, 보통 사람의 내면에 존재한다. 얼마 전, 성 착취 사이트 n번방의 실체가 드러나 사회를 경악시켰는데 그 운영자들이 예상과 달리 너무도 평범하게 생긴 이웃집 청년 같아서 사회가 또 한 번 뒤집어진 것처럼 말이다.

디지털 시대여서 그런지 모든 게 0 아니면 1이다. 정치, 경제, 사회, 문화 등 분야를 가리지 않고 조금이라도 다른 견해를 참지 못한다. 윷놀이만 해도 도와 모 사이에 개, 걸, 윷이 있는데 사회는 점점 더 양극단으로 치우치고 있다. 마치 가슴속에 뭉크의 〈절규〉한 점씩 끌어안은 것처럼, 극과 극 사이의 중간 지대를 받아들이지 못한다. 이것도 코로나19처럼 일종의 팬데믹이다. 미국에서는 흑백 간 총질, 유럽에서는 종교 간 폭탄질로 발현된다. 그나마 동방예의지국인 한국에서는 '아직까지'는 혐오질이다.

인디언 속담에 사람 마음속에는 착한 늑대와 나쁜 늑대가 있는데 두 마리는 항상 싸운다고 한다. 이기는 쪽은 어디일까? 바로 내가 먹이를 주는 쪽이다. 혐오를 사고파는 사람들은 결국 마음속에 나쁜 늑대를 키우며 사는 꼴이다. 『분노사회』(2014)를 쓴 정지우 작가는 "내 삶을 나만의 이야기로 써나가는 방법을 배우지 못할 때 삶은 분노가 된다"고 말한다. 그렇다. 삶이 영화라면 세상에 단 한 편뿐인 자신의 인생 영화를 만들어야지 남의 영화를 혐오하는 데 시간을 쏟지는 말아야 한다.

당신의 영화는 어느 쪽인가? 판타지, 어드벤처, 멜로, 코미디, SF, 로맨틱, 뮤지컬, 액션 모두 좋다. 이 중 어떤 장르를 선택하느냐가 그 사람의 품격과 향기를 대변한다. 아, 요즘 유행인 좀비 영화도 좋다. 단, 스스로 좀비가 되지는 말아야 한다.

같은 재료, 다른 레시피

유튜브를 포함한 온라인에 막말과 험담, 가짜 뉴스가 빈번하다는 헤드라인은 이제 그다지 새롭게 느껴지지 않는다. 독자들은 혀를 끌끌 차며 세태에 눈 한 번 흘기고는 재빨리 지나칠 공산이 크다.

'스트레이트' 막말·혐오가 돈이 되는 유튜브 세상
민식이법과 유가족 향한 유튜브 속 도 넘은 혐오

조회 수로 돈 버는 게 목적이었다는 내용이 비치면 독자들은 갑자기 〈그것이 알고 싶다〉 모드로 급전환을 하며 기사를 심하게 클릭한다.

조회 수＝돈…막말·혐오로 돈벌이 혈안된 유튜버
'혐오를 팝니다'…가면 속에 감춰진 극단주의 유튜버

'혐오코인'은 좀 어렵다. 과문한 탓이겠지만 비트코인 비슷한 건가 싶기는 하다. '떡상'은 뭐지? 약간 비속어 느낌도 나서 일반 독자라면 선뜻 클릭하기가 망설여진다.

유튜브, 혐오코인은 '떡상' 중
조회 수 '떡상' 시키려고 코로나 환자 행세한 유튜버의 최후

'국민 횟감'
광어의 몰락

우리 주변엔 국민 오빠, 국민 여동생, 국민 엄마, 국민 배우, 국민 MC가 있다. 급기야 국민 허당도 있다(누군지는 말 못 한다). 한글을 배우는 외국인이 '국민'이라는 수식어의 가슴 먹먹함을 이해할 수 있을까? 그나저나 광어가 부지불식간에 '국민 횟감'이었나 보다. 그럼 멍게는 국민 스끼다시?

사연인즉슨

김병덕(60) 씨는 강원도 강릉시 화력발전소 인근에서 넙치류 양식장을 운영하고 있다. 그가 키우는 광어와 도다리는 30만 마리다. 가로·세로 8m 규모의 정사각형 수조 50개가 이들 생선의 삶터다. 수조에는 20kg짜리 사료 10포대가 매일 뿌려진다. 하루 200kg의 양이다. 사료는 1포대당 5만 원으로, 한 달에 사룟값만 1,500만 원이 든다.

생선을 키우기 위해선 사료만 필요한 것이 아니다. 모터로

24시간 바닷물을 끌어다 써야 한다. 한 달 전기요금으로 800만 원이 나온다. 통상 광어를 출하하려면 14~16개월의 시간이 필요하다. 출하 때까지 먹이를 주고 바닷물을 갈아주는 일을 거를 순 없다. 김 씨는 "광어 1kg당 생산원가는 1만 2천 원"이라고 설명했다.

(…) 그는 30여 년째 이 일을 해오고 있지만, 요즘처럼 시름 깊은 날이 없었다고 했다. "불황도 이런 불황이 없어요." 지난 13일 만난 그는 수조 속 광어를 바라보며 한탄했다. 광어 1kg당 출하가격은 지난해 평균 1만 5천 원에서 최근 1만 1천 원 이하로 폭락했다. 생산원가에도 미치지 못하는 수준이다. 이마저도 소비시장이 침체하면서 출하가 미뤄지고 있다.

(…) 양식업자들은 광어값이 폭락하는 이유로 '소비성향의 변화'를 꼽았다. 서귀포시에서 광어 양식장을 운영하는 강아무개(50) 씨는 "지난해 12월부터 올 1월까지 수입산 연어나 방어를 찾는 소비자들이 늘면서, 광어 수요가 확 줄었다"며 "광어 소비시장 침체가 장기화하면 어떻게 견뎌야 할지 모르겠다"고 토로했다. (…)

『한겨레신문』 2019년 3월 5일

───────── 스치는 생각 ─────────

회는 여전히 고급 안주다. 삼겹살이나 순대볶음과는 급이 다른 것 같고 왠지 가까이하기엔 멀게 느껴진다. 같은 회지만 광어는 다르다. 전 국민이 저렴하게 사치를 즐길 수 있게 해준 고마운 생선, '국민 횟감'이 분명하다. 농어나 도미는 아무리 술에 취해도 가격표를 살피게 된다. 종종 '싯가'라는 표기를 보면 술이 확 깨며 급공손해진다. 하지만 광어는 언제나 만만하고 믿음직하다.

기사를 보고 새삼 느꼈다. 요즘 횟집에 가면 선택의 폭이 부쩍 넓어진 게 맞다. 얼마 전까지만 해도 광어 아니면 우럭이었는데 이제는 방어, 연어 등이 눈에 띄고 전어나 민어처럼 계절마다 새로운 이름이 등장한다. 광어 입장에서는 경쟁 상대가 많아진 것이어서 아무리 국민 횟감이어도 밀릴 수밖에 없게 되었다. 그리고 그 배경에는 소비자들의 취향과 입맛은 변하기 마련이라는 야속한 자연법칙이 깔려 있다. 아쉽지만 '국민' 호칭에 법적인 구속력은 없다.

광어도 이제 슬슬 포지셔닝 변화를 시도해야 할 때가 온 것 같다. 예를 들면 지금까지의 '고만고만하고 저렴한' 생선에서 '친환경적이고 가성비 높은' 생선으로 이미지 변신을 해야 한다. 국민들에게 광어를 먹으라고 강요할 수는 없다. 그렇다면 국민들에게 어필할 수 있는 마케팅 포인트를 고민하고 살려가야 한다.

참고할 만한 사례가 있다. 일본 열도를 이루는 큰 섬이 4개 있는데 맨 위쪽부터 홋카이도, 혼슈, 시코쿠, 규슈. 그중 가장 큰 섬인 혼슈 북쪽 끝에 아오모리현이 있는데 일본에서 생산되는 사과의 대부분이 여기서 나온다. 1991년 가을, 연이은 태풍으로 아오모리현의 사과가 90% 정도 떨어져버리는 대참사가 발생한다. 한 해 과일 농사를 다 망쳐버리게 된 그 절체절명의 순간에 농민들은 번뜩이는 아이디어를 냈다. 떨어지지 않은 나머지 10%의

사과에 말 그대로 '떨어지지 않은 사과(落ちない林檎)'라는 이름을 붙여 수험생들(정확히는 부모들)에게 팔기 시작했다. 노골적으로 '합격(合格)' 스티커를 붙여 팔기도 했다. 보통 사과 가격의 10배 이상 비싸게 팔았는데도 날개 돋친 듯이 팔렸다고 한다.

두 가지 아이디어를 생각해본다. 우선 광어의 경쟁 상대는 방어나 연어가 아니고 날 것을 싫어하는 입 짧은 고객, 피곤하니 일찍 귀가한다는 허약한 고객일 수 있다. 이들에게 오늘 저녁 광어한 점을 꼭 먹어야 할 이유를 준다면 광어의 전성시대는 다시 온다. 미국 햄버거 체인 맥도날드도 경쟁자 버거킹 때문에 고민이 많았다. 그때 맥도날드는 밖에서 햄버거를 먹는 대신 집에서 오붓하게 식사하는 (얄미운) 가족에 집중했다. 그래서 나온 광고가 'You deserve a break today(당신은 오늘 쉴 자격이 있습니다)'였다.

다음으로 광어의 약점을 강점으로 활용하거나 잘 알려지지 않았던 특성을 살리는 방법이다. 요즘은 친환경이 대세다. 만일 광어 양식으로 인한 수질 오염이 타 어종에 비해 적다면 "우리 광어, 곱게 컸어요"로 광고해볼 수 있다. 또 만일 광어가 생긴 것만큼이나 성품이 유순하다면 "우리 광어, 안 싸워요"로 광고하는 건 어떨까. 진영 다툼이 하루도 끊이지 않는 우리 사회에 신선함으로 다가올 수 있다. 미국 렌터카 시장에서 허츠(Hertz)에 밀려 만년 2위였던 에이비스(Avis)는 "우리는 기다리는 줄이 짧습니다"라는 역발상 광고로 대박을 쳤다.

좀 조심스럽기는 한데 1996년 강릉 잠수함 침투사건 때 체포되었던 북한 승조원 한 명이 심문 과정에서 심경의 변화를 알리며

했다는 말, "내래 고조 광어가 먹고 싶습내다"라든가, 북한 김정일의 장남 김정남이 일본에 가면 꼭 광어회를 즐겨 먹었다는 뉴스도 제때 살리기만 했더라면 광어를 위한 좋은 홍보 찬스였다. 어떤 이들에게 광어는 '자유의 음식'이었던 것이다.

같은 재료, 다른 레시피

전 국민의 광어 사랑에 기자도 예외일 리 없다. 광어의 추락을 다룬 대부분 헤드라인에 안타까움과 당혹감이 팍팍 묻어난다.

> 광어의 눈물, 회식 줄어들자 산지가격 12년 만에 최저
> "30년 만에 최악"…'국민 횟감' 광어의 날개 없는 추락

국민횟감 광어가 추락한 이유를 암시하는 헤드라인은 독자의 탐구욕에 불을 붙인다. 더 이상 남의 일이 아닌 것처럼 느껴지면서 오른손 검지에 힘을 주게 된다.

> 수출길 좁아지고 불매운동…광어의 끝 모를 추락
> 수입 연어에 밀려 국산 광어 죽을 맛 "수입조정관세 발동을"

번갯불로 농사를?…
'플라스마 농법'이 온다

번갯불에 콩은 볶지만 농사까지 되는지 미처 몰랐다. 거기다 플라스마라고? 〈스타워즈〉 제다이 기사들이 요란하게 휘둘러 대는 광선검의 기본 재료가 플라스마 아니었나? 세상이 진짜 확확 변한다. 이러다 농업이 최첨단 산업이 되어 5차 산업혁명을 이끌 것 같다.

─────────── 사연인즉슨 ───────────

'천둥 번개가 많이 치는 해에는 농사가 풍년이 든다'는 속담이 있다. 구전되는 옛말이지만 매우 과학적인 표현이다. 번개가 치면 공기 중 질소가 이온화돼 빗방울에 녹아들고 빗물이 땅속에 들어가면 천연 질소비료가 돼 농작물을 잘 자라게 하는 것이다. '남산 위의 저 소나무'가 척박한 바위 위에서 독야청청 자랄 수 있는 이유다.

　전북 군산 새만금방조제 부근에 위치한 국가핵융합연구소 산하 플라즈마기술연구센터의 김성봉 혁신기술연구부장은 "방전의 일종인 번개가 치면 주변 공기가 플라즈마 상태로 전기 분해돼 일산화질소(NO), 이산화질소(NO_2), 질산염(NO_3) 이온이 발생하고, 방전 주변 빗방울에 녹아 들어간다. 여기서 과산화수소(H_2O_2)가 만들어진다. 이산화질소와 과산화수소 이온은 살균 작용을 하고, 이들도 나중에 질산염 이온으로 변하는데 질산염 이온은 비료가 되는 것이다. 자연현상에 깃든 농사의 기본 원리를 이용한 과학적 미래 농법 곧 플라즈마 파밍 시대가 멀지 않았다"고 말했다.

(…) 플라즈마는 이미 반도체·디스플레이 제조와 표면개질, 태양전지, 폐기물과 오염수 처리, 의료 및 미용 등 다양한 분야에서 활용 중이다. 이 플라즈마를 "농장에서 식탁에 이르는 농식품 전 주기에서 적용할 수 있는 포괄적으로 응용"하는 것이 '플라즈마 파밍' 기술이다. (…) 김성봉 부장은 "네덜란드는 지속농업을 위해 2027년까지 시설 하우스에서 질소·인 등 배출을 제로로 만들겠다는 계획을 발표했다. 플라즈마 파밍은 식량 위기를 극복하면서 환경을 오염시키지 않고 식품의 안전까지 보장할 수 있으며 정보통신기술(ICT)과 사물인터넷기술(IoT)을 결합한 스마트한 농업"이라고 설명했다.

플라즈마기술연구센터는 2014년부터 플라즈마를 이용한 다양한 연구를 진행하고 있다. 모델 식물인 애기장대(아라비돕시스)를 플라즈마로 처리하니 점무늬 병원균과 잿빛 곰팡이 병원균의 균사체가 50% 억제돼 부패균 발병률이 10분의 1로 줄어들었다. 또 새싹 인삼(묘삼)에 플라즈마를 3분 정도 쬐니 뿌리 무게는 28%, 잎과 줄기는 54%가 증가했다. 유용 미생물을 활성화해 벼에 처리하니 잘 자라는 것을 확인하고 분석해보니 플라스마를 처리하면 병 저항성 호르몬이 늘어나는 것을 규명했다. (…)

『한겨레신문』 2019년 3월 11일

스치는 생각

한국인만큼 성질 급한 민족이 또 있을까. 우리는 자판기 뚜껑을 연 채로 커피 나오는 것을 노려보는 민족이고, 엘리베이터의 닫힘 버튼을 기어이 반질반질하게 만드는 민족이다(엘리베이터에 슬라이딩하고는 닫힘을 세 번 연달아 누르는 사람도 봤다. 지인이다).

식당에 앉자마자 가장 빨리 나오는 게 뭐냐고 물어보는 사람도 한국인이다. 단체로 가면 주방의 처리 속도를 감안해서 가급적 메뉴를 자체 통일한다. 식당 주인도 한국인인지라 주문 종류가 많아질 때 벌어질 감당 못 할 사태를 걱정해준다.

세계 최초의 커피믹스를 우리 기업이 출시한 게 놀랍지 않다. 커피, 프림, 설탕을 따로따로 퍼 담는 시간을 우리는 초조해서 견디지 못한다. 미국에서 한국인 단체 관광객이 예약도 없이 어느 식당에 들이닥쳤는데 "위 아 코리안"이라고 했더니 선뜻 자리를 내어주었다고 한다. 주문부터 식사 마치고 나갈 때까지 15분밖에 안 걸린다는 걸 아니까.

이렇게 스피드를 즐기는 민족이지만 농업은 어쩌질 못했다. 아무리 채근해도 식물은 씨 뿌리자마자 열매를 맺지 못한다. 사과, 배, 복숭아도 한 나무에서 믹스되어 융복합적으로 열리지 않는다. 그래서인지 농업은 시대에 뒤처지는 느림보 산업 취급을 받았다. 그런데 이제 농업에도 속도가 살아날 조짐이 보인다. 아직은 실험이 더 필요하겠지만 언젠가 플라스마 농법이 상용화되어 한국인의 속도 사랑에 특화된 K농법으로 자리매김하기를 기대해본다.

원래 벼는 농부의 발걸음 소리를 듣고 자랐다. 이제는 텅 빈 시골에 돌봐줄 농부도 없다. 내키지 않겠지만 앞으로는 플라스마의 섬광을 받으며 자라야 한다.

──── 같은 재료, 다른 레시피 ────

플라스마 기술의 농업 응용에 대한 헤드라인이 몇 개 눈에 띈다. 다만 '플라스마'라는 단어가 얼마나 많은 사람의 이목을 끌지는 미지수다. 필자가 뽑은 '번개불로 농사를?'이라는 헤드라인이 농담인 듯 진담인 듯 클릭을 부르는 이유다.

플라즈마 기술, 식량작물 연구에 활용한다
논밭에서 식탁까지…'플라스마 농업' 꿈꾼다

플라스마 기술로 '농식품 강국', '농업 부국'을 이끈다는 헤드라

유익한 헤드라인

인도 있는데 산업화 시대의 포스터 표어처럼 올드한 느낌이 있다. 다만 저성장에 지칠 대로 지친 지금 같은 시대에 '강국', '부국'이란 단어는 모처럼 만난 단비처럼 느껴져 클릭으로 이어질 수 있다.

'플라스마 파밍 기술'로 농식품 강국 이끈다
액체도 기체도 아닌 플라스마가 농업 부국 이끈다

혼자 먹는 수박…
소박이 뜬다

여름이 왔음을 알렸던 '여름의 전령' 수박이 어느 순간 천덕꾸러기가 되었다. 식구 수와 식욕은 갈수록 주는데 수박은 눈치 없이 커져만 갔기 때문이다. 그러던 차에 '소박'이란 제목이 반갑다. 작은 수박이란 뜻이렷다.

사연인즉슨

내 이름은 애플수박. 껍질이 얇아 사과처럼 깎아 먹을 수 있다 해서 붙여진 이름이다. 일반 수박의 4분의 1 크기로 성인 남성이 한 손으로 가뿐히 나를 들어 올릴 수 있다. 원래 고향은 아프리카지만 지구 온난화의 영향으로 아열대 식물인 나는 이제 한국에서도 잘 자란다. 지난 2월 충청남도 논산에서 태어난 나는 오는 7월 서울로 떠난다. 서울 여행이 걱정되지만, 주인아저씨는 요새 내가 인기니 걱정하지 말란다. 혼자 사는 사람이 늘어나서 나처럼 작은 수박, 즉 '소(小)박'을 많이 찾는단다.

한국의 1인 가구 수는 2010년 417만 명에서 2017년 561만 명으로 급증했다(통계청). 마트는 이들을 노린 반쪽, 4분의 1쪽 수박을 내놓아 '대박'을 터트렸다. 지난해 작게 자른 수박 매출이 전년보다 160% 이상 늘었다고 한다. 이러한 분위기 덕에 소박인 우리도 인기다. 수박은 혼자 사는 사람에겐 비싼 과일이다. 혼자 먹기엔 양이 많고 음식물쓰레기도 많이 나와 치우기도 번거롭다. 내가 사랑받는 이유도 껍질이 얇고 크기도 작아 남길 걱정이 덜해서다. 가격도 일반수박이 1만 4,000~1만 9,000원이지만 나는 6,000원 정도다.

(…) 사람들은 수박의 당도가 복불복이라고 생각하지만 아니다. 수박 맛의 편차는 가장 크게 1모작(한 번 재배)과 2모작(두 번 재배) 수박 사이에서 발생한다. 2모작 수박은 연이은 재배로 당도가 1~2도 더 낮다. 6월이 되면 초저가로 등장하는 '미끼 수박'이 대부분 2모작 수박이다. 나는 한 철 한 번 재배하는 1모작이기 때문에 달 수밖에 없다. 미끼 수박과 비교하면 불쾌하다.

나는 부여에 친구가 있다. 블랙망고수박이다. 그 친구는 나보다 좀 더 길쭉한 럭비공처럼 생기고 무게는 5kg 이하다. 일반 수박보다 까만 껍질에 과육은 망고처럼 노랗다 해서 붙여진 이름이다. 망고처럼 실제 식감이 일반 수박보다 더 부드럽다. 이 친구는 '인증용' 사진에 최적화돼 있어서 요즘 인기다. 젊은 친구들이 자주 하는 인스타그램에 올리기 딱 좋은 멋진 녀석이다. (…)

『중앙일보』 2019년 5월 30일

수박 없는 여름은 여름이 아니다. 그저 봄과 가을의 중간 언저리에 불과하다. 수박이 익어가며 여름이 오고, 수박에 질릴 때쯤 여름이 간다.

수박은 먼 곳에서 온 과일이다. 남아프리카의 초원지대가 원산지라고 한다. 4천 년 전 이집트로 왔고 시나위 반도를 통해 9세기에 인도, 12세기에 중국, 15세기에 동남아를 거쳐 16세기쯤 한국에 전파된 것으로 보인다. 수박의 중국 이름 서과(西瓜)는 서역에서 온 과일이라는 뜻이다.

흔히 육류나 채소를 살 때면 크기가 큰 것을 선호하기 마련인데 수박은 예외다. 커도 너무 크기 때문이다. 예전에 식구 많을 때는 수박 한 통을 온 가족이 둘러앉아 먹으면 제격이었는데, 온 가족이 뿔뿔이 흩어진 지금은 그러지 못한다. 머리통을 두들겨가며 한 통을 골랐을 때의 뿌듯함은 며칠을 냉장고에서 자리만 차지하며 뒹굴다가 결국 후회만 남기고 버려진다(꼭지는 마르되 무늬는 가늘고 선명한 수박이 잘 익은 수박이다. 이제 수박 머리통은 그만 때려도 된다).

수박은 물이 많은 과일이라서 '수'자가 물 수(水)자인 줄 알았는데 의외로 순우리말이다. 수박의 '수'를 떼어 내 일단 뒤집어 '소'로 만든다. 여기에 한자를 입혀 '소(小)'로 둔갑시킨 후 다시 '박'을 붙여 '소박'이 되었다. 한글과 한자의 경계를 넘나드는 자유분방함이 멋진 헤드라인을 낳았다.

이렇게 태어난 '소박'은 꾸밈과 거짓이 없고 수수하다는 의미의 '소박(素朴)'이나 횡재를 맞거나 황당한 일을 목격했을 때 내뱉는 감탄사 '대박'의 반대 의미로도 읽혀서 더 재미있다. 요즘은 잘 안 쓰는 표현이지만 아내가 남편에게 구박을 받아 쫓겨났다는 의미인 '소박맞다' 할 때의 소박(疏薄)도 떠오른다.

작은 수박, 소박이 반갑다. 작다고 무시해서는 안 된다. 독일의 폭스바겐은 작은 차 비틀(Beetle)로 유명하다. 2차 대전이 끝나고 1950년대 미국에 처음 진출했을 때 폭스바겐은 작다는 약점을 역이용했다. 신문 광고 지면 왼쪽 귀퉁이에 비틀 자동차를 작게 그려 넣고 나머지 부분은 몽땅 여백으로 처리했다. 지면 맨 하단에는 달랑 'Think small(작게 생각하라)'이라는 문구 하나만 넣었다. 큰 것을 선호하는 미국인들에게 허영 대신 실속을 추구하라는 은근한 메시지였다. 2차 대전의 아픔이 채 가시지 못한 무렵이어서 더 은근했는지도 모르겠다. 아무튼 이 광고에 힘입어 폭스바겐은 미국 시장에서 급성장하게 된다. 발상의 전환이 큰 차이를 만든다.

같은 재료, 다른 레시피

대다수 독자는 수박 전문가가 아니다. 따라서 수박의 종류에 방점이 찍히면 많은 사람들의 관심을 유도하기는 어려울 수 있다.

다양한 수박의 종류와 효능…작고 껍질 얇은 애플수박 등 나와 인기
통수박 말고 베개수박·망고수박·까망애플수박…별의별 수박전쟁

반면 1인 가구, 소가구는 더 이상 남의 일이 아니다. 필자가 꼽은 헤드라인의 '소박'도 눈길을 끌지만 아래 헤드라인들에서 보이는 '작은 수박', '자른 수박', '나혼자 수박' 등도 흡입력이 강하다.

1~2인 가구가 수박 기준도 바꿨다…작은수박, 자른수박 전성시대
1인 가구 증가에 '나혼자 수박' 인기
'혼자 살아도 먹을 수 있지'…1인용 수박 대세

참다랑어를 먹는 새로운 방법? 크라우드 펀딩!

참치는 비싼 안주다. 전문점에서만 판다. 메뉴판에도 진, 선, 미혹은 로열, 골드, 실버처럼 코스 형태로 소개된다. 참치에는 다랑어와 새치류 몇 가지가 포함되는데 그중의 최고는 참다랑어, 일본말로 혼마구로다. 그걸 먹는 새로운 방법? 싸게 먹는 방법이든 맛있게 먹는 방법이든 상관없다. 무조건 알아둬야 한다.

사연인즉슨

"제주 앞바다에서 자란 참치를 동네 횟집에서도 맛보게 할 수는 없을까." 제주도에서 참다랑어를 기르는 한 양식업자가 이런 생각을 해봤다. 참치의 한 종류인 참다랑어는 고급 횟감으로 쓰인다. 국내에서 소비되는 참다랑어는 주로 태평양 먼바다에서 잡아 냉동 상태로 들어온다. 전국 곳곳에 국내산 생 참다랑어를 팔고 싶다는 아이디어는 있었지만 자금이 부족했다. 이 업자가 찾은 해법은 크라우드 펀딩이었다. 와디즈를 통해 5,000만 원을 목표로 펀딩을 시작했다. 보름 만에 그 두 배인 1억 원 가까이 모였다.

크라우드 펀딩이 먹거리를 만들고 판매하는 새로운 채널로 부상하고 있다. 새로운 먹거리를 찾는 소비자들의 욕구를 충족시켜 줄 아이디어가 크라우드 펀딩을 통해 속속 등장하고 있다.

참다랑어 양식 프로젝트는 3년 전 참치 양식에 성공한 제주외해양식영어조합의 조은익 대표가 진행하고 있다. 그는 그동안 참치를 키워 대부분 호텔 등에 납품했다. 마리당 20kg, 가격으론 100만 원 정도여서 일반 소비자들은 접하기 힘들었다. 조 대표는 "일반 소비자들이 시중에서 판매하는 냉동 외국산 대신 얼리지 않은 제주산 참치를 맛보게 하고 싶다는 생각으로 크라우드 펀딩을 통해 자금 조달을 시작했다"고 설명했다. 이 프로젝트는 '투자형'으로 진행됐다. 자금을 투자한 뒤 나중에 수익 일부를 돌려받는 방식이다. 이번 참다랑어 프로젝트에 참여한 투자자는 덤으로 양식한 참다랑어도 집에서 받아 먹을 수 있다.

충남 보령에서 멸치잡이 어선을 모는 홍명완 선장의 '아빠멸치'도 화제였다. 배에서 잡아 바로 삶고 급랭한 일본식 건멸치가 아이템이다. 어린 아들이 부드럽게 씹고 삼킬 수 있는 멸치를 만들고 싶다는 생각으로 펀딩을 했다. 모은 자금은 제품 개발과 멸치잡이 배 보수 및 유지비용으로 사용키로 했다. 와디즈 관계자는 "국내에서는 지난해부터 먹거리 관련 크라우드 펀딩이 급속히 늘고 있다"며 "쉽게 보기 힘든 먹거리를 찾는 소비자들을 겨냥한 제품이 늘고 있다"고 설명했다. (…)

『한국경제신문』 2019년 6월 4일

유익한 헤드라인

'참다랑어를 먹는 새로운 방법' 하면 언뜻 맛있게 먹는 비법이 떠오른다. 와사비, 무순, 생강채, 간장, 참기름 등을 얹어 먹거나 찍어 먹는 것 외에 새로운 방법이 있다면 관심이 가지 않을 수 없다. 혹시 지금까지 나만 잘못 먹어왔나 싶어 살짝 불쾌한 기분도 든다. 그런데 그 뒤에 나오는 말이 크라우드 펀딩? 영화로 치면 〈유주얼 서스펙트〉 같은 반전이다.

크라우드 펀딩(Crowd funding)은 말 그대로 군중(crowd)으로부터 자금조달(funding)을 받는다는 의미다. 자금이 필요한 개인, 단체, 기업이 웹이나 모바일 네트워크를 통해 불특정 다수로부터 자금을 모으는 것을 말한다. 우리말 발음이 비슷한 클라우드(Cloud)와 헷갈릴 수 있다. IT 분야에서 말하는 클라우드 컴퓨팅은 IT 리소스를 인터넷을 통해 온디맨드(On-demand)로 제공하고 사용한 만큼만 비용을 받는 것을 말한다. 미국의 아마존은 책 팔아서 돈 버는 게 아니고 실상은 아마존웹서비스(AWS)라는 이름의 클라우드 서비스로 재미를 보고 있다.

참치 집에 가서 옆 테이블을 둘러보면 먹는 법도 참 제각각임에 놀란다. 와사비 간장에 찍어 드시는 분이 가장 많은데, 초딩 입맛을 버리지 못한 분들은 참기름에 목욕을 시키거나 김으로 도배를 해서 드시기도 한다. 급기야 초고추장 범벅을 해서 드시는 분도 봤다. 간혹 소금에 살짝 찍어 생강채와 같이 드시는 '오사카에서 좀 놀아본' 것 같은 분들도 보인다.

참치 집에서 발견하는 또 다른 놀라움은 메뉴판이다. 어느 가게나 몇 개 등급의 코스 메뉴 중간 어디 쯤에 꼭 '실장추천'이 들어 있다. '로열-골드-실장추천-실버'처럼 말이다. '실장추천'은 골드와 실버 사이에서 방황하는 손님들에게 마음의 안식을 준다. 또 실버급 안주로 골드 가격을 받고 싶은 주인에게 일용할 양식을 준다. 안식과 양식, 이 얼마나 원윈(Win-win)적 솔루션인가.

같은 재료, 다른 레시피

'참치'에 꽂힌 독자가 많을까, '크라우드 펀딩' 쪽이 많을까. 대다수 독자들에게 크라우드는 아직 먼 나라 이야기처럼 들린다.

농식품 벤처열기 뜨겁다…3년새 크라우드 펀딩 5배 '껑충'
크라우드 펀딩, 농식품기업 새 자금줄 부각

반면 내 입에 들어가는 맛있는 음식들, 또 그것을 가능하면 싸게 구입하는 방법이라면 이야기가 확 달라진다. 모두들 입맛 다시며 클릭한다.

"1000번째 후원자가 되셨습니다"…간장게장 펀딩에 1억 원 모였다
떡볶이·반려동물 서비스까지…크라우드 펀딩 435억 모였다

항공 마일리지
'날아갈 일' 없게 한다

마일리지는 몹시 이중적이다. 종종 고마운데 때때로 아쉽다. 받은 기억은 있는데 쓴 기억은 없다. 충분한 줄 알았는데 약간씩 부족하다. 아무튼 가까운 듯 멀기만 했던 마일리지에 뭔가 변화가 생기는 모양이다. 격하게 반갑다.

사연인즉슨

"마일리지 보너스가 10년이면 자동으로 소멸되는데, 정작 마일리지 보너스로 항공권을 구입하는 것이 너무 어렵다." "항공권 외 다른 사용처가 너무 제한되어 있다." 소비자들이 항공사 마일리지와 관련해 가장 빈번하게 제기하는 불만이다.

(…) 공정위는 항공사 마일리지 제도의 전반적인 개선을 위해 외부 연구용역을 시행해 최근 보고서를 받았다. 보고서에서는 항공사가 마일리지 유효기간을 10년으로 정해놓고도 시효 정지

가 가능한 상황에 대한 내용을 약관에 전혀 넣지 않고, 발권 이후 10년이 흐르면 무조건 시효가 지난 것으로 처리하는 것은 개선 필요성이 있다고 지적됐다.

(…) 시민단체는 항공사들의 마일리지 운영 약관은 '소멸시효는 권리를 행사할 수 있는 때로부터 진행한다'는 민법과 배치돼 부당하다며, 유효기간 적용을 마일리지 적립 시점이 아니라 보편적으로 사용 가능한 시점으로 바꿔야 한다고 주장해왔다. 실제로 마일리지를 쓰려면 일정 수준 이상 적립이 돼야 한다는 점에서 제대로 마일리지를 써보기 전에 소멸될 가능성이 있다.

보고서에 제시된 개선 방안 중에는 마일리지와 현금을 함께 써서 항공권을 사게 하는 '복합결제' 도입이 포함돼 있다. 항공사들에 마일리지 좌석을 별도로 할당하지 않고 자유롭게 항공권을 구입할 수 있게 하고, 마일리지와 현금을 함께 써서 항공권을 살 수 있도록 함으로써 마일리지 사용 범위를 넓힌다는 취지다. (…)

『한겨레신문』 2019년 9월 16일

──────── 스치는 생각 ────────

마일리지(Mileage)는 항공사 판촉 프로그램의 일환인데, 자사 이용 고객에게 일정 거리를 무료로 여행할 수 있는 항공권을 보너스로 주는 것을 말한다. 1980년대 미국에서 대형 항공사 간 경쟁이 심해지자 아메리칸 항공(American Airlines)이 'AAdvantage'

유익한 헤드라인

라는 이름의 마일리지 판촉 프로그램을 도입한 게 최초다. 일종의 단골 승객 우대제도(Frequent Flyer Program)다. 우리나라에는 1984년 대한항공이 처음 도입했다(그때는 대한항공밖에 없었다).

기사에 나와 있듯이 우리나라 항공사들의 마일리지 소멸시효는 10년으로 해외 항공사들에 비하면 비교적 넉넉한 편이다. 그러나 100년이면 뭐할까. 소비자 입장에서 막상 마일리지를 사용할 때 여러 가지 불편이나 제약이 있다면 효과는 반감된다. 특히 이번 코로나19처럼 해외에 나가고 싶어도 나가지 못하는 상황이라면 항공사 측에서 알아서 미리 조치를 취했어야 옳다. 그러지 못하니까 계속 이슈가 생기는 거다.

초심으로 돌아가는 것이 해법이다. 애당초 마일리지의 목적은 단골 유치에 있었다. 그렇다면 마일리지 도장 몇 개 찍어주고 생색낼 게 아니라 단골들을 진심으로 소중히 여기는 마음가짐, 최소한 그런 모양새가 필요하다. 이번 마일리지 소멸시효 건을 포함해서 소비자들이 좀 더 마음 편하고 유연하게 사용할 수 있게 해주는 것이 정답이다. 그렇지 않아도 마일리지를 쓸 때면 공짜 밥 얻어먹는 것처럼 괜스레 주눅 들고 눈치가 보였다. 고객을 불편하게 하면서 고객충성도(Customer loyalty)를 기대하는 건 무리다.

마일리지는 항공사 말고도 단골 유지가 중요한 여러 업종에 두루 쓰인다. 필자가 뽑은 헤드라인에는 항공사 마일리지답게 '날아갈 일' 없게 한다고 했다. 이참에 통신사 마일리지는 '씹힐 일' 없고, 주유소 마일리지는 '샐 일' 없었으면 좋겠다. 커피 마일리지는 '태울 일' 없고, 빵집 마일리지는 '빵 터질 일' 없으면 더욱 땡큐다.

같은 재료, 다른 레시피

항공사 마일리지는 누구나 혹하는 토픽이다. 그만큼 불만도 많다. 아래 헤드라인들에서는 소비자들의 '부글부글' 소리가 들리는 것 같다.

> 비행기는 못 날고, 내 마일리지만 날렸다…부글부글 소비자들
> 기한 내 쓰기 힘든 항공 마일리지 "양도 허용·소멸시한 중단" 목소리

다음은 공정위가 나서서 교통정리를 했다는 헤드라인이다. 마일리지가 초미의 관심사이기 때문에 소비자에게는 매우 유익한 헤드라인임에 분명하다.

> 공정위, '항공 마일리지 시효 10년 규정' 위법성 검토
> 코로나로 못 쓴 항공사 마일리지 1년 연장

내친김에 통신사 마일리지까지 다뤄주면 금상첨화다.

> "통신 마일리지가 뭐야"…무관심에 날아간 마일리지 5년간 1154억
> 공중에 사라진 통신3사 마일리지, 5년간 1154억 원

늙고 외로운 한국···
교육비 줄고 외식·병원비 늘었다

슬픈 기사는 가급적 삼간다. 그럼에도 이유는 알아야겠기에 조
심스레 클릭하게 된다. 고령화, 저출산, 혼밥 등 우울한 단어들이
사방에 눈송이처럼 날린다. 기자는 난무하는 눈발을 뚫고 홀연히
나타나서는 '늙고 외롭다'고 일갈한다.

사연인즉슨

(···) 17일 KEB하나금융경영연구소가 공공 데이터 분석을 통해 이
런 내용이 담긴 '국내 인구구조 변화에 따른 소비 트렌드 변화' 보
고서를 발표했다. 보고서에 따르면 지난해 합계 출산율은 0.98명
으로 1970년 출생 통계 작성 이래 최저치다. 만혼과 비혼 인구도
늘고 있다. 평균 초혼 연령이 남성은 33세, 여성은 30세로 1990년
보다 각각 5세씩 높아졌다. 그 결과 '나 혼자' 사는 1인 가구(28.6%)
의 비중이 커지고 있다. 2인(26.7%)과 3인(21.2%), 4인(17.7%) 가

구가 뒤를 이었다.

저출산만큼 심각한 게 인구 고령화다. 한국인 평균 나이는 41.7세로 20년 전(32.3세)보다 10살가량 늘었다. 지난해에는 65세 인구가 전체 인구의 14%를 웃돌면서 본격적인 고령사회로 진입했다. 이런 인구구조 변화는 소비의 지형도를 바꾸고 있다. 교육비와 식료품비 지출은 줄었다. 가구의 교육비 부담은 1990년 8.2%에서 2009년 13.8%까지 줄곧 늘어났다. 저출산과 평균 가구원 수 감소가 변곡점이 됐다. 교육비 지출은 내림세로 돌아서 지난해 7.2%로 쪼그라들었다.

1인 가구의 등장은 유통업계의 소비 흐름을 확 바꾸고 있다. 홀로 사는 이들은 집에서 번거롭게 요리를 하기보다 '외식'을 선호하기 때문이다. 현재 가구의 지출 항목에서 식료품(비주류 음료 포함)이 차지하는 비중은 14%로 1990년(26.6%)의 절반 수준으로 줄었다. 특히 '혼밥족(혼자 밥 먹는 사람)' 문화를 이끄는 20·30대 가구주의 감소 폭은 같은 기간 약 17%로 가장 컸다. 식료품 지출을 줄인 대신 외식(숙박 포함) 씀씀이는 8.2%에서 14%로 늘었다.

(…) 노인 인구가 많아지며 의료비 지출은 꾸준히 늘고 있다. 보건 관련 지출 비중은 1990년 6.3%에서 2018년 7.3%로 증가했다. 특히 60대 이상의 의료비 지출은 같은 기간 4% 이상 비중이 늘면서 11.3%를 차지했다. 황선경 하나금융경영연구소 수석연구원은 "앞으로도 60~70대 인구 비중이 늘어남에 따라 의료비 지출 비중은 꾸준히 증가할 것"이라고 내다봤다. (…)

『중앙일보』 2019년 11월 18일

'저출산, 고령화' 하면 왠지 정책 보고서에나 나오는 말 같아서 무덤덤한데 '늙고 외롭다'는 말은 생생하게 다가와 가슴에 꽂힌다. 탁자의 언어에서 식탁의 언어로 건너온 느낌이랄까. '늙고 외롭다'에 동의한다면 갈 길도 분명해진다. 다시 젊고 복작복작하게 만들면 된다. 그런데 그 어려운 일을 누가 할까.

우리만큼 랭킹에 집착하는 나라도 없다. 역사적으로 주변 나라들의 구박을 하도 오래 받아서 인정 욕구가 남다른 건지, 아니면 초딩 시절 '참 잘했어요' 도장에 너무 길들여져 그런지는 모르겠다. 아무튼 우리는 금은동의 숫자에 민감하고 싸이와 BTS의 빌보드 차트 순위에 열광한다. 랭킹 집착증을 꼭 나쁘다고 볼 건 아니다. 그 덕에 여기까지 한걸음에 달려왔으니까.

OECD 통계집을 보면 스포츠나 노래 말고도 눈에 띄는 랭킹이 두 개 있다. 등수도 그저 못 본 척 지나칠 수 없게 꼴찌와 1등이다. 희한한 것은 그렇게도 랭킹에 집착하는 나라인데 이 두 가지 랭킹에는 반응이 별로 없다는 거다. 어렸을 때 친척어른 장례식에 처음 가봤을 때 주변 어른들의 표정이 딱 그랬다. 슬픔을 억누르는 건지, 죽음 앞에 의연한 건지 모를 표정들. 모두 '덤덤'했다.

우선 출산율. 한국은 OECD 회원국 중 출산율 꼴찌다. 2019년 우리나라 합계 출산율(여자 1명이 평생 낳을 것으로 예상되는 평균 출생아 수)은 0.92명으로 현 수준 인구 유지를 위한 최소 출산율 2.1명에 한참 미달이다(우리 다음은 스페인인데 1.26명, OECD 평균은

1.63명). 1992년 70만 명대였던 연간 출생아 수는 2017년 30만 명대로 들어섰고 이제 20만 명대가 임박해 있다. 이대로라면 우리나라 인구는 2028년 5,194만 명으로 정점을 찍은 후 내리막길을 걷게 된다.

다음은 고령화율. 한국은 OECD 회원국 중 고령화 속도 1위다. 통계청 발표에 따르면 우리나라 65세 이상 고령 인구 비중은 2019년 14.9%에서 2067년 46.5%로 늘어날 전망이다. 이렇게 빠르게 고령화가 진행되면 2045년부터는 일본을 제치고 전세계 고령 인구 비중이 가장 높은 국가가 된다. 고령화는 세계적인 추세라지만 전 세계 평균 고령 인구 비중이 2019년 9.1%에서 2067년 18.6%로 늘어나는 것과 비교하면 한국의 고령화 속도가 얼마나 빠른지 실감할 수 있다.

역사에서 한 나라가 망하면 통상 힘센 나라한테 까불거나, 흥청망청 곳간을 소진하거나, 역병이 돌아서 다 죽거나 하는 경우였다. 그런데 이렇게 늙고 외로워도 망할 수 있겠다는 생각에 소름이 끼친다.

우선 늙는 문제. 결혼하면 3개월 사랑하고, 3년간 싸우다가 30년간 인내하며 산다(베르나르 베르베르, 『천사들의 제국』, 2003). 30세에 결혼해서 100세까지 산다고 치면 70년에서 33년 3개월을 빼고 남는 36년 9개월이 문제다. 100세 시대에 맞는 새로운 라이프사이클이 필요한 시점이다. 인생을 삼등분해서 교육, 일, 은퇴의 3단계로 설계하는 건 부적절하다 못해 부당하다. 독일 철학자 쇼펜하우어는 "세상은 비참한 사람에게만 비참하고, 공허한 사람에게만 공허하다"고 했다. 늙는다고 해서 반드시 비참하거나 공허할 필요는 없다는 말이다. TV를 틀면 꽃할배, 꽃할매들이 펄 펄 날고 있다.

　다음은 외로운 문제. 역대 정부를 포함해 모든 정부가 저출산 문제 해결에 많은 돈을 쓴 걸로 안다. 그런데도 왜 상황이 나아지 지 않고 점점 악화되는지 모르겠다. 결론만 놓고 봤을 때 지금까 지의 정책 처방이 잘못되었다는 거다. 왜 신혼부부들이 아이 낳 기를 꺼리는지, 그 전에 왜 결혼하기를 꺼리는지에 대해 좀 더 심 층적으로 파헤쳐야 한다. 설문조사 몇 번 해서는 모른다. 가장 근 원적인 이유를 찾을 때까지 왜(Why)를 수없이 거듭해서 물어야 한다. 미국의 P&G 같은 소비재 기업들은 소비자의 숨은 의향을 알기 위해 별짓 다한다. 행동 관찰, 신체반응 관찰에 이어 무의식 세계 조사까지 한다.

같은 재료, 다른 레시피

'저출산, 고령화'라는 단어 조합은 워낙 많이 들어서 상투적인 느 낌까지 든다. 지금 다시 들어도 양쪽 귀로만 오가고 가슴까지 내 려오지는 못한다. 필자가 뽑은 '늙고 외로운 한국'이라는 헤드라 인이 더욱 절묘한 이유다.

저출산·고령화로 교육비 뚝, 의료비 쑥…'나홀로족' 늘며 식료품비 반토막

"저출산, 고령화되면서 교육비까지 줄어들었다"

헤드라인에 화살표가 종종 등장하는데 글자수가 줄어드는 장점 대비 임팩트는 어떨지 모르겠다. 수능의 트라우마일까. 수학 연산자(+, -, ×, ÷, =, ≠, ≥, ≤)만 보이면 호흡이 가빠지면서 어질어질해진다. 비위 강한 독자 분들도 눈으로 한 번 보고, 머리에 입력해서, 두뇌 회로를 돌려야 하는 과정이 번거로울 수 있다.

저출산·고령화에 소비 트렌드도 바뀌었다…식료품·교육비 지출↓
인구구조 급변에 소비 트렌드 변화…외식비·의료비↑ 식료품비·교육비↓

안으로, 밖으로, 위아래로…
'누가 제일 잘 접나' 전쟁

종이접기 마니아들 사이에 '어디까지 접어봤니?'가 유행하던 적이 있었다. 경진대회도 열렸고 무슨 자격증까지 있었던 것으로 기억한다. 일본에는 오리가미(折り紙)를 예술의 경지로 끌어올린 장인도 있다. 안으로 밖으로 위아래로 접기 경쟁이 핸드폰에까지 옮겨왔다.

사연인즉슨

"폴더블폰 전쟁이 시작됐다(the foldable phone war is on)." 미국 IT(정보기술) 매체 시넷은 지난 18일(현지 시각) 모토롤라가 최근 공개한 폴더블폰 '레이저 2019'를 소개하며 이렇게 평했다. 앞다퉈 쏟아지는 폴더블폰들의 시장 주도권 경쟁을 보면 과언이 아니다.

(…) 삼성전자는 지난 9월 세계 최초의 폴더블폰 '갤럭시 폴드'를 출시했다. 화면을 안으로 접는 '인폴딩(in-folding)' 방식으로, 접으면 4.6인치, 펼치면 7.3인치 크기다. 이 제품은 출시 이후 한국

과 중국 등에서 완판 행진을 이어가고 있다. 삼성전자는 지난달에는 화면을 위아래로 접는 갤럭시 폴드 두 번째 모델의 콘셉트도 선보였다. 그 뒤를 화웨이가 무섭게 쫓고 있다. 이 회사는 지난 15일 중국 시장에 첫 폴더블폰 '메이트 X'를 내놨다. 화면을 밖으로 접는 '아웃폴딩(out-folding)' 방식으로, 펼치면 8인치, 접으면 6.6인치의 화면을 갖고 있다.

(…) 폴더블폰 제조사들이 가장 신경 쓰는 부분은 화면을 접는 방식이다. 어떻게 화면을 접느냐에 따라 제품의 내구성은 물론, 사용자의 경험 만족도에도 큰 차이가 있다. 갤럭시 폴드에 적용된 인폴딩 방식은 아웃폴딩보다 기술적 난도가 훨씬 높은 것으로 알려졌다. 화면 안쪽으로 접을 때 바깥쪽으로 접히는 것보다 화면이 더 심하게 접히기 때문이다. 인폴딩 방식은 평상시 화면이 바깥으로 드러나 있는 아웃폴딩 방식보다 외부 충격에 강하다. Z자 접기 등 여러 번 화면을 접으려 할 때 꼭 필요한 기술이기도 하다. (…)

『조선일보』 2019년 11월 21일

———————— 스치는 생각 ————————

폴더블폰은 이름 그대로 접히는(foldable) 폰이다. 그렇다면 접히는 방식 차이에 초점을 맞춘 헤드라인이 제격이다. 기사 본문에 나와 있는 인폴딩, 아웃폴딩 하면 바로 와닿지 않는데 이걸 '안으로, 밖으로, 위아래로'라고 생생히 표현한 헤드라인이 압권이다. 정신없이 벌어지는 단말기 업체들 간의 경쟁을 이해하기 쉬우면서도 함축적으로 잘 표현했다.

폴더블폰은 평소에는 접어서 스마트폰으로 사용하다가 펼치면 태블릿 PC로도 활용할 수 있다. 액정을 접을 수 있기 때문에 떨어뜨려도 액정 파손 위험이 적다는 장점도 있다. 그게 뭐 그리 대단하다고 호들갑인가 하는 분도 있을 텐데 뭘 모르고 하는 소리다. 접는 게 기술적으로 장난 아니다. 우선 휘어지는 디스플레이를 구현하기 위해 플렉서블 유기발광다이오드가 필요하다. 강화유리를 대신할 투명 PI 필름이 있어야 하고 이게 쉽게 벗겨지면 낭패니까 PI 필름의 경도를 높일 수 있는 하드코팅 소재가 필요하다. 폴더블폰에 특화된 터치집적회로(IC)라는 요상한 기술도 필요하다고 한다.

아무튼 경쟁의 힘은 대단하다. 누가 시킨 것도 아닌데 업체들마다 소비자들의 눈길을 잡기 위해 힘든 줄도 모르고 전력 질주다. 마라톤을 100m처럼 뛰는 것 같아 지켜보는 마음이 조마조마할 때도 있다. 달리는 선수들 옆에서 같이 뛰어야 하는 중년의 카메라 감독의 심정처럼 때론 좀 천천히 뛰어줬으면 싶다.

이러다 톰 크루즈 주연의 〈마이너리티 리포트〉(2002)에서처럼 눈앞에 홀로그램 화면을 펼치는 시대, 아만다 사이프리드 주연의 〈아논〉(2018)에서처럼 눈동자에 화면을 맺히게 하는 시대가 들이닥칠 것 같다. 이런 문명의 세례가 마냥 즐겁지는 않다. 늦은 아침에 먹은 한우 투뿔 등심이 미처 소화되기도 전에 이른 점심 메뉴로 일본산 와규 스테이크를 대접받는 느낌이랄까.

폰 매니아 혹은 신상 구매를 계획하는 소비자들이라면 모를까 '폴더블폰'이 쏟아진다고 하면 '그런가 보다' 하고 그냥 지나칠 공산이 크다.

전운 감도는 한중 '폴더블폰 대전'

1억 화소 카메라·폴더블폰 쏟아진다

폴더블폰의 모양(조개껍질), 크기(손바닥에 쏙), 종류(롤러블), 횟수(두 번 접는) 등을 살짝 흘려주면 이야기가 달라진다. 다 팔리고 없으면 어쩌지 하는 마음에 애가 타면서 클릭하는 손길이 부들부들 떨린다(필자도 지금 쓰는 폰의 수명이 다 되지만 오매불망 기다리는 중이다. 시멘트 바닥에 떨어져도 멀쩡해서 문제지만).

삼성 '조개껍질 폴더블폰' 펼친다

접으면 손바닥에 쏙…'갤럭시Z 플립' 폴더블폰 대중화 시대 연다

LG "모바일 판을 뒤집어라"…폴더블 건너뛰고 롤러블 '직행'

"접고 또 접고"…中 TCL, 두 번 접는 폴더블폰 공개

김택진이 김택진을 이겼다···
리니지게임 또 '홈런'

다중인격이 아닌 이상 보통 자신과는 잘 싸우지 않는다. 그럼에도 어제의 나를 놓고 미래를 위한 한판 승부를 벌이는 자(者), 진정 승부사다. 잘난 나를 이겨야 더 잘난 내가 된다. 일등만이 겪는 행복한 고통이랄까.

사연인즉슨

'김택진이 김택진을 이겼다.' 지난달 27일 김택진 엔씨소프트 대표가 내놓은 모바일 게임 '리니지2M'이 국내 모바일 게임 매출 1위 '리니지M'을 추월했다. 1위가 바뀐 것은 2년 5개월 만이다. 그만큼 그동안 리니지M의 인기는 압도적이었다. 리니지 시리즈로 국내 PC 게임시장을 호령했던 엔씨소프트가 모바일 게임시장에서도 군림하고 있다.

1일 게임 업계에 따르면 리니지2M은 이날 기준 구글 앱 장터

(구글플레이)에서 매출 1위를 기록했다. 리니지2M의 출시 전 예약 건수는 738만 건에 달해 국내 최다 사전예약 기록을 경신했다. 리니지2M은 출시 직후 애플의 앱 장터(앱스토어)와 구글 앱 장터에서 모두 인기 순위 1위를 기록했다. 앱스토어 매출 1위는 지난달 이미 달성했다.

(…) 리니지2M은 하루 최고 매출로 70억~100억 원 수준을 기록한 것으로 알려졌다. 현재 국내 모바일 게임 매출 상위 10위권에 리니지2M과 리니지M을 비롯해 넷마블의 '블레이드앤소울 레볼루션'(5위)과 '리니지2 레볼루션'(7위) 등 엔씨소프트의 IP(지식재산권) 게임이 4개에 달한다.

리니지2M까지 성공시킨 엔씨소프트는 글로벌 모바일 게임시장에서 주요 게임 업체로 자리매김했다는 평가를 받게 됐다. 엔씨소프트의 모바일 게임시장 진출은 늦은 편이다. 넷마블 등이 모바일 게임을 앞세워 엔씨소프트를 매출에서 추월할 정도였다.

모바일 게임시장의 '권력이동'이 시작된 건 2016년. 그해 엔씨소프트가 출시한 '리니지 레드나이츠'가 매출 1위를 달성했고, 이듬해 6월 내놓은 리니지M은 대박을 터뜨렸다. 리니지2M도 인기를 끌면서 엔씨소프트는 내놓는 모바일 게임마다 흥행에 성공한 게임회사가 됐다. (…)

『한국경제신문』 2019년 12월 1일

살면서 금메달이란 걸 따본 적이 없어 말하기 조심스럽지만 한 분야의 금메달리스트들은 심각한 고민에 시달릴 것 같다. 이번 금메달이 단지 '운'이 아니라는 것을 입증해야 하는 부담(아무도 그런 소리 안 했는데 혼자 그런다), 더 높은 목표를 달성해야 한다는 부담(더 '쎈 것'에 집착하는 강박관념은 전문의의 치료를 요한다) 등 때문이다.

더 곤란한 문제는 따로 있다. 다음 경기에서 깨부숴야 할 상대가 바로 자기 자신이라는 사실이다. "나를 사랑했던 나에게 또 다른 내가 온 거야"라고나 할까(김종서, 〈아름다운 구속〉, 1997). 일종의 정체성 혼란쯤 되겠다. 스포츠에서는 이런 현상을 입스 증후군(Yips Syndrome)이라고 부른다. 프로 골퍼가 실패에 대한 두려움 때문에 스윙을 못하고 주저앉는 경우가 종종 있는데 대부분 자기가 우승했던 바로 그 코스에서 발생한다. 야구에서도 잘 던지던 투수가 갑자기 제구력을 잃고 헤매기 시작해서 결국 재기를 못 하는 경우가 있는데 실제 선수 이름을 따서 '스티브 블래스 증후군'이라고도 한다.

스포츠 외에도 가요계, 영화, 드라마, 출판 등에서도 비슷한 현상이 보인다. 소포모어 징크스(Sophomore Jinx), 우리말로는 2년 차 징크스다. 영화에서는 흔히 '전편만 한 속편 없다'고 하는데 자신이 높여놓은 관객의 기대 수준을 따라가기 어려운 이유도 있지만, 더 근본적으로 전편보다 더 잘해야 한다는 부담감이 발목을 잡는다.

기업이라고 다를까. 한때 전 세계 경영학계에 '도요타' 배우기 열풍이 분 적이 있었다. 『렉서스와 올리브나무』(토머스 프리드먼, 1999)라는 책이 나올 정도로 도요타는 미국을 비롯한 전 세계 자동차 시장에 고급차 렉서스 열풍을 몰고 왔다. 프리우스라는 이름의 하이브리드 시장을 개척한 것으로도 유명하다. 도요타의 성공 비결로 흔히 '간판방식'이라고 불리는 독특한 생산 및 재고관리 방식을 드는데, 그보다 더 중요한 것은 따로 있다. 바로 과거의 영광에 취하지 않고 '어제의 도요타를 깨부수는' 끊임없는 혁신 정신이었다. 그것이 '도요타 웨이(Toyota Way)'로까지 발전하며 지금의 도요타를 만들었다.

경영학 구루인 짐 콜린스가 『좋은 기업을 넘어 위대한 기업으로』(2001)에서 지적한 대로 "좋음은 위대함의 적이다(Good is the enemy of Great)." 쉽게 말해 한 번 성공한 기업은 좋은 기업, 거기에 안주하지 않고 지속적으로 성공을 이어가는 기업은 위대한 기업의 반열에 오른다. 엔씨소프트의 김택진 대표가 한국이 세계 온라인 게임의 메카가 될 때까지 더 높은 목표를 향해 나아가기를 기대한다.

영화 〈백투더퓨처〉 시리즈를 보면 과거로 시간여행을 갔을 때 과거의 자신과 마주치지 않으려 극도로 조심하는 모습을 볼 수 있다. 과거의 나는 잊어야 한다. 과거의 모습에 취하는 순간 지금의 나는 존재하지 못한다.

리니지2M의 빅히트를 소개하는 헤드라인이 많다. 게임 마니아들은 이미 아는 내용이어서 건너뛰고, 게임 문외한들은 눈만 껌뻑이며 지나칠 공산이 있다.

> 엔씨 리니지2M, 구글 매출 1위 올랐다…리니지M 뛰어넘어
> 출시 100일 리니지2M, 굳건한 1위… '모바일 엔씨 천하'

엔씨소프트 주가에 미친 영향을 짚어보는 헤드라인도 많은데, 이런 헤드라인을 본 동학개미들의 눈에서는 하이빔이 작렬한다.

> DB금투 "엔씨소프트, 리니지2M 흥행으로 실적 호조…목표주가↑"
> "엔씨소프트, '리니지2M' 흥행으로 1분기 실적은 어닝 서프라이즈"

스타 CEO 김택진의 승부사 기질에 초점을 맞추면 제2의 김택진을 꿈꾸는 많은 사람들의 클릭이 이어진다. 벤처 CEO(경쟁업체 CEO 포함)들은 클릭을 넘어 스크랩한다.

> 리니지M에 리니지2M도 '대박'…'연봉킹' 김택진, 묻고 더블로 가?
> 김택진, 리니지M·리니지2M 연타석 흥행에 '싱글벙글'

나랏빚 1초에 200만 원씩 증가…
이 속도로 가면 9년 뒤엔 2배

억(億)이나 조(兆)는 딴 세상 이야기다. 있어도 통장에 숫자로만 표시될 테니 만져볼 일도 없다. 그런데 1초에 200만 원 하면 느낌이 팍 온다. 1분이면 1억 2천만 원, 1시간이면 72억 원, 하루면 1,728억 원이다. 이제서야 '억' 소리 난다.

사연인즉슨

기초연금·아동수당 확대 등 정부의 현금 복지가 갈수록 확대되면서 우리나라 국민 한 명이 부담해야 할 국가 채무가 1,400만 원을 넘어섰다. 또 중앙정부와 지방정부의 빚을 모두 합하면 우리나라는 올해 1초에 약 200만 원씩 나랏빚이 늘고 있는 것으로 나타났다.

1일 국회예산정책처(예정처)의 '국가채무시계'에 따르면, 이 날 오후 5시 20분 기준으로 우리나라 국민 1인당 국가 채무는 1,419만 759원으로 집계됐다. 10년 전인 2009년 723만 원의 2배

가까이 불어난 것이다. 예정처는 나랏빚이 급격히 늘어나는 것에 대한 경각심을 주기 위해 2013년부터 홈페이지에 늘어나는 채무액을 실시간으로 표시하고 있다.

이날 같은 시각 기준으로 우리나라의 국가 채무는 735조 7,802억 원으로 지난해 말(700조 5,000억 원)보다 35조 원 넘게 늘었다. 2009년(360조 원)과 비교하면 10년 사이 2배 넘는 수준으로 늘었다. 예정처에 따르면 올해 말 기준으로 국가 채무는 741조 원까지 불어날 것으로 예상되는데 여기에 지방정부 순채무 전망치(30조 원)를 포함하면 771조 원이 되고, 이를 초 단위로 계산하면 1초에 199만 5,400원씩 늘어나는 셈이 된다.

최근 예정처가 발표한 '2019~2028년 중기 재정전망'에 따르면 9년 뒤인 2028년 우리나라의 국가 채무는 1,490조 6,000억 원에 달하는데 그해 총인구가 5,194만 명(통계청 장래인구추계 기준)인 것을 감안하면 1인당 국가 채무는 2,870만 원을 기록할 것으로 추산된다. 현재 1인당 국가 채무의 2배 수준이다. '국민 1인당 국가 채무'는 2000년 237만 원에서 2005년 515만 원으로 2배로 뛰었고, 2014년 1,000만 원을 돌파한 뒤 급증세를 이어가고 있다. 1인당 국가 채무가 계속 눈덩이처럼 불어나는 이유는 정부가 세금으로 걷는 돈보다 쓰는 돈이 훨씬 빠르게 늘어나기 때문이다.

예정처에 따르면 2028년까지 우리나라의 총수입은 연평균 3.8% 증가하는 데 비해 총지출은 4.5%나 늘어 0.7%포인트의 격차가 있다. (…)

『조선일보』 2019년 12월 2일

내색의 차이만 있을 뿐 돈 싫어하는 사람 없다. 그래서 사람들은 꿈에서도 돈 가방을 줍는다. 가끔 천장에서 돈이 쏟아지기도 한다. 논두렁에서 동전밖에 못 캐본 입장에서는 꿈조차 부럽다. 한 가지 꼭 짚어야 할 것은 소유권이다. 내 돈 내가 쓰는 것은 축복, 남의 돈 빌려 쓰는 것은 재앙이다.

정부도 결국 돈으로 운영된다. 전 세계 어느 국가든 요즘은 펑펑 쓰는 추세다. 베네수엘라 같은 나라는 마치 나이키의 '저스트 두잇(Just do it)'을 모토로 삼은 양 '일단 쓰고 봐' 하며 마구 쓰다가 나라가 파산했다. 유럽의 그리스 같은 나라도 아디다스의 '불가능은 아무것도 아니다(Impossible is nothing)'를 좌우명 삼은 듯 '불가능하다고 생각하지 말고 빚을 내서라도 써봐' 하다가 나라가 심각하게 휘청이고 있다. 망각의 강 레테를 건너며 플라톤의 이데아를 잊은 게 분명하다.

쓸 데 쓰는 거야 정부의 권리(?)이고 어느 정도는 책임일 수 있다. 문제는 뭔가를 보여줘야 한다는 조급증으로 감당할 수 없는 돈을 쓰는 경우다. 모자라는 부분은 빚을 내야 한다. 여기에 두 가지 심각한 문제가 있다.

우선 쓰는 쪽(정부)이 있으려면 버는 쪽(납세자)이 있어야 한다. 납세자 입장에서는 정부의 씀씀이를 체크하고 싶은데 생업을 제쳐두고 나설 도리가 없다. 그걸 대신 하라고 국회의원을 뽑았는데 나랏빚이 계속 늘어난다고 하니 제대로 역할을 하는 건지 불안

한 마음이 크다. 국민들 머릿속에는 아직도 1997년 IMF 외환위기의 트라우마가 진하다. 포항공대 송호근 교수는 "사용 설명서 없이 그냥 납부 고지서만 발부받을 때 조세저항이 일어난다"고 했다(송호근, 『나는 시민인가』, 2015).

다음으로 심각한 문제는 빚의 대물림이다. 부모가 빚내서 인심 좋게 펑펑 쓰고 나면 뒷감당은 자식의 몫이다. 일반인이라면 '상속개시를 안 날로부터 3개월 내에 가정법원에 상속포기 신고'(서울가정법원 게시판)를 하면 된다. 그런데 홍길동처럼 국가와 의절을 하지 않는 이상 나랏빚을 피할 방도는 없다. 언론, 시민단체, 학계에서도 나랏빚의 대물림에 대한 걱정이 많은데 눈에 띄는 대책은 안 보인다. 봄은 일러서, 여름은 더워서, 가을은 과도기여서, 겨울은 내년 준비가 바빠서 구체적인 액션은 계속 미뤄진다. 그렇게 시간만 간다. 늦게 태어난 게 원죄여서는 안 된다.

우리 속담을 찾아보면 유독 빚에 대한 내용이 많다. 빚은 빌려준 쪽, 빌린 쪽 모두의 인생을 망친다는 경고다. '빚 준 상전이요, 빚 쓴 종이'라는 속담은 빚을 내는 순간 종(從)처럼 굴욕을 겪게 된다는 뜻이다. '빚을 줄 때는 부처님이요, 받을 때는 염라대왕이다'라는 속담도 있는데 빚쟁이가 그만큼 무섭다는 의미다. 영화에서는 보통 신체포기각서까지 받는다.

같은 재료, 다른 레시피

국가의 총 부채 규모를 이야기하면 경제 전문가라면 모를까 일반
인들의 피부에는 잘 와 닿지 않는다.

> 나라빚 700조 돌파…커지는 재정건전성 논란
> 나랏빚 100조 늘어…국가채무비율 40% 육박

1인당으로 환산하면 남의 일(물론 국가가 남은 아니지만)로 치부할
수 없게 된다. 혹시 내게도 불똥(?)이 튈까 심히 걱정된다.

> 1인당 국가채무 1천 400만 원 돌파…"9년 뒤 2배로"
> 국가총부채 4426兆…전 국민 3년 간 한 푼도 안 써야 다 갚는다

'도대체 어디다 쓰는 거지?'라는 궁금증은 돈 낸 사람이라면 누
구나 안고 있다. 나랏빚이 늘어나는 원인에 대한 단서가 들어 있
으면 클릭 유인이 커진다.

> 퍼주기 정책 '부메랑'…공공부채 33兆 급증
> 세수는 줄고 지출은 눈덩이…국가 부채 700조 넘어섰다

유익한 헤드라인

쥐띠해 부자 되려면,
고양이 잡아라

모두가 부자를 꿈꾼다. 어린아이 중에 '나는 커서 단출하게 고시원에 살(live) 거야'라고 할 아이는 없다. '고시원을 살(buy) 거야'라면 몰라도. 부자는 밤하늘의 저 별처럼 잠들지 않는 로망이다. 오죽하면 '여러분, 부자 되세요'라는 적나라한 광고까지 나왔겠는가. 그런데 고양이를 잡으면 부자 된다고? 이런 기사는 혼자만 읽어야 한다.

---------- 사연인즉슨 ----------

초(超)저금리 시대에 내년 재테크 계획을 세우려는 투자자들의 고민이 깊다. 예금 이자는 죄다 1%대라서 은행에 1억 원 넣어봤자 한 달에 10만 원 이자 받기 어렵다. 지난 6~7일 이틀 동안 열린 '2020 대한민국 재테크 박람회'에서 재테크 과외 교사로 나선 강사들은 내년 쥐띠해 재테크를 완벽 정복하려면 돈 벌어주는 고양이(CAT)를 한 마리 들이라고 조언했다. 꾸준한 현금 흐름(Cashflow)이 나오는 자산에 투자하고, 시야를 넓혀 해외(Abroad) 투자를 고

민하고, 세후 수익률까지 챙기는 꼼꼼한 세금(Tax) 절약 재테크 전략을 짜라는 이야기다.

실전 경매 투자자 조영환 씨는 "초저금리 시대에 은행 이자만으로는 노후를 넉넉하게 보내기 어렵다"면서 "그보다 최소한 2~3배 수익률이 나오는 부동산 임대 소득에 주목해야 한다"고 했다. 서울 아파트만 투자 대상으로 삼으면 안 된다는 조언이다. (⋯) 그는 "투자자들이 덜 주목하는 서울 밖 빌라 등에 투자하면 소액으로도 괜찮은 임대 소득을 올릴 수 있다"고 했다.

(⋯) 박진환 한국투자증권 랩상품부 부서장은 "한국 경제 성장률이 선진국 수준으로 정체되면서 한국 시장에만 투자한다면 수익이 제한적"이라면서 "글로벌 증시 비중이 1.7%에 불과한 한국 시장에만 투자해선 안 되고 시야를 넓혀야 한다"고 했다. (⋯) 'FANG(페이스북·아마존·넷플릭스·구글)'으로 대표되는 글로벌 초우량 기업이 있는 미국 주식에 투자하라는 조언이다.

(⋯) 부동산 세금 전문가인 김동우 씨는 "투자의 완성은 세금"이라고 강조했다. 아무리 부동산 투자로 돈 많이 벌더라도 세금을 잔뜩 낸다면 정부에만 좋은 일이라는 이야기다. 그는 다주택자가 양도세 중과, 종합부동산세 폭탄을 피하려면 애매한 주택은 과감히 팔고, 임대주택으로 등록하는 걸 고민하고, 배우자·자녀에 대한 사전 증여를 적극 검토하라고 했다. 법인 설립도 적극 고민하라는 충고다. (⋯)

『조선일보』 2019년 12월 9일

유익한 헤드라인

새해가 시작되면 자축인묘진사오미신유술해(12지지) 순서로 그 해가 무슨 동물의 해인지에 대해 기사가 쏟아진다. 100% 덕담이다. 비인기 동물의 해여도 굴하지 않는다. 쥐띠는 야비한 해, 뱀띠는 사악한 해, 돼지띠는 탐욕의 해라고 하지 않고 각각 부지런한 해, 현명한 해, 재물이 쌓이는 해라고 한다. 지겹지도 않은가 보다.

　열혈 구독자로서 언론사에 팁을 하나 드리자면, 요즘 사람들은 돈 안 되는 덕담 따위는 거들떠보지 않는다. 길거리에서 '어머, 눈이 맑으세요'나 '기가 강하세요' 같은 덕담을 이미 충분히 들어서 그렇다. 덕담보다는 워닝(Warning)이 낫다. 예를 들어 인기(?) 동물의 해여도 소띠 해는 야근하지 말고, 범띠 해는 밤길 조심하고, 용띠 해는 비행기 타지 말고, 말띠 해는 객사 조심하라는 식으로 말이다. 연초부터 맥락 없는 덕담으로 싱거워지는 것보다야 백배 낫다.

　아무튼 2020년이 쥐띠 해였나 보다. 그럼 톰과 제리처럼 당연히 고양이가 빠질 수 없다. 쥐띠 해의 돈 버는 비법을 고양이(CAT)를 잡으면 된다고 표현한 헤드라인이 절묘하다. 제목에 돈이나 부자, 횡재, 대박 등이 나오는 헤드라인은 무조건 먹힌다. 부자를 향한 꿈, 어디 쥐띠 해뿐이겠는가.

　고양이(CAT)는 평상시에도 열심히 잡아야 한다. 캐시플로(C), 해외 투자(A), 절세(T)는 개미들의 얇은 밑천에 잘 어울리기 때문이다. 반면 주식이나 펀드는 리스크가 크다. 두 배 이상 수익이

나지만, 아직 다른 사람들은 아무도 모르는, 살면서 정말 흔치 않는 기회가, 왜 하필 내게까지 굴러오겠는가. 일확천금의 길몽 후에는 패가망신의 악몽이 남는다. 만유인력의 법칙을 발견한 천재 뉴턴도 사우스시 버블에 투자했다가 큰 피해를 봤다.

영국이 '해가 지지 않는 나라'로 위세를 떨치던 1720년 무렵, 뉴턴은 남미 지역 무역독점권을 가진 사우스시(South Sea)라는 회사에 투자해서 단기간에 무려 세 배를 번다. 큰 수익을 올린 뒤 주식을 처분했는데 그 후에도 주가가 계속 오르자 조바심이 났다 (아, 이 익숙한 스토리 전개는 뭐란 말인가). 뉴턴은 300파운드에 팔았던 주식을 700파운드에 되샀다가 한순간의 주가 폭락으로 폭삭 망한다. 그리고 이런 대단한 말을 남겼다. "천체의 움직임은 계산할 수 있어도 인간의 광기는 측정할 수 없다." 돈 날린 사람이 뭔 말은 못 할까.

같은 재료, 다른 레시피

한가하게 새해 덕담을 주고받던 시절이 언제였더라? 요즘은 부질없이 덕담하고 다니는 사람이 실없게만 보인다. 새해의 희망 따위를 듬뿍 담은 헤드라인, 제목만으로 충분하지 않을까.

황금 돼지의 해 가고 흰 쥐의 해 뜬다
경자년 '흰 쥐의 해' 다산과 풍요를 부르다

씁쓸한
'1코노미' 확산

영어 단어 이코노미(Economy)의 '이(E)'를 본뜻과 아무 상관 없이
숫자 '2'로 해석했다. 그리고는 앞으로는 2 대신 1이라며 '1코노미'
라는 국적 불명의 신조어를 만들었다. 이것은 언어의 창조인가
파괴인가, 아니면 오스트리아 경제학자 슘페터가 기업가 정신의
정수라고 예찬했던 '창조적 파괴'인가.

사연인즉슨

스웨덴의 1인 가구 비율은 51%(2017년)에 달한다. 수도 스톡홀
름은 60%에 이른다. 노르웨이, 덴마크, 독일도 엇비슷하게 높다.
1인 가구 증가 현상은 중진국 이상에서 보편적이다. 대도시화, 문
명 이기의 일상화 같은 기술 발달에 가족제도 변화와 자녀의 조기
독립, 심화되는 개인화 등 문화 트렌드가 겹친 결과일 것이다. '저
출산·고령사회'의 특성이다. 앞서 진행되는 국가들을 보면 무엇보
다 경제 발전과 밀접한 관계가 있다.

'나홀로족' '싱글족'과 함께 '혼밥' '혼술' '혼영' '혼행(홀로 여행)'이란 말이 더 이상 낯설지 않다. 혼자 밥 먹고 홀로 여행 다닌다고 다 1인 가구는 아니겠지만, 그만큼 '나홀로 시대'에 성큼 진입한 것이다. 국내에도 29.3%인 585만 가구(2018년, 통계청)가 1인 가구다. 1990년(9%)과 비교해보면 초고속 증가세다.

미혼·비혼·이혼으로 '홀로'들이 급증한 현대를 두고 '싱글턴 소사이어티(singleton society)'라는 말도 나왔다. 한국도 그런 사회로 달려가고 있다. '단신(單身)세대'라는 일본의 나홀로 가구는 34.5%(2015년)로, 이런 데서도 약간의 시차로 한국이 뒤따라간다.

1인 가구를 겨냥한 제품 개발과 마케팅 등을 두고 '솔로 이코노미'라는 말이 나오더니 '1코노미'도 온라인 국어사전에 버젓이 올라 있다. '1인+경제'의 합성어로 혼자만의 소비 행위를 일컫는다.

자유는 구가하겠지만 이들의 경제력은 어떤가. 나홀로 가구의 36%가 월 200만 원을 벌지 못한다. 현대의 고질인 양극화는 1인 가구의 자산과 소득에서도 예외가 아닐 것이다. 사회안전망의 출발이 가족이라는 점을 돌아보면 이들의 어려움은 그대로 사회적 부담이 될 수밖에 없다. 언필칭 복지국가 앞에 펼쳐지는 또 하나의 블랙홀이라면 과장일까.

(…) 세제 주거 복지 등으로 당장 손봐야 할 것도 있겠지만, 중장기 안목에서 재설계해야 할 게 많을 것이다. 마치 국가가 다 해줄 수 있는 것처럼 '희망고문'을 하지 않는 게 출발점이 돼야 한다. (…)

『한국경제신문』 2019년 12월 15일

유익한 헤드라인

혼자만의 자유를 찾아 스스로 선택했다면 모르겠지만, 부득이 그렇게 될 수밖에 없었던 거라면 1코노미는 국가적으로 사회적으로 큰 부담이다. 특히 1인 영세가구에 이르면 주거, 교통, 교육, 복지 정책 등이 모두 새롭게 재설계되어야 할지 모른다. 정부의 눈보다 사회의 몸이 항상 한발 앞선다. 나중에 '본의 아니게' 실기(失期)하는 우를 범하지 않으려면 지금부터 1인 가구의 증가에 대한 적절한 대책을 마련해야 한다. 모든 실패는 얼마간 본의다.

그런데 기자는 왜 1코노미를 '씁쓸하다'고 했을까. 사전을 찾아보니 씁쓸하다는 '조금 쓰다' 혹은 '달갑지 아니하여 조금 싫거나 언짢다'로 나온다. 기자는 아마도 1코노미의 그늘에 초점을 맞춘 듯하다. 문화심리학자 김정운 교수는 『가끔은 격하게 외로워야 한다』(2015)고 했는데 그건 '가끔'이라는 단서하에서 그렇다. 가끔 그럴 수만 있다면 『바닷가 작업실에서는 전혀 다른 시간이 흐른다』(2019)고 설파하고, 『나는 아내와의 결혼을 후회한다』(2009)고 외치며, 『남자의 물건』(2012)에 대해 철학적으로 사유하면서도, 『노는 만큼 성공한다』(2005)고 말할 수 있다. 1코노미가 가져올 생계형 외로움은 다르다. 주구장창 외로우면 외로움은 독이 된다.

1코노미가 피할 수 없는 현상이라면 즐길 방도를 찾는 수밖에 없다(요즘은 '즐길 게 없으면 피하라'고 하는데 피해봤자 별거 없으면 그냥 즐기자). 인생, 생각하기 나름이다. 1코노미라는 변화(change) 속에서 기회(chance)를 찾으면 된다. 가장 큰 기회는 1코노미가 친척들 간섭질로부터의 해방구라는 점이다.

미국 미시간대학교 심리학과의 리처드 니스벳(Richard Nisbett) 교수는 『생각의 지도』(2004)에서 서양은 독립성을 중시하는 반면 동양은 상호의존성을 중시하는 고맥락사회(High context society)라고 진단한다. 그래서 명절이 그렇게 고맥락적으로 피곤했던 거다. tvN의 〈알아두면 쓸데없는 신비한 잡학사전〉을 먹방이 아닌 문학 기행으로 격상시켰던 소설가 김영하도 『여행의 이유』(2019)에서 "집은 안식의 공간이(어야 하)지만 상처의 쇼윈도이기도 하다"고 성토한 바 있다.

우리는 결국 호모 솔리타리우스(Homo Solitarius), 즉 외로운 인간이다. 혼자 요리하고, 혼자 식사하는 데도 길들여져야 하지만 주체적으로 생각하고 자발적으로 행동하는 데도 익숙해져야 한다. 당신은 사회로부터는 노바디(nobody), 타인에게는 애니바디(anybody)일지라도 스스로에게는 대체 불가능한 섬바디(somebody)다.

1코노미의 부상을 계기로 우리 사회가 집단사고에 속박된 일사불란한 사회에서 보헤미안처럼 자기 삶의 이상과 가치를 추구하는 생동감 있는 사회로 변신하기를 기대해본다. 우리는 이미 보헤미안적인 삶의 준비가 되어 있다. 2018년 10월 개봉한 영화 〈보헤미안 랩소디〉 관객 수는 한국이 994만 명을 찍으며 전 세계 1위를 기록했다.

유익한 헤드라인

통계는 숫자로만 읽힌다. 한 줄 헤드라인으로 충분하다. 굳이 기사를 클릭해야 할까 고민하는 순간 이미 눈은 다음 헤드라인으로 옮겨간 뒤다.

국내 가구수 2천만 첫 돌파, 절반 이상이 1·2인 가구
"연애는 부담되고 친구도 귀찮다"…
대한민국 20대 10명 중 7명은 '나홀로족'

1코노미가 대세라고 한다면 각자에게 미치는 득실이 궁금해진다. 그런 부분을 툭 건드리는 헤드라인은 당연히 클릭을 부른다.

1인 가구 공간이 넓어지는 마법…멀티·미니멀·미니 리빙템이 뜬다
저소득 1인 가구에 대한 지원 대책
서울시, 1인 가구 서울 청년 5천 명에게 월세 20만 원 10개월 지원

0.0001%의 기적,
네 배의 행복

희소한 숫자는 관심을 끈다. 0.0001%면 얼마나 될까? 이럴 때 사람 성격이 드러난다. 낙천적인 사람은 로또 1등 확률을 떠올린다. 매사에 시큰둥한 사람은 벼락 맞을 확률을 떠올린다. 당신은 어느 쪽인가?

사연인즉슨

이한솔(31) 씨는 작년 말 7인승 승합차를 샀다. 아이들을 태우고 다닐 차인데 시중에서 파는 '아이가 타고 있어요'라는 스티커로는 부족해서 IT 벤처 회사 디자인팀장인 본인이 손수 만들어 뒤 유리창에 붙였다. '넷둥이가 타고 있어요. 하나도 둘도 셋도 아닌 네쌍둥이요~.'

동갑내기 아내 나혜승 씨는 지난해 12월 22일 네쌍둥이를 낳았다. 시험관에서 수정한 배아를 자궁에 이식하는 체외수정(시험관 아기)이나 남성의 정자를 여성의 자궁 안에 넣어주는 인공수정 방식이 아닌 자연 임신이다. 밤 10시 29분부터 32분까지 1분 간격으로 체중 1.4~1.8kg의 이하온(아들)·하민(아들)·하음(딸)·하준(아들)이 제왕절개 수술로 나왔다. 이 씨는 "하늘이 내려준 축복이라는 뜻에서 '하'자 돌림으로 했다"고 말했다. 아이들 태명이 봄·여름·가을·겨울이라 이 씨는 '춘하추동 아빠'라는 별명을 얻었다. 넷의 생김새가 다 다른 사란성(四卵性) 쌍둥이다.

(…) 네쌍둥이는 통계청이 별도 집계를 하지 않을 만큼 귀하다. 의료계는 네쌍둥이를 자연 임신해 무사히 출산할 가능성을 80만 분의 1(0.000125%) 정도로 본다. (…) 세쌍둥이나 네쌍둥이는 조산(早產)이나 유산 위험이 커서 일부 태아를 '선택적으로 유산'하기도 한다. 하지만 부부는 그렇게 하지 않았다. 이 씨는 "걱정이 태산 같았지만 먼저 떠난 두 아이 대신 하늘이 한꺼번에 넷을 내려줬다고 생각했습니다. 봄·여름·가을·겨울 중 일부만 낳았다면 낳지 않은 아이 생각이 계속 날 것 같았죠"라고 말했다.

(…) 동네와 회사에서도 네쌍둥이 소식은 경사다. 출생신고를 하려고 주민센터를 찾은 날 동네 주민 10여 명이 이 씨에게 유기농 비누 상자와 육아용품 세트, 꽃다발 등을 선물했다. 주민들은 "애들은 건강하냐" "쌍둥이 엄마는 괜찮냐" "우리 동네에 경사가 났다"면서 함께 기뻐했다. 전 직원이 6명인 이 씨 회사에서는 보너스로 700만 원을 줬다. 남양유업 임직원들은 네쌍둥이의 분유 등을 전부 지원하기로 했다. (…)

『조선일보』 2020년 1월 24일

로또 1등 당첨 확률은 대략 814만 분의 1이라고 한다. 계산하면 0.0000123%. 네쌍둥이 낳을 확률 0.0001%보다 소수점 밑에 0이 하나 더 많다. 로또 당첨은 네쌍둥이 낳는 것보다 훨씬 더 어렵다. 뒤집으면 네쌍둥이 낳는 것이 생각만큼 어렵지 않다는 말인가?

아무튼 네쌍둥이니까 '네 배의 행복'이라고 했다. 잘 만든 헤드라인이다. 0.0001%라는 티끌만 한 확률과 따따블(네 배)이라는 가슴 벅찬 증분이 잘 대비되어서 임팩트 있게 다가온다.

그런데 행복이 네 배라면 노고는 네 제곱이다. 이럴 때 국가가 도와줘야 한다. 부부의 행복은 국가의 기쁨이다. 저출산 토론회 열 번 하는 것보다 토론회 참석자들이 돌아가며 네쌍둥이 양육 봉사 한 시간씩 하는 게 나을 듯싶다. 가문의 영광이기도 할 터, 양가 사돈에 팔촌까지 달려들어야 한다.

그나저나 저출산은 민족의 존속을 위협한다. 우리가 그토록 자랑스러워했던 한민족의 기상이 사그라들고 있다는 뜻이다. 더 이상 단군의 자손 노릇 그만하겠다는 결별 선언이기도 하다. 그런데 이해가 안 된다. 정부가 그렇게 오랫동안, 그렇게 많은 돈을 썼는데도 왜 사람들은 아기 낳기를 주저할까. 정부가 헛발질했든 사람들의 생각에 문제가 있든 둘 중 하나다. 필자가 보기엔 100% 전자다. 후자라 해도 사람들의 생각을 바꾸는 일도 결국 정부 몫이다. 그러니까 역시 100% 정부 책임이다.

의외로 간간히 네쌍둥이 출산 소식이 들린다. 임신 기간 동안, 산모가 얼마나 힘들었을까 마음이 짠하다. 그럼에도 일상에서 흔히 접하지 못하는 경사다 보니 대부분의 헤드라인도 기쁨에 들썩인다.

부천 희망둥이 '네쌍둥이' 탄생을 축하합니다
남양주시청 직원 새해 첫 네쌍둥이 출산 화제
부산 일신기독병원서 태어난 네쌍둥이
'인간극장' 헤쳐 모여 네쌍둥이, 행복이 별건가요?

옷 → 책 → 사진 순으로 버려라, 인생이 바뀐다

'비워야 채운다'는 말이 있다. 마음속의 상념을 훌훌 털어내고 새로운 각오를 다지라는 말쯤 되겠다. '버려야 바뀐다'는 헤드라인은 다소 뜬금없게 들린다. 버릴 순서까지 정해주니 더 당황스럽다. 과연 그런다고 인생이 바뀔까. 속는 셈 치고 일단 한번 읽어보자.

사연인즉슨

"정리에서 중요한 건 '소중한 물건을 남기는 것'이지 '버리는 것'이 아니다. 설렘을 주는 물건은 당당하게 남겨야 한다. 우리가 갖고 있는 물건은 우리를 행복하게 하려고 존재한다. 먼저 무엇에 둘러싸여 살고 싶은지, 왜 그렇게 살고 싶은지 생각해야 한다."

세계를 열광시킨 '정리의 신(神)'은 그 비법을 이렇게 설명했다. 이메일로 만난 곤도 마리에(36). 일본 도쿄 출신의 정리 컨설턴트이자 2011년 출간돼 미니멀리즘 열풍을 일으키며 전 세계에서 1,100만 부 팔린 『정리의 힘』(웅진지식하우스) 저자다. 영미권에 책이 소개된 뒤 미국 일거리가 많아져 2016년 8월 LA로 이주했다. 2015년 타임지 선정 '가장 영향력 있는 인물 100'에 들었다. 지난해 1월엔 그가 잡동사니를 쌓아 두고 사는 미국 가정을 찾아가 정리해주는 리얼리티 프로그램 〈설레지 않으면 버려라(Tidying Up)〉가 넷플릭스에 공개됐다. 육아와 생업에 치여 엉망진창인 집을 손댈 엄두도 못 내던 사람들이 곤도의 조언을 받아 말끔히 집을 치운 뒤 "집이 집다워졌다"며 우는 장면이 시청자들을 감동시켰다.

'곤마리 메서드'라 불리는 그의 정리법은 명확하다. 물건을 바닥에 쌓아놓고 손으로 하나하나 만져본 뒤 "설레는가?" 묻는다. 설레지 않는 물건엔 "그간 고마웠어" 인사한 후 기분 좋게 헤어진다. "버릴 생각만 하고 치우다 보면 물건의 흠만 찾게 돼 '행복한 삶'과 거리가 멀어진다. 설레지 않는 물건을 버리는 것은 물건에도 '새로운 출발'이 될 수 있으므로 축복하고 감사하는 것이 중요하다."

정리에도 순서가 있다. 곤도는 "'거실부터 치우자'고 하면 실패한다. 장소가 아니라 물건별로 정리하며, 의류 → 책 → 서류 → 추억의 물건 순으로 정리하라"고 권한다. "남기거나 버리기 쉬운 순서다. 옷은 희소성이 낮아 판단이 쉽다. 추억이 깃든 물건이나 사진, 편지는 감정적 가치와 희소성이 높아 버리기 쉽지 않다. 이 순서를 지키면 '설렘의 감도(感度)'를 단련할 수 있다. 앞 단계에서 경험치가 쌓이므로 추억의 물건이 정말 설레는지에 대한 판단도 한결 쉬워진다." (…)

『조선일보』 2020년 3월 27일

태생이 지저분한 사람에게 정리하라는 말은 거의 '공부해라'에 맞먹는 스트레스다. 그런 사람 눈에는 딱히 정리할 것이 보이지 않는다. 뭘 어떻게 정리할지도 모른다. 잘 만든 헤드라인이 이럴 때 진가를 발한다. '정리하라'는 형이상학적 추상언어보다는 '버려라'는 형이하학적 구상언어가 훨씬 더 와 닿는다. '옷 → 책 → 사진'의 순서까지 찍어주니 고민할 일도 없다.

소유욕이 죄악은 아니다. 그리고 그 이기적 본성 덕분에 인류 문명이 여기까지 온 것도 사실이다. 하지만 정도의 문제가 있다. 지나침은 부족함만 못 할 수 있는 것이다. 루크레티우스라는 로마 시대 철학자는 "우리는 없는 것을 바라고 있는 것은 무시한다. 삶은 그런 식으로 소진되며 죽음은 예기치 못하게 다가온다"는 섬뜩한 말을 남겼다. 마치 현대 사회의 물신 숭배와 그에 따른 심신 고갈을 예견한 것만 같다.

가끔 한옥마을이나 고택을 가보면 두 번 놀란다. 한옥 지붕의 매혹적인 자태에 한 번 놀라고, 모든 방이 가구 들여놓기가 옹색할 정도로 좁다는 데 또 한 번 놀란다. 한옥에 들어가려면 소유로부터 마음이 자유로워야 한다는 점을 일깨워준다. 우리네 삶이 지나치게 번잡하고 성가시게 느껴진다면 혹시 너무 많은 관계와 소유에 휘둘리고 있는 건 아닌지 돌아볼 필요가 있겠다. 법정 스님의 말씀처럼 정령 "우리가 사는 세상은 필요를 위해서는 풍요롭지만 탐욕을 위해서는 궁핍한 곳"이기 때문이다(법정, 『무소유』, 1976).

소유욕은 남녀 차이가 별로 없는, 드물게 양성평등에 가까운 것 중의 하나다. 남자는 꼭 필요한 1천 원짜리를 2천 원에 사오고, 여자는 별로 필요치 않은 2천 원짜리를 1천 원에 사온다는 정도의 차이만 있다. 또 소유욕은 끝이 없다. 사람들이 자꾸 큰 평수를 찾아 이사를 하는 이유는 집이 좁아진 게 아니라 살림이 많아진 데 있다. 이케아 쇼룸에서 찬란히 빛나던 크롬 도금 테이블도 당신의 거실에 가져다놓으면 광채가 사라진다. 이케아의 장난도, 테이블의 배신도 아니다. 거실에 이것저것 너무 많아서 그렇다.

곤도 마리에의 충고를 받아들여 일단 해보자. 까짓 못 할 것도 없다. 마음먹기가 어렵지 일단 뭐라도 버려야겠다는 결심만 한다면 그것만으로도 대단한 거다. 백팔 번뇌의 1단계에 접어든 셈이다. 이제 언제 결행할지에 대해 107번의 번뇌만 더 하면 된다.

같은 재료, 다른 레시피

곤도 마리에의 정리 열풍에 대해 소개하는 헤드라인이 많다. 대다수 여성 독자들의 관심을 부른다.

> 정리의 세계…'버리기 마녀'로 유쾌한 거듭나기
> 버렸다, 비웠다 그리고 삶이 밝아졌다

헤드라인에 정리 노하우가 얼핏 엿보이면 최소한 정리의 당위성에까지는 동의하는 일부 남성 독자들도 클릭한다.

> 곤도 마리에 '정리의 마법' 신드롬 "설레지 않으면 버려라"
> 이사 없이도 우리 집을 2배로 넓히는 정리의 기술

여전히 곤도 마리에가 못마땅한 사람도 있을 수 있다. 이들은 그녀의 언행불일치(?)를 다룬 헤드라인이 뜨자마자 광적으로 클릭한다.

> '미니멀라이프' 곤도 마리에의 모순…자기 물건 온라인몰 열어
> '설레지 않는 물건' 버리고 내 물건 사라? …
> '정리의 여왕' 곤도 마리에, 온라인 쇼핑몰 열어 논란

우리 속담과 서양 격언의 '참신한' 헤드라인

·

무는 개 짓지 않는다

사납게 짖는 개는 오히려 겁이 많은 개다.
말없이 티 안 내고 가만있는 사람이 진짜 무서운 사람이라는 뜻.

·

아니뭄 포르투나 세퀴투르(Animum fortuna sequitur)

행운은 용기를 뒤따른다.
행운은 거저 오는 것이 아니고 용기 있는 자만이 행운을 잡는다는 뜻.

3장

참신한 헤드라인

Fresh

참신과 창의는 같은 뿌리다.
헤드라이너의 번뜩이는 통찰이 전기처럼 전해오면
안 읽을 재간이 없다.

파티 오버,
행오버

파티가 끝나니 숙취(행오버, Hangover)가 시작되었다는 헤드라인이다. 월급쟁이 생활은 파티(회식)와 숙취의 반복이다. 마지못해 끌려간 파티일지라도 일단 시작되면 다들 오버(선을 넘는다는 뜻)한다. 보스가 있으면 〈용비어천가〉를 암송하고, 보스가 없으면 『퇴마록』을 펼쳐 주문을 왼다. 그렇게 파티는 오버(끝났다는 뜻)되고 숙취를 벗 삼아 아무 일 없었다는 듯 또 하루가 시작된다.

사연인즉슨

영국 런던 서부에서 작년 5월 매물로 나온 150만 파운드(22억 5,000만 원) 주택은 1년 넘게 주인을 찾지 못하자 최근 호가(呼價)가 110만 파운드(16억 1,744만 원)까지 떨어졌다. 집값이 27%가량 빠진 셈이지만 사겠다는 사람은 아직도 없다. 집주인 랜스 폴은 "가격이 더 떨어질지 몰라 두렵다"고 말했다. 지난 1년간 경제 금융 중심지인 시티오브 런던과 고가 주택이 밀집한 부촌인 첼시, 켄싱턴 지역 평균 집값은 각각 23%, 14% 떨어졌다. 블룸버그통신은

"런던 주택 시장의 파티는 끝났고, 이젠 후유증(hangover)이 시작
되고 있다"고 보도했다.

호주 시드니 전역에서도 몇 달 새 집값이 수십만 호주달러(수
억 원대) 내린 주택들이 속출하고 있다. 2012년부터 치솟기 시작한
시드니 주택 가격은 5년간 50% 넘게 오르다 작년 9월 정점을 찍
고 하락세로 돌아섰다. (…) 런던, 시드니, 캐나다 밴쿠버, 뉴질랜드
오클랜드 등 수년에 걸쳐 집값이 폭등하며 거품 논란을 일으켰던
전 세계 주요 도시의 집값이 잇따라 하락세로 반전됐다. 오랜 가
격 상승에 따른 피로감과 급등한 집값에 대한 부담이 누적된 상황
에서 각국 정부가 대출, 세금 규제를 강화하며 주택 시장에 개입한
결과가 서서히 나타나고 있는 모습이다.

(…) 각국 정부는 주택 시장을 잡기 위해 공통적으로 대출 규제를
강화했다. 캐나다 연방정부는 올 1월부터 주택담보대출 때 추후 상
환 능력을 검증하는 '스트레스 테스트' 과정을 거치도록 하는 방안
을 도입했다. 영국에서도 2014년부터 시중 은행들이 소득에 비해
부채가 많은 가구에 대한 주택담보대출 비중을 줄이도록 했다. (…)

『조선일보』 2018년 9월 13일

──────── 스치는 생각 ────────

무슨 파티가 끝났다는 건지, 어떤 행오버를 말하는 건지 궁금했는
데 전 세계 부동산 가격에 관한 이야기였다. 궁금증을 유발한 것

참신한 헤드라인

만으로도 훌륭한 헤드라인이다.

신문마다 빠지지 않고 운세를 싣는다. 인공지능 시대에 운세가 웬 말이냐 하겠지만 그건 뭘 모르고 하는 소리다. 운세에는 부동산에 대한 신(神)의 계시가 담겨 있다. 한 가지 사소한 문제는 신문마다 모시는 신이 다르다는 점이다. A 신문은 동쪽으로 가라 한다. 역시 잠실 쪽이 정답이다. B 신문은 물가에 가지 말라고 한다. 헉, 잠실은 한강 변인데…. 걱정 마시라. 다른 신을 찾으면 된다.

그렇다. 부동산만큼 어려운 정책도 없다. 사람들은 현 정부의 부동산 정책이 스물 몇 번 실패했다고 비난하고, 주무 부처 장관은 솔직히 스물 몇 번까지는 아니라고 하는 걸로 볼 때 그만큼 어려운 게 틀림없다. 그 어려운 일을 외국도 하고 있나 보다. 국가마다 상황이 다르니까 일반화하는 것은 무리인데 아무튼 외국은 폭등 후 폭락의 길을 걸었다는 기사다. 그 헤드라인을 파티(부동산 버블)가 끝나니 숙취(가격 폭락)가 왔다고 표현한 게 압권이다. 숙취를 뜻하는 행오버의 오버와 파티가 끝났다는 뜻의 오버의 라임까지 맞춰 헤드라인에 리듬감을 더했다.

집값을 어떻게 해보고 싶은 건 모든 정부의 공통된 소망인가 보다. 타깃은 옳은데 방법이 문제다. 필요(needs)는 충족될 수 있지만 욕망(wants)은 충족될 수 없기 때문이다. 욕망에 초연하면 사람이 아니다. 예수, 석가모니, 마호메트(순서는 국내 신도 수)가 신(神)이 된 이유다. 부동산은 학용품, 핸드폰, 가전제품, 자동차 이후에 찾아오는 필수 욕망이다. 강남 집값을 잡으려 하면 할수록 오히려 더 걷잡을 수 없이 되는 이유는 국민(관료, 정치인 포함)의 욕망을 정조준했기 때문 아닐까.

부동산이라는 욕망을 굳이 컨트롤하려면 채찍보다는 당근을 쓰는 게 맞다. 사람들이 부동산에 '영끌'하며 매달리는 이유, 그렇게 오지 말래도 굳이 강남에 가는 이유에 초점을 맞추는 것이 합리적이다. 경제학에 나오는 유인부합적(Incentive compatible)이라는 말처럼 눈앞의 현상보다는 이면의 동기에 집중하는 정책이 성공한다. 개울가에서 송사리나 피라미를 잡을 때도 몰아서 잡는다. 그물이나 어항 쪽으로 들어가게 유인해야 한다는 말이다. 그러지 않고 고기 한 마리 한 마리를 쫓다 보면 날 다 샌다. 안 잡히는 송사리에게 화를 내거나, 어쩌다 잡힌 한 놈에게 본때를 보여서는 안 된다.

그나저나 서울은 어쩌다 '천박한 도시'가 되었을까(2020년 7월, 여당 대표가 수도 이전의 필요성을 강조하면서 한 말). 지인 중 한 명이 '천박한 도시'가 배우 조인성이 나왔던 건달 영화 제목이라고 우기는 바람에 한동안 그런 줄 알았다. 나중에 확인해보니 그 영화 제목은 〈비열한 거리〉(2006)다. 하긴 천박한 도시에 비열한 거리, 짝이 잘 맞긴 하다.

부동산이 재테크 수단이 아닌 삶의 터전이 되는 세상은 정녕 안 오는 걸까. 홍익대 건축학과 유현준 교수는 "서울이라는 도시는 마치 다도해처럼 여러 개의 섬으로 나누어진 것 같다"고 한탄한다(유현준, 『어디서 살 것인가』, 2018). 그 말이 맞다. 강남, 강북으로 쪼개지고, 강북은 다시 사대문 안과 밖으로, 강남은 강남3구와 나머지로 나뉜다. 동네마다의 특색은 사라지고 시세만 남았다. 예

155

전에는 동네마다 복덕방(福德房)이 한두 곳씩 있었다. 대개 그 동네 토박이 '영감님'들 중에서 계약서의 작은 활자 따위는 겁내지 않는 분이 하셨다. 집이나 방을 구하는 사람들에게 복(福)과 덕(德)을 나눠주던 그때가 그립다.

같은 재료, 다른 레시피

세계 어느 나라든 부동산은 뜨거운 감자다. 오르면 너무 오른다고, 내리면 너무 내린다고 늘 걱정이 많다. 대부분의 헤드라인이 집값 하락 소식을 전한다. 재료가 핫(hot)하니 클릭도 뜨겁다.

뉴욕·런던·홍콩…집값이 꺾이기 시작했다

中정부 대출 옥죄자…집값 하락폭 갈수록 커져

맨해튼 집값 코로나 충격에 20% 급락…빈집 1년새 85%↑

일시적인 출렁임인지, 구조적인 하락 국면인지가 궁금한데, 몇몇 헤드라인은 거기에 대한 힌트를 담고 있다. 부동산에 관심 있는 사람(일명 전 국민)은 그냥 지나칠 수 없다.

"사상 최저 금리로, 유럽 도시들 부동산 거품 위험"…UBS 보고서

美 '빈집' 걱정…'부머들' 20년간 집 2000만 개 내놓는다

美 재택근무 확산에…도심 집값이 떨어진다

이 버튼이 정말
그 버튼?

버튼(Button), 요즘은 그다지 쓸 일이 없는 단어다. 주변에 버튼이라고 할 만한 게 별로 없기도 하다. 버튼 하면 김정은이 만지작거리는 미사일 버튼, 새로 출시된 스마트폰에 달린 별스럽게 생긴 버튼, 지하철 치한들의 도촬 카메라 버튼 정도가 떠오른다(도촬범들은 주로 버튼 소리에 걸린다). 도대체 '이 버튼'은 뭐고 '그 버튼'은 뭘까?

사연인즉슨

(…) 작년 초 아이오와주립대를 졸업한 디온테 버튼(미국·24)은 그해 NBA 드래프트에서 지명받지 못했다. 버튼이 농구를 포기하는 대신 선택한 길은 '한국행'이었다. 지난 시즌 원주 DB와 계약한 버튼은 탁월한 득점 감각으로 1년 만에 국내 프로농구 최고 외국인 선수로 성장했다. 54경기에 출전해 평균 득점 23.5점, 8.6리바운드을 기록했고, 지난 시즌 DB를 정규리그 우승으로 이끌며 외국인 MVP(최우수선수)에 선정됐다.

참신한 헤드라인

(…) 버튼은 한국 무대 활약을 바탕으로 지난 7월 NBA 오클라호마시티 선더 서머리그 로스터에 등록됐고 결국 투웨이(two way) 계약을 맺었다. 원칙적으로는 G리그(NBA 하부 리그)에 소속되지만 한 시즌에 최대 45일 동안 NBA 로스터에 등록될 수 있는 계약이다. 선더는 폴 저지, 러셀 웨스트브룩 등 NBA 최고 스타들이 속한 강팀이다.

(…) 그는 4쿼터 초반 외곽에서 볼을 받아 드리블로 돌파한 다음 레이업슛을 성공시켰다. 홈 팬들은 버튼의 첫 득점에 박수를 보냈다. 버튼은 이날 경기에서 6분 동안 출전해 3점슛 1개 등 5득점 1리바운드 1블록슛으로 인상적인 플레이를 선보였다.

(…) 버튼은 최근 현지 언론 인터뷰에서 한국에 대한 애정을 드러냈다. 그는 "한국 팬들은 나를 정말 좋아해줬다. 한국에서 경험이 정말 대단했다"며 "한국 생활이 있었기에 내가 지금 이 자리에 있을 수 있었다"고 말했다.

『조선일보』 2018년 10월 23일

스치는 생각

농구 이야기 대신 '버튼'을 살린 헤드라인이 재미있다. 농구 팬이 아니어도 많은 독자들이 궁금해서 기사를 클릭했지 싶다. 기사는 미국에서 힘을 못 쓰던 디온테 버튼이라는 농구 선수가 한국 물을 먹고 났더니 펄펄 날았다는 내용이다. 도대체 그는 한국에서 뭘 먹은 걸까? 인삼밭을 통째로 갈아 먹었나? 조석으로 장어탕, 해천탕, 삼계탕을 먹었나?

한국인에게는 우리만 모르는, 여태껏 과학적으로 규명되지 못한 신비한 힘이 있는 것 같다. 우리끼리는 그 힘을 주체 못 해 노상 싸우지만 글로벌 무대로 나가기만 하면 펄펄 나는 것이 그 증거다. 크립톤인들이 자기네 행성에서는 들들 볶이다가 지구에 와서는 슈퍼맨이 된 것처럼 말이다. 급기야 베트남 축구 선수들은 굳이 한국 땅을 밟을 필요도 없이 박항서 감독이 떠 간 물 한 사발을 마시고 아시아 최고가 되었다는 전설도 있다.

그래서인지 한국 물 먹으러 오는 외국인들을 일상에서 자주 접한다(코로나가 잠깐 발목을 잡고 있기는 하다). 가만히 생각해보면 외국인들에게 한국은 먹자 공화국이 아닐까 싶다. 원래 한식 자체가 맛, 메뉴, 반찬 등으로 경쟁력이 월등한 데다가 요즘에는 전 세계 음식이 모두 한국에 들어와 있다. 가격도 외국에 비해서는 상대적으로 싼 곳이 많다. 아마 버튼도 한국 음식을 먹고 숨겨놓은 힘이 폭발한 게 아닌지 모르겠다. 미국 돌아갈 때 고추장을 싸 갖고 간 것만 봐도 알 수 있다.

〈비정상회담〉(JTBC)과 〈대한외국인〉(MBC every1)에 나오는 외국인들은 아예 한국에 둥지를 틀고 한국 사람이 될 심산이다. 외국인들이 '아 내가 한국에 오래 있었구나'라고 느끼는 순간이 몇 개 있다고 한다. 두루마리 휴지가 식탁 위에 있어도 아무렇지 않을 때, 친구가 차를 뺄 때 '오라이 오라이'라고 말하고 있을 때, 일본이 이유 없이 싫어질 때, 'Hyundai'를 현대로 발음할 수 있게

참신한 헤드라인

될 때 등이다. 아무리 글로벌 시대라지만 외국인들도 한국행을 택하는 마당에 우리가 군이 발품 팔면서 해외로 나가야 할까. 아예 이 땅을 글로벌 무대로 만드는 것도 나쁘지 않겠다.

같은 재료, 다른 레시피

대부분의 헤드라인이 디온테 버튼의 NBA 활약상을 다루고 있는데, 농구 광팬이라면 모를까 그렇지 않은 독자들에게는 그저 남의 나라 외국인 선수 이야기일 수 있다.

> 옛DB 디온테 버튼, NBA서 데뷔득점⋯농구 '테임즈' 되나
> 'KBL 출신' 디온테 버튼, NBA서도 '펄펄'⋯개인기록 경신

'버튼' 이름을 살린 헤드라인도 있다. '성공 버튼'이라는 익숙한 표현이 호기심을 부른다. 버튼의 한국 사랑을 암시하는 헤드라인도 궁금증을 부른다.

> NBA서 '성공 버튼' 누르나
> 이 소스가 뭔지 아니?⋯NBA로 떠난 디온테 버튼 '고추장 사랑'

콩코드 50년…'조용히' 부활하는 초음속 여객기

박수받으며 떠나는 드문 경우를 제외하면 대개 사라질 때는 '조용히' 사라진다. 매부리코가 특징인 콩코드도 조용히 사라진 지 꽤 되었다. 그런데 알게 모르게 부활을 준비해왔나 보다. 사라진 이유가 시끄러워서였으니 '조용히' 부활하지 않으면 부활이 아니다.

사연인즉슨

(…) 공교롭게도 달 착륙과 초음속 비행 모두 올해로 50주년을 맞았다. 초음속 여객기 콩코드(Concorde)가 프랑스 툴루즈에서 첫 시험비행을 한 날이 1969년 3월 2일이었다. 콩코드는 일반 여객기보다 두 배 높은 하늘에서 음속(시속 1224km)의 두 배 속도로 날았다. 런던에서 뉴욕까지 3시간 반이면 됐다. 그런데 콩코드는 미국이 아닌 영국과 프랑스 합작품이다. 미-소 사이에 낀 유럽 전통 강국의 위상을 되찾으려는 고심의 산물이었다. 두 나라가 오랜 앙

숙 관계이면서도 손을 맞잡은 이유다. 초음속 여객기 이름을 '화합'
이라는 뜻의 콩코드로 정한 데서도 이를 알 수 있다.

(…) 콩코드 역시 벽을 넘지 못하고 2003년 역사의 무대로 퇴장
했다. 무엇보다 안전 불안감이 컸다. 2000년 7월 발생한 단 한 번
의 사고가 치명적이었다. 파리를 출발한 뉴욕행 콩코드가 이륙 직
후 폭발해 추락하면서 승객과 승무원 109명 전원이 사망하는 참
극이 일어났다. 1년 후 운항을 재개했지만 사람들은 이제 콩코드
를 타려 하지 않았다. 둘째는 음속을 돌파할 때 나는 엄청난 소닉
붐(음속폭음)이 문제였다. 셋째는 값비싼 요금이었다. 1997년 뉴
욕-런던 왕복 요금은 당시 가장 싼 여객기의 30배나 됐다. 콩코드
는 부자들 전용기나 마찬가지였다.

(…) 한동안 꺼져 있던 초음속 여객기 불씨가 다시 살아나고 있
다. 다시 추진되는 초음속 여객기의 가장 큰 화두는 저소음 실현이
다. 이번엔 정부가 아닌 기업들이 앞장섰다. 붐 수퍼소닉과 에어리
온, 스파이크 에어로스페이스 등이 선두 주자들이다.

(…) 전통의 항공기 제조업체들도 뛰어들 태세다. 보잉은 마하
5(시속 6,400km)의 극초음속 여객기 구상을 공개했다. 2029년 첫
비행이 목표다. 록히드마틴은 미 항공우주국과 함께 초음속 시험
기(X-59 QueSST)를 개발한다. 음속 1.2배 속도로 나는 데도 지상
에선 자동차 문 닫는 정도에 불과한 소리만 들리도록 한다는 게 목
표다. 실현되면 "콩코드보다 1,000배나 조용한" 초음속기가 탄생
한다. 2021년 시험비행을 계획하고 있다. (…)

『한겨레신문』 2019년 2월 25일

1969년 3월 2일, 프랑스 남서부의 툴루즈 공항에서 초음속 여객기 콩코드(Concorde)가 첫 시험 비행을 했다. 영국과 프랑스가 공동 개발한 콩코드는 보통의 여객기보다 두 배 높은 고도에서 음속의 두 배 속도(마하 2)로 날았다. 1976년 상업 취항을 개시했는데 보통 8시간쯤 걸리던 런던-뉴욕 구간을 3시간 30분 만에 날아가 세상을 놀라게 했다.

연료가 많이 들고 요금이 비싸다는 지적이 있었지만 탈 사람은 많았다. 그런데 음속 돌파 순간에 발생하는 엄청난 폭발음, 일명 소닉붐(Sonic boom)은 콩코드의 불길한 운명을 예고했다. 그러던 차에 2000년 7월 25일 파리 샤를드골 공항에서 이륙하던 콩코드가 갑작스레 폭발해 100명의 승객과 9명의 승무원 전원이 사망하는 참사가 발생한다. 엎친 데 덮친 격으로 2001년 발생한 9·11테러로 승객 수도 급감한다. 결국 2003년 10월, 취항 27년 만에 콩코드 시대는 막을 내렸다.

한때 우리나라 교통정책의 지향점이 '일일 생활권'이었던 때가 있었다. 당시에는 꿈같은 이야기였는데 이제는 일일 생활권이 목표였다는 것 자체가 꿈같이 느껴진다. 이제 서울역이나 수서역에서 아침에 고속철(KTX, SRT)로 출발하면 점심 전에 부산에 도착한다. 저녁까지 다 챙겨 먹고 서울로 돌아와도 다음 날 출근하는 데 아무 지장이 없는 시대가 되었다(부산에서 뭘 먹었느냐에 따라 약간의 편차는 있을 수 있다).

그럼에도 아직 문명의 손길이 덜 미친 부분이 해외여행이다. 미국이나 유럽까지 가려면 좁은 비행기 좌석에 몸을 요리조리 비틀어가며 10시간 넘게 가야 한다. 평소에는 그 많던 잠도 비행기에서는 달아나버린다. 미칠 노릇이다. 미국 사는 사람과 실시간 채팅하고 화상회의 하는 시대에 솔직히 10시간은 너무했다(정확히는 인천-뉴욕 14시간 30분). 원시적이라는 느낌까지 든다. 13세기 유럽을 전율케 한 몽골 기병부대가 조랑말 대신 거북이를 타고 다니는 꼴이라고 할까.

아니나 다를까. 돈 냄새를 맡은 자본주의 검투사들이 팔을 걷어부쳤다. 이번에는 '조용한' 속도 경쟁이다. 음속이면 1초에 340m, 보잉이 개발하는 마하5의 속도면 1초에 1.7km, 시속 6천km가 넘는다. 잘하면 아침에 한국을 출발해서 뉴욕에서 뮤지컬 한 편 보고 저녁 무렵 돌아올 수도 있겠다. 세상이 겁나게 빨리, 빠른 속도를 향해 달려간다. 이래도 되나 싶다.

─────── 같은 재료, 다른 레시피 ───────

콩코드가 부활한다는 메시지만으로는 약하다. 나와는 무관한 다른 세상 일처럼 느껴질 수 있다. 콩코드라는 게 있었는지, 살았는지 죽었는지 모르는 독자도 꽤 많다.

조용한 초음속 항공기, 2021년 하늘을 난다

'콩코드의 한' 풀릴까?…마하2 초음속 여객기 10년 내 뜬다

미국과 유럽을 3시간 반에 다닌다고? 그럼 인천에서 LA는 얼마나 걸릴지 급 궁금해지며 초음속으로 기사를 읽어 내려간다.

런던-뉴욕 90분 주파 극초음속 비행기 개발 스타트업

서울-뉴욕 3시간…'마하5 티타늄 초음속 여객기' 개발한다

요금이 궁금한데, '갑부'라는 단어가 약간 거슬리지만 도대체 얼마이길래 하는 생각에 기사를 클릭하게 된다.

띄울수록 손해 '콩코드 굴욕'…초음속기 후배들, 타깃은 갑부

참신한 헤드라인

돈 필요해?
손바닥 대!

악질 사채업자: 뭐라꼬, 지금 또 돈을 달라꼬?

당신: 지난번 빌린 거 합쳐서 틀림없이 다음 달에 다 갚을게요.

악질 사채업자: 임마가 정신을 못 차렸네. 퍼뜩, 손빠닥 대라.

사연인즉슨

통장이나 신분증, 도장은 필요 없다. 비밀번호를 외울 필요도 없다. 오직 '손바닥'만 있으면 은행에서 돈을 찾을 수 있다.

KB국민은행은 영업점 창구에서 손바닥 정맥 인증을 거쳐 돈을 찾을 수 있는 '손으로 출금 서비스'를 출시했다고 밝혔다. 신분증이나 도장, 통장을 들고 가서 본인인지 확인받을 필요 없이, 창구에 설치된 인식기에 손바닥만 대면 거래가 가능하다. 사람마다 혈관 구조 등 손바닥 정맥의 특성이 제각각이라는 점을 이용했다. 손가

락 지문이나 홍채 등 다른 생체 정보보다 인식 정확도가 높고 위·
변조 위험이 덜하다는 게 KB국민은행 설명이다.

생체 정보 유출 우려를 없애기 위해 손바닥 정맥 정보는 암호화
한 다음, KB국민은행·금융결제원에 쪼개 보관한다. 정보가 둘로
나뉘어 있기 때문에 어느 한곳에서 유출되더라도 문제가 생기지
않는다. 실제 거래할 때는 둘로 나뉜 정보를 합쳐서 인증에 쓰는
식이다. 현재 KB국민은행의 전국 현금 자동 입출금기(ATM)와 영
업점 50곳에 정맥 인식기가 설치돼 있다. 올해 하반기 중에 전체
영업점으로 확대 설치할 계획이다.

『조선일보』 2019년 4월 17일

─────────── 스치는 생각 ───────────

지금은 학교 체벌이 금지되어 있지만 불과 얼마 전까지만 해도
학생들 손바닥이 성할 날이 없었다. 30cm짜리 플라스틱 자는
측량을 빙자한 체벌 도구였다. 자의 용도를 놓고 불필요한 오해
가 생기지 않도록 '사랑의 매'라고 매직으로 큼지막하게 써넣는
선생님도 있었다. 평평하게 내리치면 좌아~악 소리만 컸지 견딜
만했다. 좀 더 진한 사랑이 필요하다고 판단한 일부 선생님들은
자를 세우셨다. 자의 모서리가 손바닥에 내리꽂힐 때의 느낌은
인간의 언어로는 표현이 안 된다. 호러 영화에서 여배우가 공포
에 질려 비명을 지르는데 마침 음소거 버튼이 눌려졌을 때의 상

황이라고나 할까.

생체 정보 기술이 나날이 발전하고 있다. 지문 인식, 홍체 인식까지는 들어봤는데 이제 손바닥 인식까지 나온 모양이다. 모든 방패를 뚫는 창과 모든 창을 막아내는 방패의 끝나지 않을 싸움인 양, 정보를 캐려는 자와 그걸 막으려는 자의 대결이 점입가경이다. 그래도 발바닥 인식이 아니어서 그나마 체면 구길 일은 없어 다행이다.

끔찍한 상상 하나 보태도 될지 모르겠다. 007 시리즈 같은 스파이 영화에 보면 주인공이 악당 소굴을 급습하다가 생체 보안 장벽에 종종 막힌다. 주인공은 경비병 한둘을 제압하고는 주저 없이 경비병의 손가락을 자르거나 안구를 적출해서 생체인증 패널에 댄다. 으~ 소름끼친다. 그런데 앞으로는 손바닥을….

──────── **같은 재료, 다른 레시피** ────────

손바닥을 포함해 다양한 생체인증 기술이 확산되고 있음을 소개하는 헤드라인이 많다. 지문 인증만으로도 충분히 행복한 독자라면 클릭을 거를 수 있다.

"손바닥이 내 신분증"…진화하는 정맥 인식 기술

신분증·비밀번호 대신 손바닥…본격화한 생체인증

은행 등 금융권에서의 손바닥 인증이 시작되었다는 헤드라인은 급 관심을 끈다. 은행 이름까지 등장하면 해당 은행 이용자들은 100% 클릭이다.

KB국민은행 전국 영업점서 손바닥 정맥 인증으로 출금한다
"손바닥 인증으로 돈 찾는다" 신한銀 첫 비대면 통장개설·무인 점포 오픈

은행 말고도 공항이나 편의점에서도 손바닥 인증이 시작되었음을 알리는 헤드라인은 관심 독자의 범위를 전 국민으로 확장시킨다.

'손바닥 올리면 통과' 김포공항, 달라진 탑승법
현금·카드 필요 없는 '스마트 편의점'…손바닥으로 결제 끝

엘턴 존의 '로켓맨', 김정은의 '로켓맨'

요즘은 별로 안 쓰는 단어 중에 '용처(用處)'라는 말이 있다. 쓸 용 (用), 곳 처(處), 즉 돈이나 물품 따위를 쓸 곳이라는 뜻이다. 로켓 의 용처는 우주를 개척하고 인류의 꿈을 실현하는 데 있어야 한 다. 그러나 로켓의 용처를 애먼 사람 겁박하고 삥 뜯는 데서 찾는 자도 있다. 가까이에 있다.

사연인즉슨

로켓(rocket)은 로켓엔진의 추진력으로 나는 비행체를 가리킨다. 로켓엔진은 자체 탑재된 추진제를 짧은 시간에 폭발적으로 연소 시켜 추진력(추력)을 얻는다. 비행체가 추진력을 얻는 방법에는 로 켓 말고도 프로펠러와 제트엔진이 있지만, 공기가 없는 대기권 밖 에서도 작동하는 건 로켓뿐이다. 그러니까 현재 인류의 기술 수준 에선 로켓엔진이 인류가 우주로 나가기 위한 유일한 수단이다.

얼마 전 국내에 개봉된 영화 〈로켓맨〉의 제목은 주인공인 엘

170

Fresh

턴 존이 1972년 발표한 동명의 히트곡에서 따온 것이다. 노래의 제목 〈로켓맨〉은 화성 여행에 나선 우주인의 외로움, 향수 등을 다룬 가사 내용과 어울린다. 노래엔 유인우주선 '아폴로 11호'가 1969년 7월 사상 처음으로 달에 착륙하는 등 우주개발이 한창이던 시대상이 반영된 것 같다. 아폴로가 당대 최대 규모의 3단 로켓인 '새턴 5호'의 강력한 추진력으로 달까지 날아갔으니 '우주인=로켓맨' 등식이 어색하지 않다.

(…) 김정은 국무위원장도 한때 로켓맨으로 불렸다. 그러나 이 경우엔 우주개발과 무관하다. 로켓은 탄도미사일의 추진력으로도 쓰임새가 있다. 탄도미사일은 제트엔진으로 추진되는 순항미사일보다 더 빠르게 더 무거운 탄두를 멀리 날려 보낼 수 있는 장점이 있다. 북한이 2017년 미국까지 타격할 수 있는 대륙간탄도미사일(ICBM)을 잇따라 발사하자, 도널드 트럼프 대통령이 이를 빗대 김 위원장을 '로켓맨' 또는 '리틀 로켓맨'이라고 비꼰 것이다. (…)

『한겨레신문』 2019년 6월 12일

─────────── 스치는 생각 ───────────

엘튼 존(Elton John)은 영국의 팝 가수 겸 작곡가, 사회운동가다. 영화와 뮤지컬 음악 작곡가로도 이름을 날렸다. 음반 판매량으로 비틀즈, 마이클 잭슨, 엘비스 프레슬리에 이어 세계 4위를 기록했다고 한다. 대단하다. 1998년에 음악과 자선활동 등에서 공헌

참신한 헤드라인

이 인정되어 기사 작위를 받았으니 엘튼 존 경(卿, Sir)이라 불러야 맞다.

2007년에는 우리나라 배병우 사진작가의 소나무 사진(경주 남산의 소나무를 찍은 흑백사진, 130×260cm)을 "바로 나를 위한 작품"이라며 무려 1만 5천 파운드(약 3천만 원)에 구입했다. 한국 문화 융성과 국부 증진에도 도움을 준 아주 고마운 사람이다.

엘튼 존의 〈로켓맨〉(1972)은 우주에 대한 인간의 환상을 노래한다. 지금의 초등학교가 국민학교였던 시절, 아이들에게 장차 소원을 물어보면 '달나라 여행'이라고 하는 아이들이 제법 많았다. 그만큼 우리는 달을 보고 별을 보며 우주에 대한 폭신한 꿈을 키워왔다. 〈로켓맨〉 가사를 몇 구절 옮겨보면 이렇다.

나는 길고 긴 시간이 걸릴 거라고 생각해 /
나를 다시 데려와 착륙하기 전까진 /
그때면 난 사람들이 생각하는 내가 아닐 거야 /
오 아냐, 아냐, 아냐 / 나는 로켓맨이야 /
여기 위에서 홀로 도화선을 태우는 로켓맨

북한의 김정은 위원장은 로켓을 보면서 다른 꿈을 키워왔던 모양이다. 로켓(과 핵)만 포기하면 오순도순 함께 잘살 수 있다고 아무리 말해도 마이동풍이다. 입장을 바꿔 생각해보면 이해 못 할 바도 아니다(이해와 동의는 다르다. 필자는 친북 아니다). 술만 줄이고 살만 빼면 앞으로 40~50년은 더 최고 권력을 누릴 수 있다(김정은은 84년생). 반면 미국이나 한국은 때 되면 정권이 착착 바뀐다. 기다리기만 하면 판돈이 더 오르고 상대가 지칠 때, 혹은 어리바리한 상대로 교체될 때는 분명히 온다. 비장의 카드는 그때 빼(는 척해)도 늦지 않다. 그래서 비장(秘藏, 비밀스럽게 감춰둠)이다.

그런 그에게 최소한 지금 비핵화를 어르고 달래는 건 아무래도 아닌 것 같다. "너는 비록 싫다고 말해도 나는 너의 마음 알아"(부활, 〈희야〉, 1986) 하면서 자꾸 사귀자고 하니까 못 들은 척 딴청을 부리는 거다. 이젠 여동생을 앞세워 갖은 욕을 하고 히스테리까지 부린다. 급기야 2020년 6월 16일에는 "쓰레기들과 이를 묵인한 자들의 죄값을 깨깨 받아내야 한다는 격노한 민심에 부응"해서 개성에 있는 남북연락사무소를 폭파시켰다. 상을 발로 걷어차는 짓은 정말 해서는 안 된다.

말이 나온 김에 덧붙이자면 북한의 욕은 저잣거리의 욕이 아니다. 북한 노동당 산하 전담조직에서 갈고 닦아 만든 나름 작품이다. 그러니 "여우도 낯을 붉힐 비렬하고 간특한 발상", "절간의 돌부처도 웃길 추태", "삶은 소대가리도 앙천대소할 노릇"처럼 향토적이면서도 주체적인 수작(秀作)이 나오는 거다. 외교적인 예의 따위도 거칠 것이 없다. 미국 오바마 전 대통령은 "아프리카 원숭이", 트럼프 현 대통령은 "늙다리 미치광이"다.

이쯤 해서 우리도 북한에 대한 접근을 객관적으로, 또 현실적으로 수정해야 하지 않을까. "너무 아픈 사랑은 사랑이 아니었음을"(김광석, 〈너무 아픈 사랑은 사랑이 아니었음을〉, 1994) 너무 아픈 다음에 깨닫게 될까 걱정이다.

참신한 헤드라인

같은 재료, 다른 레시피

김정은은 웃으면서 쏘고, 화내면서 쏘고, 숨어서도 쏘고, 대놓고도 쏜다. 이를 전하는 헤드라인은 대개 '쏠 거다', '언제다', '쐈다' 일색이다. 지친다.

北, 엿새 만에 또 단거리탄도미사일 2발 발사

北미사일 낮게 깔려, 韓美日 레이더가 못 잡아

'뭘 쏜 거냐'는 헤드라인은 느낌이 다르다. 대다수 군필자들(특히 공익들)과 일부 밀리터리 덕후들의 클릭이 분주해진다.

北 신형전술유도무기는…단거리 로켓? 순항미사일?

北이 쏜 단거리미사일, 이번에도 이스칸데르급일 가능성

도대체 김정은이 왜 저러는지 원인 분석이 담긴 헤드라인은 미사일에 지친 독자들의 새삼스런 관심을 부른다.

'北·美 갈등'·한미훈련…심기 불편할 때마다 미사일 쏘는 김정은

"김정은, 미사일로 '실무협상'하는 듯" 美전문가

'컨테이너 혁명'의
비극

스티브 잡스의 말처럼 단순함에 힘이 있다. 컨테이너는 심플 그
자체다. 더도 말고 덜도 말고 쇠 깡통일 뿐이다. 그런 컨테이너가
물류혁명을 가져오고 글로벌 경제를 이만큼 키워왔다. 인류의 축
복이다. 그나저나 여기에 어떤 비극이 숨어 있다는 걸까.

사연인즉슨

1954년 미국 뉴욕 브루클린에서 독일 브레머하펜으로 향한 화
물선 S.S 워리어호. 이 배에 실린 5,000t에 이르는 화물은 식품부
터 가정용 제품, 자동차에 이르기까지 다양했다. 품목만도 19만
4,582가지에 달했다. 문제는 이렇게 다양한 물건을 싣고 내리는
일이었다. 운항 기록에 따르면 하역에만 열흘이 걸렸다(팀 하포트
의 『경제학 팟캐스트』).
　하역 때 발생하는 병목현상은 운송 비용과 시간을 엄청나게 잡

아먹었다. 상황이 달라진 건 길이 12m, 폭 2.4m, 높이 2.6m의 주름식 강철 박스가 등장하면서다. 맬컴 매클린이 1956년 만든 컨테이너가 세계 무역의 판도를 바꾼 것이다. 트럭과 쉽게 분리되고 쌓아 올릴 수 있는 표준화한 컨테이너 덕에 운송 시간이 줄고 운송비는 낮아지게 됐다.

'컨테이너 혁명'은 세계 무역 팽창의 신호탄이었다. 국경을 넘어 생산자와 소비자가 더 긴밀하게 연결됐다. 싼값에 다양한 물자를 소비할 수 있게 됐다. 컨테이너 시스템이 자리를 잡으며 재화와 서비스, 인력이 국경을 넘어 오가는 세계화에 가속이 붙었다.

하지만 세계화가 모든 이들의 장벽을 낮춘 것은 아니다. 반세계화의 흐름 속 유럽의 반이민 정책까지 강화되며 밀입국 알선은 거대 산업이 되고 있다. 영국 더 타임스는 유로폴의 자료를 인용해 유럽 내 난민·이주자 밀입국 알선업 규모는 연간 46억 파운드(약 7조 원)로 추산되고 트럭 운전사 등 이에 연루된 사람도 4만 명에 이른다고 보도했다.

비극적 사건도 발생했다. 지난 23일 영국 남부 에식스 산업단지의 한 냉동 트럭 컨테이너에서 39구의 시신이 발견됐다. 밀입국을 시도하다 냉동 컨테이너 안에서 동사했거나 질식사했을 것으로 추정된다. 더 나은 미래를 위해 몸을 실은 컨테이너가 누군가에게 움직이는 관이 된 비극이 슬프다.

『중앙일보』 2019년 10월 28일

지난 2007년 미국의 경제주간지 『포브스』는 '20세기 후반 세계를 바꾼 인물 15인'을 선정했다. 그런데 거기에 말콤 맥린(Malcom McLean)이라는 낯선 이름이 하나 눈에 띈다. 그럴 만도 한 것이 그는 일반인의 삶에 직접적인 영향을 미친 사람은 아니기 때문이다. 그는 수출용 화물선에 차곡차곡 쌓인 강철 깡통, 컨테이너를 발명한 사람이다.

트럭기사로 출발했던 말콤은 화물을 저렴한 값에 대량으로 배송하는 방법을 고민했다. 컨테이너가 없을 당시에는 해운과 육운을 합친 물류비용이 물건 가격에서 차지하는 비중이 너무 컸기 때문이다. 그러던 중 놀라운 생각을 해낸다. 이미 금속으로 된 다양한 크기와 모양의 박스가 있었는데 그것을 물류 전체 과정에 적용하면 좋겠다는 생각을 한 것이다. 부두 창고에서 화물 품목을 일일이 기록하고 사람이 직접 물건을 날라야 했던 복잡한 무역 과정이 컨테이너 도입으로 간편해지고 운송 비용도 크게 줄어들었다. 물류 혁명이 시작된 것이다.

그러나 아무리 획기적인 발명품이라 해도 시장은 즉각 반응하지 않는다. 기존의 거래 관행이나 절차가 한순간에 바뀔 수는 없기 때문이다. 일명 캐즘(Chasm)이다. 컨테이너도 처음에는 대대적으로 보급되지 못했다. 그러던 중 엄청난 물량이 신속하게 해외로 배송되어야 하는 큰 사건이 발생한다. 바로 베트남 전쟁이다. 이를 계기로 말콤 맥린의 컨테이너는 화물운송의 핵심이 된다. 요즘 쓰이는 컨테이너는 크기가 몇 종류로 표준화되어 있는데, 40피트짜리는 길이 40ft(12.2m), 폭 8ft(2.44m), 높이 8.5ft(2.6m)쯤 된다.

헤드라인에서 '컨테이너 혁명'이라고 부른 것은 컨테이너가 가져온 물류 혁명을 의미한다. 거기에 대비되는 '비극'은 컨테이너에 숨어 영국으로 밀입국하려던 베트남인들의 안타까운 사연을 뜻한다(사건 발생 후 처음엔 중국인이라는 오보가 있었다). 밀입국 관련한 사건 사고만으로는 그다지 관심을 끌지 못할 수 있는데, '혁명'과 '비극'을 대비시켜 기사에 무게감을 더했다.

빛과 그늘은 늘 공존하는가 보다. 20세기 인류문명을 일으킨 화석연료가 이제는 지구를 병들게 하는 애물단지 취급을 받는다. 지구를 밝게 빛나게 했던 핵에너지가 이제는 국가 간 갈등을 부추기는 도화선이 되었다. 컨테이너도 그렇다. 어떤 인류에게는 달콤한 선물 상자였지만, 또 다른 인류에게는 칠흑의 쇠 감옥이었다. 누가 그들을 감옥으로 인도했을까. 소설가 김훈의 말처럼 "모든 죽음은 끝끝내 개별적"이다.

——————— 같은 재료, 다른 레시피 ———————

불난 집에 구경꾼 모이듯이 각종 사건 사고를 다룬 헤드라인은 언제나 관심을 모은다.

런던 컨테이너서 시신 39구 발견…'불법 이민 참사' 추정
"−25℃ 트럭에 10시간 넘게…" '英 냉동 컨테이너 사망' 수사 확대

사건이 충분히 충격적이라면, 그다음은 피해자와 가해자가 누구인지에 관심이 집중된다.

"英 냉동 컨테이너 시신 일부, 베트남인 추정"
英 컨테이너 안 '시신 39구'…운전사 살인 혐의 조사

사건의 실체가 밝혀진 후에는 그 배경과 원인에 관심이 간다. 특히 당장에 손쓰기 힘든 구조적인 문제를 암시하는 헤드라인에 클릭이 집중된다.

"컨테이너에서 숨진 39명 凍死한 듯"…산산조각 난 '브리티시 드림'
英 냉동 컨테이너 참사 배경엔…'선 넘는' 베트남 청년들
19년 전에도 58명 숨져…영국서 반복되는 컨테이너 집단사망

참신한 헤드라인

두 남자, 재난과 오락 사이에서 길을 잃다

두 남자가 길을 잃었다. 그것도 '재난'과 '오락' 사이에서 잃었다. 재난 속에서 오락을 찾아야 했는데 그러지 못했단 말인지, 오락에 탐닉하다 재난에 빠졌다는 말인지 도통 짐작이 가지 않는다.

사연인즉슨

260억 원어치의 안타까움이 끓어오른다. 오늘(19일) 개봉하는 〈백두산〉(감독 이해준·김병서)은 올겨울 가장 기대를 모았던 재난 영화였다. 1,000년 동안 잠잠했던 백두산이 폭발하면서 벌어지는 가상의 상황을 그려낸 블록버스터급 작품. 〈신과 함께〉 같은 1,000만 영화를 잇달아 터트린 덱스터픽쳐스와 〈PMC: 더 벙커〉 등을 만든 퍼펙트스톰필름이 CJ엔터테인먼트와 함께 제작했고, 이병헌·하정우·마동석·전혜진·배수지 같은 배우가 한꺼번에 출연했다. 순 제작비만 260억 원. 730만 명 정도가 봐야 손익분기점을 넘는다.

18일 기자 시사를 통해 공개된 〈백두산〉의 초반부는 나쁘지 않다. 대한민국 관측 역사상 최대 규모로 백두산이 폭발하면서 한반도가 마비된다. 청와대는 백두산이 연쇄 폭발하는 것을 막기 위해 지질학 교수 강봉래(마동석)가 내놓은 이론을 바탕으로 작전을 짜서 특전사 대위 조인창(하정우) 등을 북한으로 몰래 투입한다. 이 특전사 부대는 북한 무력부 소속 리준평(이병헌)과 접선, 백두산 폭발을 막기 위한 비밀 작전을 시작한다.

시각효과로선 국내 1위인 덱스터가 시각특수효과(VFX)를 맡은 덕에 보는 쾌감이 적진 않다. 고층 빌딩이 내려앉고, 도로가 붕괴하고, 솟구치는 한강이 물보라를 일으키는 장면에선 토종 기술의 진보를 실감할 수 있다. 문제는 그 후다. 영화는 함부로 터져버린 마그마처럼 흘러간다. 백두산이 폭발하자마자 서울 강남 한복판의 모든 건물이 내려앉고 있는데, 정작 평양 시내는 잠잠한 건 영화적 장치라고 치자. 대한민국 특전사 부대는 우왕좌왕하는 오합지졸처럼 그린 반면 북한의 리준평은 매처럼 날렵하고 여우처럼 노련한 것도, 미국과 중국을 무너져가는 한반도를 구하려는 군사작전에 끼어들어 찬물을 끼얹은 역사적 훼방꾼처럼 그린 것도 오락적 요소로 넘길 수 있다.

〈백두산〉에서 가장 안타까운 점은 이렇듯 웬만한 개연성이나 인과관계, 정치·역사적 균형을 무시하고 완성한 결과물이 기대만큼 재밌진 않다는 데 있다. 눈 높기로 소문난 한국 관객을 만족시

참신한 헤드라인

킬 정도로 차지고 쫀쫀하지 않다. 금방이라도 한반도가 잿더미가
될 일촉즉발 상황에서 끼어드는 리준평과 조인창의 농담은 오히
려 박진감을 낮추고, 이 주인공들이 엉키며 빚어내는 화학작용은
용암처럼 뜨겁지 않다. (…)

『조선일보』 2019년 12월 19일

─────────── 스치는 생각 ───────────

거의 대부분 범죄 영화에 등장하는 낯익은 장면 하나. 심증은 가
는데 물증은 없다. 열혈 형사는 영화의 중반부를 통틀어 물증을
찾아 나선다. 그러다 보면 누구나 지나치기 쉬운 아주 사소한 곳,
예를 들어 옷에 붙은 보풀이나 하수구에 버린 손톱 조각에서 물증
을 찾아낸다. 그다음은 뻔하다. 물증 앞에서 잠시 휘청대던 범죄
자가 갑자기 형사에게 대든다. 그러다 맞는다. 몇 대를 뭐로 맞느
냐의 차이만 있다. 죽을 듯이 맞으면 잔인한 리얼리티, 한두 대 맞
고 말면 엉성한 플롯이다.

뻔한 전개를 알면서도 사람들은 스릴러나 스파이 영화에 빠져
든다. 영화의 서사를 누가 요리하느냐가 중요하기 때문이다. 이
병헌과 하정우면 일단 합격. 두 배우가 지금까지 국민들에게 준
즐거움과 감동을 생각하면 가산점만으로도 합격이다.

허나 모든 영화가 천만 관객을 동원할 수는 없다. 병살이 나와
야 안타가 나오고 그래야 가끔 홈런도 나오는 법. 〈백두산〉이란

영화에 대한 평가는 사람마다 다르겠지만 헤드라인만큼은 홈런성이다. 영화가 좋다, 나쁘다가 아니라 영화가 흥행하지 못(했다고 판단)한 이유를 '재난과 오락 사이에서 길을 잃다'고 표현했다. 재난토(兎)와 오락토(兎), 두 마리 토끼 사이에서 허둥지둥했을 두 배우의 마음까지 전해진다.

흥행을 못 했다면 이유는 뭘까? 아마도 부담감 때문이었으리라. 감독, 배우는 물론 관객들까지 청와대, 평양, 미국, 중국 등의 단어를 접하면 호흡이 거칠어진다. 거기다 민족의 영산 백두산까지 나왔으니 말 다했다. 이 벅찬 재료들을 영화 한 편에 쏟아 넣고 비빌 재주는 없다. 쿠엔틴 타란티노 감독이라면 비비다 지쳐서 총질을 해댔을 거고, 마틴 스콜세이지 감독이라면 딱 두 가지만 골라 집중적으로 비볐을 거다.

예비군 훈련 때 가보면 국방부 홍보 영화를 틀어준다. 의외로 대작이다. 한 사람의 인생이 거기에 다 녹아 있다. 평상시에는 든든한 가장, 효도하는 아들, 따뜻한 이웃이다. 그러다 유사시엔 내 고장과 내 나라를 지키는 멸공의 기수, 배달의 방패가 된다. 이 많은 역할을 혼자 다 해야 하지 말입니다. 생각만으로도 힘들다. 그래서 다들 자는 거다.

같은 재료, 다른 레시피

신작 영화가 개봉하면 당연히 관객 수에 초점을 맞춘다. 다만 관객 수만 스~윽 확인하고 클릭 없이 넘어갈 수 있다.

'백두산', 화력 강하다…개봉 10일만 520만 명 돌파
백두산 개봉 13일째 600만 돌파…'국제시장'보다 빠르다

    영화의 주연, 조연에 대한 이야기가 나오면 열성 팬들을 필두로 분주히 클릭한다. 인터뷰 기사는 물론이고 그 배우가 변신해 온 과정, 영화 속 비하인드 스토리, 차마 말 못 할(것 같지만 결국 하고야 마는) 이야기까지 보이면 무조건 더블 클릭.

'백두산' 하정우 "이 영화 내 존재감? 화산재 한 톨 수준"
'백두산' → '남산의 부장들', 변신 꾀하는 이병헌
배수지, '백두산' 500만 감사…수수해도 빛나는 리얼 '큐티쁘띠'

    영화에 나온 스토리가 실제 현실에서 가능한지를 다룬 헤드라인도 인기를 끈다. 혹자는 이런 기사 내용을 잘 외워놨다가 나중에 술자리 토크를 주도하려 한다(영화 〈쥬라기 공원〉에 미쳤던 전직 상사는 공룡 전문가가 되었다).

北 침투해 ICBM 해체한 하정우…현실서 '백두산' 뜯어봤다
백두산 폭발로 대규모 지진?…영화 속 재난 가능성은
영화에선 강남대로가 붕괴…백두산 분화로 인한 지진 피해 어디까지?

의리 위에 실리…
삼성·LG의 '프레너미'

프레너미는 분명 프렌드(Friend, 친구)와 에너미(Enemy, 적)의 합성어일 텐데 둘 중 어디에 방점이 찍히는지 모르겠다. 친구가 드디어 적으로 돌아선 건지, 적이 웬일로 친구가 된 건지 궁금하다.

사연인즉슨

삼성전자와 LG전자는 오랜 맞수다. 40여 년간 국내외 휴대폰과 가전 시장에서 치열한 경쟁을 벌였다. 지금도 TV 화질과 표준을 두고 기 싸움을 펼치고 있다. 숙적 관계인 탓에 서로 부품을 교환해 사용하지 않았다. 두 회사 모두 각각의 계열사에서 부품을 조달하는 게 일반적이었다.

이런 '내 식구 챙기기' 관행이 변했다. "품질이 우선"이라며 삼성전자는 잇따라 최신 스마트폰에 LG 배터리를 쓰고 있다. LG전자는 삼성 이미지센서를 휴대폰에 넣고 있다. TV와 반도체로도 삼성과 LG의 협력 범위는 확대되는 추세다. 경쟁 일변도였던 삼성과 LG의 관계가 프레너미(frenemy, 친구와 적의 합성어)로 바뀌고 있다는 평가가 나온다.

(…) 삼성과 LG가 협력 범위를 넓히는 것은 품질 우선주의 때문이다. 빠르게 변하는 정보기술(IT) 세계에서 경쟁력을 확보하려면 철저히 부품의 성능을 따져야 한다는 이야기다.

위험을 줄이려는 심리도 삼성과 LG가 손잡는 요인 중 하나다. 삼성전자는 2016년 배터리 결함으로 갤럭시노트7 발화사고를 겪었다. 당시 그룹 계열사인 삼성SDI와 중국 ATL로부터 배터리를 공급받았다. 이후 갤럭시노트9 출시 때부터 품질을 지키기 위해 중국 ATL 제품은 배제했다. 대신 일본 무라타 등 다른 업체로 거래 범위를 넓혔다. 그러다 올 하반기에 나온 갤럭시노트10부터 무라타 대신 LG화학 배터리 물량을 늘려 왔다. 한·일 관계 악화로 소재·부품의 국산화 바람이 확산된 게 영향을 미쳤다는 관측이 나온다. (…)

『한국경제신문』 2019년 12월 25일

───────── 스치는 생각 ─────────

곰에 쫓기던 두 사람이 있었다. 곰과의 거리가 점점 더 좁혀지자 한 명이 다른 한 명에게 절망적으로 외쳤다. "다 쓸데없어. 우리는 절대 곰보다 빠르지 못해." 다른 한 명이 대답했다. "아니야, 난 너보다 빠르기만 하면 돼."

경쟁이 이렇다. 죽고 살기로 뛰어야 한다. 문제는 곰의 식성이 한 명으로는 양이 차지 않을 경우다. 결국 시간 차로 둘 다 죽을 운명이라면 힘을 합쳐 마지막 일격을 준비하는 게 낫다.

기사 내용을 보면 삼성과 LG 두 그룹이 각자의 계열사에 대한 '의리'보다 품질이 뛰어난 경쟁사 부품을 쓰는 '실리'를 택했다는 내용이다. 프레너미는 결국 적에서 친구로 바뀐 상황을 뜻한다. 사자성어로 오월동주(吳越同舟)쯤 되겠다. 중국 춘추시대에 서로 적국이었던 오나라와 월나라 병사들이 강을 건너기 위해 같은 배를 탔던 데서 유래한다. 우리말 표현으로는 좀 더 노골적으로 '적과의 동침'이다. (솔직히 '적과의 동침' 표현은 사실 좀 조심스럽다. 과거 관계를 '적'으로 단정 짓는 것도 그렇거니와 앞으로의 '동침'이 야기할 배타성 시비도 개운치 않다.)

지금은 물론 덜하겠지만 한동안 우리 기업들끼리 제 살 깎아먹는 출혈경쟁에 빠지는 경우가 종종 있었다. 특히 해외 수주할 때 많이 그랬다. 경쟁에 영혼이 먹히면 이런 일이 벌어진다. 중국은 틈만 나면 우리 기업들을 옥상으로 불러내 일진 행세를 하고, 일본은 한번 삐지면 샤프심조차 절대 빌려주지 않는 얌체다(예전에 지우개 훔쳐 간 건 시치미 뗀다). 미우니 고우니 해도 이럴 때 믿을 건 말 통하는 동네 친구밖에 없다. WTO(국제무역기구)가 두 눈 시퍼렇게 뜨고 있는 글로벌 시대에 담합은 안 되겠지만 최소한 우리 기업끼리는 경쟁心(심) 대신 경쟁力(력)을 위해 같이 가야 한다.

프레너미가 콩글리시인 줄 알았는데 혹시나 해서 찾아보니 사전에 떡하니 나와 있다. 그런데 네이버 어학사전의 설명이 오묘하다.

> 프레너미(Frienemy)：친구처럼 보이지만 실제로는 친구인지 적인지 모호한 상대. 장난으로 공격적인 행동을 하는 친구, 자신에게 유리할 때만 친근하게 대하는 사람 등을 두루 가리킨다.

이게 뭔 소리일까. 오늘 동침한 어제의 적과 내일 살림을 차리게 될 수도 있지만, 새벽 어스름에 칼 맞을 수도 있다는 말인가. 아, 역시 경쟁은 피곤하다.

게임이론을 보면 죄수의 딜레마(Prisoner's Dilemma)가 나온다. 죄수 2명이 각기 따로 취조를 받는 과정에서 이기심에 눈이 어두워져 결국 배신의 길을 택한다는 이야기다. 둘 다 함구하면 혐의 불충분으로 풀려나올 수 있었는데도 그렇다. 비단 죄수만의 이야기가 아니다. 기업이나 단체 등 우리 사회에는 서로 협조하면 모두에게 득이 될 수 있는 상황임에도 근시안적 욕심 때문에 기회를 놓치는 경우가 허다하다.

희망은 있다. 로버트 액설로드(Robert M. Axelrod)나 아나톨 라포포트(Anatol Rapoport) 같은 게임이론 학자들이 수학적으로 입증한 바에 따르면 게임이 여러 차례 반복되기만 하면 죄수의 딜레마를 극복할 길이 생긴다. 팃포탯(Tit for tat) 전략이 그것인데, 상대방이 협력하면 나도 협력하지만 만일 배신하면 단호하게 응징

하는 일종의 '눈에는 눈, 이에는 이' 전략이다. 결국 명확한 게임의 룰을 가지고 관계가 지속되기만 한다면 협력과 상생이 가능하다는 뜻이다. 지금 우리 산업계가 추구하는 산업생태계 강화 노력도 같은 맥락에서 이해할 수 있다.

같은 재료, 다른 레시피

삼성, LG 두 그룹 간 협력 소식을 전하는 헤드라인이 눈에 많이 띈다. 워낙 한국의 간판 기업들이므로 많은 사람들의 관심이 모인다.

삼성·LG전자, 협력·콘텐츠 확대…'8K TV' 생태계 마련 총력

르노삼성-LG화학, 전기차 폐배터리 ESS 개발 사업협력

LG-삼성, 'TV 전쟁' 휴전하나…CES '상호비방' 금지

예의 '적과의 동침'을 선택한 헤드라인도 많다. 필자가 뽑은 헤드라인처럼 '프레너미'를 살린 헤드라인들도 눈에 띈다.

적과의 동침?…LG, 삼성에 TV용 LCD 패널 공급 가능성

삼성, '프레너미'의 진화…LG와도 협력 '무게'

카를로스 곤의
확률 게임

경영은 확률이다. 경영자는 매일매일 부딪치는 수많은 의사결정 상황에서 리스크를 감내하고 배팅을 한다. 결과는 장담하지 못한다, 그래서 확률이다. 일본 닛산 자동차를 기사회생시켰던 카를로스 곤(Carlos Ghosn) 회장이 이번에는 무슨 확률에 도전한 걸까.

사연인즉슨

1%보다 높을 확률은 얼마나 될까. 일반적으로 1%라면 매우 낮은 확률에 속한다. 100번 가운데 1번 나올 정도의 '가능성'이란 의미이기 때문이다. '확률과 게임이론'은 불확실성을 제거하는 구조다. '운'에 의존하는 게 아니라 어떤 사건(event)의 실험 횟수를 무한히 늘려 극한도수(limiting frequency)에 접근시킬 때 나오는 가능성을 의미한다. 주사위를 굴려 특정 숫자가 나올 확률이 16.67%인 것과 같다.

확률 이야기를 꺼낸 건 '희대의 탈주극'을 벌인 카를로스 곤 전 르노·닛산 얼라이언스 회장이 8일 기자회견에서 한 말 때문이다. 그는 "일본의 형사사건 유죄율은 99.4%이며, 피의자의 방어권을 제대로 보장하지 않는다"고 했다. 또 "일본 검찰은 하루에 수 시간씩 변호사도 동석하지 않은 상태에서 자백을 강요한다"고 주장하기도 했다. 그의 말은 사실이다

(…) 웬만하면 구속되고, 구속되면 나오기 힘든 셈이다. 미국 뉴욕타임스는 지난해 2월 '카를로스 곤이 일본의 정의와 맞닥뜨리다'란 칼럼을 통해 "99%의 유죄율과 자백 없이 보석 허가를 내주지 않는 일본의 사법시스템에 많은 이들이 의문을 제기한다"고 썼다. 민간군사기업까지 동원한 탈주극의 확률이 1%보다 높다면 여기에 '배팅'하는 게 놀라운 일은 아니다.

(…) 곤이 게임이론을 공부했거나 '수학적 기대'를 계산해 탈주를 결심했을 리는 없다. 하지만 유죄가 확정되면 최대 15년형이 유력한 상황에서 어떤 선택을 했을지는 쉽게 미뤄 짐작할 수 있다.

『중앙일보』 2020년 1월 10일

스치는 생각

카를로스 곤은 프랑스 르노와 일본 닛산의 합병 후, 닛산의 구조조정을 성공적으로 지휘한 인물이다. 특유의 카리스마 리더십으로 일본에서 인기도 많았다. 줄곧 화려한 스포트라이트를 받았던

참신한 헤드라인

그가 어느 날 배임 혐의로 일본 검찰에 기소되자 그 배경에 대해 여러 가지 추측이 난무하기도 했다. 그랬던 그가 이번에는 첩보 영화처럼 일본을 탈출해 화제다. 탈출 소식을 전하는 비슷한 류의 스트레이트 기사가 쏟아져 나왔는데 '확률 게임'이라는 헤드라인이 눈에 확 띈다.

카를로스 곤 회장에 대한 전·현직 닛산 직원들의 평가는 극단적으로 갈린다. 먼저 찬양파. 그는 문 닫을 위기에 놓였던 닛산을 기사회생시킨 구세주였다. 코스트 킬러(Cost killer)라는 별명처럼 감원과 공장 폐쇄 등 당시 일본 자동차 업계 관행으로는 상상하기 어려운 구조조정을 성공적으로 완수해냈다. 프랑스 르노 본사와 일본 닛산 사이의 미묘한 입장 차이도 매끄럽게 조율한 것으로 알려졌다.

다음은 증오파. 카를로스 곤은 닛산 내에서 거의 왕과 같은 태도를 보였다고 한다. 회사가 어려운 와중에도 혼자 고액 연봉을 챙겼고, 한 달 중 길어야 한 주 정도만 일본에 체류하고 나머지는 뉴욕이나 파리에 머물렀던 점도 비난 대상이다. 급기야 전처와의 막대한 이혼 소송 자금뿐 아니라 베르사유 궁전을 빌려 재혼할 때도 회삿돈을 유용한 것 아니냐는 의심까지 받고 있다(베르사유 궁 피로연 비용으로 5만 유로, 한화로 약 7천만 원을 썼다).

그가 돈에 눈이 먼 탐욕스러운 경영자였는지, 아니면 궂은일 끝낸 후에 토사구팽 당한 비운의 경영자였는지는 모르겠다. 어쩌면 둘 다일 수도 있겠다. 아무튼 가난한 레바논계 출신으로 거대 기업의 CEO 자리까지 꿰찬 그의 풍운아 기질이 이번에 어떤 매듭을 지을지 궁금하다. 곤 회장은 일본을 탈출해 레바논의 수도 베이루트에 도착하자마자 기자회견을 자청했다. 그리고는 자신은 결백하며 닛산의 임원들과 일본 검찰이 진실을 조작했다고 폭로했다. 그 긴박한 순간에 기자회견까지 생각해놓은 곤 회장은 진정 뉴스메이커다.

오래전 일본철도회사(JR)의 광고 카피 중에 '돌아오는 당신이 최고의 선물입니다'라는 뭉클한 카피가 있었다. 가족이나 사랑하는 사람의 품으로 돌아오라는 의미인데, 돌아올 때도 떠날 때와 마찬가지로 JR 기차를 이용하라는 권유가 야단스럽지 않게 은근하다. 일본인의 상냥하고 따뜻(해 보임직)한 태도를 잘 표현했던 카피로 기억된다. 그런데 카를로스 곤은 이 카피를 듣더라도 돌아오지 않을 것 같다. 얼마나 정나미가 떨어졌으면 콘트라베이스 가방에 몸을 숨겨 첩보영화의 한 장면처럼 일본을 떠났겠는가.

─────── 같은 재료, 다른 레시피 ───────

카를로스 곤의 영화 같은 탈출극은 기자에게는 단비, 독자에게는 여우비(해 뜬 날 내리는 비) 같다. 기자는 늘 뉴스에 목말라 있고, 독자는 곤을 닛산의 영웅으로 기억하니까.

카를로스 곤의 '대탈출극' 도대체 어떻게…"악기 케이스에 숨어 출국?"
한꺼풀씩 베일 벗는 카를로스 곤의 영화 같은 일본 탈출기

참신한 헤드라인

사건이 진정되면서 도대체 왜 그랬는지에 대한 헤드라인들이 보인다. 그렇지 않아도 언제 뜨나 하며 기다렸었다.

곤 전 회장 "위법한 출국 맞지만⋯日 사법제도에 질려"
카를로스 곤이 벗긴 日의 '가면'

이번 탈주극을 소재로 게임이 제작된다는 뉴스도 있는데 '곤 이즈 곤'이라는 헤드라인(이자 게임 타이틀)이 기가 막힌다. 카를로스 곤(Ghosn)이 가버렸다(gone)는 뜻이렷다. 스틸하트라는 헤비메탈 밴드의 히트곡 〈시즈곤(She's gone)〉(1990)할 때 바로 그 곤(gone)이다.

'곤 이즈 곤'⋯탈주극 주제로 日서 게임 제작

기생충,
세계영화사의 선을 넘다

봉준호 감독이 뭔 일낼 줄 진즉에 알았다. 〈살인의 추억〉(2003) 때 이미 알아봤다. 아니나 다를까 배우 송강호와 함께 〈괴물〉(2006), 〈설국열차〉(2013)에 이어 이번에 〈기생충〉(2020)으로 만루 홈런을 쳐 버렸다. 헤드라인에 담긴 '세계영화사의 선을 넘다'는 표현이 예리하다. 아는 사람은 안다. 〈기생충〉에 담긴 '선'의 미학(美學)을.

사연인즉슨

봉준호 감독의 영화 〈기생충〉이 한국 영화를 넘어 세계 영화 역사를 새로 썼다. 〈기생충〉은 9일(현지 시각) 미국 로스앤젤레스 할리우드 돌비극장에서 열린 제92회 아카데미 시상식에서 최고 영예인 작품상을 비롯해 감독상·각본상·국제영화상(옛 외국어영화상)까지 모두 4개의 트로피를 안으며 시상식의 주인공이 됐다. 비영어권 영화가 작품상을 받은 건 아카데미 92년 역사상 처음이다.

  (…) 미국이나 유럽 영화가 아닌, 세계 영화계의 변방으로 취급

받던 한국 영화가 칸영화제와 아카데미상의 노른자에 해당하는 상을 동시에 차지한 건 일대 사건이라 할 만하다. 단순히 한국 영화 역사를 새로 쓴 것만이 아니라 세계 영화 흐름의 물꼬를 새로 텄다는 것이다. 정성일 평론가는 "작품상·감독상·각본상을 다 받았다는 것은 이견의 여지없이 그해 최고의 영화라는 뜻이다. 자막을 읽기 싫어하는 미국에서 비영어권 영화가 이런 성과를 냈다는 건 한국 영화의 경사를 넘어 세계영화사를 다시 쓴 기념비적 '사건'이다"라고 풀이했다.

〈기생충〉의 수상은 아카데미의 변화를 상징하는 단면이라는 해석이 나온다. 윤필립 평론가는 "〈기생충〉의 주요 부문 수상에서 불평등이 기저에 깔릴 수밖에 없는 지역 영화상의 한계를 극복하고자 하는 아카데미 회원들의 의지를 엿볼 수 있다"고 말했다. 미국 일간지 〈뉴욕타임스〉도 "올해 아카데미는 수상작 투표에서 '다양성'으로 나아갔다"고 평가했다. 그동안 백인들이 만들어온 '화이트 스토리'와 전통 영화문법에 대한 숭배와 편향에서 벗어나 8천여 명의 투표자가 '미래'를 포용했다는 뜻이다. (…)

『한겨레신문』 2020년 2월 10일

스치는 생각

영화 〈기생충〉의 쾌거에 나라가 한동안 들썩들썩했다. 당연히 뉴스와 온라인 게시글이 넘쳐 났는데 그중 눈에 띄는 것이 〈기생충〉

은 선(線)에 대한 영화라는 날카로운 지적이다. 〈기생충〉에 등장하는 인물들 모두 얼마간 선을 넘은 사람들이다. 영화에 선은 도처에 깔려 있다.

우선 첫 화면에 등장하는 기태(송강호 분) 가족의 반지하방은 지표면이라는 선 아래 위치한 지하 공간의 경제적 빈곤을 상징한다. 아들 기우(최우식 분)가 박사장(이선균 분) 딸 과외 교사로 처음 출근했을 때, 1층 거실에서 2층 방으로 올라가는 계단이 굵은 기둥으로 양분되어 있다. 신분상승의 헛된 꿈으로 가는 또 다른 선이다. 기태가 운전기사 면접을 보기 위해 박사장 사무실을 찾아 기다리고 있을 때 박사장이 앉은 공간과 기태가 기다리는 공간 사이의 유리창에 선이 비친다. 비록 두 사람의 모습이 한 화면에 잡힐지라도 결코 범접해서는 안 되는 사회적 지위를 구분하는 선이다.

'선을 넘다'의 사전적 의미는 '어떤 한계나 한도를 넘다'이다. 우리 사회엔 너무 많은 보이지 않는 선이 있다. 마치 첩보영화에 나오는 적외선 레이저 그물망 같다. 이 중 어떤 선은 스치기만 해도 '모난 돌'이 되어 '정을 맞는다'. 어떤 선 앞에서는 '알아서 기어야 한다'. 선이 몇 개나 있는지, 어디에 있는지를 깨닫기까지는 오랜 숙고와 시행착오가 필요하다.

국민그룹 지오디(god)도 선을 못 찾아 힘들었음에 분명하다. 그렇지 않고서야 촛불 하나 켜 놓고 이런 노래를 불렀을 리 없다 (지오디, 〈촛불 하나〉, 2000).

197

그럴 때마다 나는 / 거울 속의 나에게 물어봤지 /

월 잘못했지 도대체 내가 / 무얼 잘못했길래 내게만 이래 /

달라질 것 같지 않아 / 내일 또 모레

철이 들고 사회인이 된다는 것은 위아래로 늘어지고 전후좌우로 펼쳐지는 선들을 분간하는 눈을 배우는 것이다. 끝내 선을 못 찾는 몇몇 사람은 주변의 극진한 '관심'을 받게 된다.

그나저나 기태는 왜 나름 매너 있는 박사장을 죽여야 했을까. 늘 그렇지만 영화는 스스로 던진 어려운 질문에는 답하지 않는다. 추측컨대 선을 넘어서 아닐까? 선은 단호하면서 상대적이다. 이쪽에서 '넘어가도' 안 되지만 저쪽에서 '넘어 들어와도' 안 되는 것이 선이다. 마지막 가든 파티 장면에서 쓰러진 근세(박명훈 분)에게서 나는 냄새에 얼굴을 찌푸린 박사장의 행동을 기태는 선을 넘는 무례함으로 받아들인 건 아니었을까.

〈기생충〉은 참 여러 각도에서 여러 생각을 하게 만드는 영화다. 영화는 삶의 거울이다. 평상시 무심코 지나쳤거나 드러내지 못했던 불편한 진실들을 곱씹어 보게 만든다. 〈기생충〉류의 영화를 보고 나면 스스로 한층 더 고상해지는 기분까지 든다. 제2, 제3의 〈기생충〉이 기다려진다. 아, 물론 영화 편식은 금물이다. 류승룡, 이하늬가 나오는 〈극한직업〉(2019)류의 영화도 골고루 보면서 '나는 왜 진작에 수원왕갈비통닭을 생각 못 했을까' 같은 실존적 질문을 던져봐야 한다. 그래야 삶이 풍성해진다.

——— 같은 재료, 다른 레시피 ———

〈기생충〉의 아카데미 수상은 2002년 월드컵 이후 국가의 최대 경사였다. 물론 사람마다 생각은 다를 수 있다. 88올림픽 이후 최대 경사라고 생각하시는 분도 있고, 해방 이후 최대라고 하시는 분도 있다. 그래서인지 〈기생충〉과 미세먼지만큼의 관련만 있어도 모든 기사가 핫클릭이다. 굳이 헤드라인을 구분하자면 다음과 같다.

아카데미 수상 소식을 알리는 헤드라인은 사실 자체에 충실해야 하기 때문에 다소 드라이하다. 그럼에도 재료가 재료인 만큼 자동 클릭이다.

영화 '기생충', 제92회 아카데미 시상식 아시아 최초 4관왕 쾌거

신기록 쓴 한국 영화 '기생충'…4관왕에 최초 또 최초

'역사를 썼다'는 헤드라인도 많이 보이는데 너무 익숙한 표현이다 보니 여타 헤드라인과의 차별성은 좀 약할 수 있다. '깃발을 꽂았다'는 표현은 10~20대들에게는 다소 생경하지 않을까 싶다.

'기생충', 작품상까지 4개 트로피…오스카 역사 새로 썼다

기생충, 세계 '영화산업 중심부' 깃발 꽂다

자화자찬하기 좀 그러니까 남의 입을 빌려 칭찬하는 헤드라인도 보인다. 주로 우리보다 형편이 낫다고 생각되는 서구권의 입

을 빌린다. 의도는 알겠는데 효과는 모르겠다(길을 가는데 한국보다 후진국스러운 동남아나 아프리카 리포터가 다가와서 이번에 부탄 혹은 소말리아가 무슨 대회에서 1등을 했는데 어떻게 생각하냐고 묻는다면 뭐라 하겠나. 부탄과 소말리아에 개인적 원한이 있지 않는 한 대개는 놀라움과 부러움 MSG를 잔뜩 넣어 "와 대단해요, 진짜 축하해요"라 하지 않을까).

영화 강국 프랑스, 부러움 섞인 찬탄…"영화사 뒤엎었다"
'기생충' 4관왕, 구글 CEO도 감격…"역사적이다"

아카데미 수상의 이유와 의미에 대해 넌지시 힌트를 담으면 이참에 평론가 수준의 안목을 초단기 마스터하려는 독자들에게 100% 먹힌다.

아카데미, 왜 '기생충'에 끌렸나…공감·공간 그리고 자막
NYT "기생충 오스카 정복했다, 백인 일색 벗는 역사적 승리"

CJ는 아카데미 수상의 숨은 조력자이자 이미 오래전부터 엔터테인먼트라는 황무지를 개척해온 문화기업이다. CJ가 만드는 식료품의 맛과 영화라는 콘텐츠의 맛을 은근히 버무리면 멋진 헤드라인이 만들어진다.

'기생충 영광' 뒤엔 뚝심투자 CJ 남매
CJ '한국 콘렌츠의 맛' 미국에 띄운다

美 "가지마" 中 "오지마"
…기피국 된 한국

코로나19 사태가 숨가쁘게 전개되면서 못 볼 꼴 많이 봐야 했다. 특히 외국인 입국을 허용할지 말지를 놓고 국가별로 각양각색의 모습을 보였다. 이런 걸 꼴불견(不見)이라고 해도 될까. 외국인 출입국을 놓고 펼쳐진 여러 국가들의 야단법석을 '가지마', '오지마'로 표현했다.

사연인즉슨

한국의 신종 코로나바이러스 감염증(코로나19) 확진자가 일본을 넘어서 중국 다음이 됐다. 미국 질병통제예방센터(CDC)는 한국에 대한 여행경보를 3단계로 격상하고 "불필요한 여행을 자제하라"고 경고했다. 중국에선 비행기를 타고 중국에 입국한 한국인을 강제 격리하고 있다.

(…) 미 CDC는 24일(현지 시간) 한국 관련 여행경보를 2단계에서 3단계로 올렸다. CDC 여행경보는 1단계 '일반적 주의', 2단계

'각별한 주의', 3단계 '불필요한 여행 자제'로 나뉘는데 한국을 최고 위험 등급에 올린 것이다. (…) 프랑스 정부도 25일 한국 여행경보를 기존 1단계(정상)에서 3단계(여행 자제)로 격상했다.

(…) 코로나19 확산에 따라 한국으로부터의 입국을 제한하는 나라도 늘고 있다. 외교부에 따르면 25일 오후 2시 현재 한국발 입국을 금지하거나 입국 절차를 까다롭게 한 나라는 총 24개 지역(국가 또는 자치령)이다. 나우루, 키리바시, 바레인, 요르단, 이스라엘, 모리셔스, 사모아, 홍콩 등 8곳은 한국발 외국인 입국을 금지했다.

(…) 대만도 24일부터 한국에 대한 전염병 등급을 최고 수준인 3단계로 격상하며 불필요한 여행 자제를 권고했다. 독일, 호주, 뉴질랜드, 캐나다, 이스라엘 등도 한국 또는 대구·청도에 대한 여행경보를 상향했다.

『한국경제신문』 2020년 2월 25일

스치는 생각

우리나라 언론은 대체로 묵직하다. 헤드라인도 '항상 근엄', '자주 심각', '때때로 비장'이다. 하긴 언론의 역할이 웃고 떠드는 데 있지 않고 이슈 제기와 규명에 있으니 그럴 만도 하다. 그렇지만 헤드라인이 포고령이나 선언문 제목이 아닌 이상, 가끔씩은 독자의 긴장을 풀어줄 필요도 있다. 특히 코로나19로 인한 입출국 문제처럼 이미 충분히 골치 아픈 국면을 약간은 캐쥬얼하게 보여준다면 당근 클릭이다. '가지마, 오지마'처럼 말이다.

코로나 초기에 우한발 입국을 허용하느냐 마느냐로 한참 시끄러웠다. 정치, 경제, 사회, 외교, 안보 등이 겹겹이 얽힌 이런 문제는 고차원의 정책 영역이다. 정부가 그래서 필요한 거고 우리 정부도 고뇌 끝에 어려운 결정을 내렸을 것으로 믿는다. 우리 집에 왔으니 너희 집에 가겠다든지, 오는 사람 막지 않았으니 가는 사람도 막지 말라는 주장은 외교적 핀트를 빗나갔다. 호혜를 강제할 수는 없는 노릇이니까.

한 가지 짚어 봐야 할 점이 있다. 외교는 의리가 아니라 실리에 기반해야 한다는 사실이다. 동네 불량배들은 종종 으슥한 장소에서 '우리 사이좋게 한 대씩 때리자. 피하기 없기다' 식의 주먹다짐을 한다. 상남자 스타일이다. 외교는 다르다. '우선 나 먼저 때릴게' 해야 한다. 먼저 때린 후에 사과하고 없던 일로 하는 것도 때론 외교의 일부분이다. 서희 장군처럼 말이다.

고려 성종 때인 993년, 서희 장군은 고려를 침입한 거란 장수 소손녕을 외교 담판으로 몰아내고 압록강 이남의 땅 강동 6주를 얻었다. 우리 입장에서는 외교의 쾌거다. 그런데 거란은 서희 장군의 말재주(?)에 깜빡 넘어가 거의 손에 들어온 평양 이북의 땅을 포기해야 했다. 거란 입장에서는 흑역사다. 그렇다고 우리가 거란에 미안할 필요는 없지 않은가.

정부의 코로나 외교가 철저히 실리에 기반했을 거라고 믿는다. 이미 진행 중인지는 모르겠으나 코로나가 종식된 후에 발간될 코로나 백서(白書)에서 정부의 외교적 고민과 결단 배경에 대해 국

참신한 헤드라인

민에게 설명해주면 좋을 것 같다. 잘한 부분은 더 공고히 하고, 일부 부족했던 부분들은 만회하면 된다. 그래야 K방역이 또 하나의 한류로 자리 잡을 수 있다.

같은 재료, 다른 레시피

우선 '오지마'에 해당하는 헤드라인. 한국인 입국 금지를 선언한 국가들이 날이 갈수록 늘어난다는 소식을 전한다. 단순히 입국 금지를 전하기보다 '유엔 회원국의 4분의 1'이나 '세계 절반' 등으로 표현하면 전체적인 윤곽을 파악하는 데 훨씬 도움이 된다.

> '한국발 입국' 통제 국가 50곳으로 늘어…유엔 회원국의 4분의 1
> 우리는 중국 안 막았는데…세계 절반 "한국발 입국금지·제한"

다음은 '가지마'에 해당하는 헤드라인. 한국 방문을 제한하는 국가가 시시각각 변하기 때문에 매번 기사를 읽어볼 엄두가 안 난다. 마지막 헤드라인에서처럼 외국인 입국자가 얼마나 줄었는지를 보여주면 사태 파악이 한결 수월해진다.

> 美, 한국 여행경보 3단계로 격상…"불필요한 여행 자제"
> 코로나 공포에…외국인 입국자 80% '뚝'

'품절'이라 쓰고
'배송문제'라고 읽는다

언제부터인지 몰라도 '~라 쓰고 ~라 읽는다'는 표현이 부쩍 늘었다. 최소한 아직까지는 질리지 않는다. 어떤 인물이나 현상에 대한 진정한 의미나 차마 적지 못한 속내를 살짝 보여주기에 안성맞춤이다. 헤드라인(Head line)이라 쓰고 하트라인(Heart line)이라고 읽는 것처럼 말이다.

사연인즉슨

지난 28일 오후 7시 55분, 온라인몰 SSG닷컴 앱. 주문한 물건을 다음 날 오전 6시까지 받아볼 수 있는 '새벽배송'은 이틀 후인 1일 주문까지 모두 마감 상태였다. 사흘 뒤인 2일 배송도 '마감 임박'이라고 표시돼 있었다. 같은 시각 쿠팡의 상황도 마찬가지였다. '금주의 추천 상품'으로 삼겹살, 우유, 훈제오리 등 6가지 상품이 나타났지만 이 제품들 밑에는 모두 '일시 품절'이라는 문구가 붙어 있었다. 1일 오후 3시 30분 다시 쿠팡 앱에 접속했는데도 같은 상황이었다.

(…) 소비자들이 사재기에 나서고 있는 대표적 품목이 '비상식량으로 쓰기 위한 즉석 밥과 라면 등이다. 농심에 따르면 라면 출고량은 최근 30% 증가했다. 즉석 밥 '햇반'을 만드는 CJ제일제당은 지난달 23일 이후 출고량이 평상시와 비교해 2.5배 이상 늘었다. 하지만 물량 수급에는 전혀 문제가 없다고 한다. CJ제일제당 관계자는 "이미 생산해놓은 물량이 충분히 있고, 앞으로도 안정적으로 물량을 공급할 수 있다"며 "소비자들의 불안 심리가 대량 구매로 이어지고 있지만, 물량 자체가 없는 마스크와 상황이 확연히 다르다"고 말했다.

그런데도 인터넷 쇼핑몰에선 '품절 대란'이 벌어지고 있는 이유는 뭘까. 유통업계 관계자는 "인터넷 쇼핑몰을 통한 소비자들의 생필품 구매가 이커머스 업체들의 배송 능력을 넘어설 정도로 폭증했다"며 "업체들이 배송 능력을 넘어설 경우 '품절'로 표시하는 경우가 많다"고 말했다. 쿠팡 관계자는 "주문량이 크게 늘면서 주문한 다음 날 배송이 불가능할 경우가 있다"고 했다. 물건이 없는 게 아니라, 배달원·트럭이 부족해 배송을 못 한다는 것이다. (…)

『조선일보』 2020년 3월 2일

───────────── 스치는 생각 ─────────────

코로나로 인해 물류의 중요성이 더 확연히 드러났다. 주문은 빛의 속도인데 배송은 오토바이 속도로 결정되니까 그렇다. '품절이라 쓰고 배송문제라고 읽는다'는 한 줄 헤드라인에 문제의 현상과 원인이 모두 압축되어 있다. 물 위에 비치는 모습은 우아하지만 물 아래에서는 부지런히 물갈퀴질을 해야 하는 백조처럼, 소비자들이 우아하게 클릭을 하면 택배 오토바이들은 목숨을 걸고 곡예운전을 한다. 결국 상거래의 병목(Bottleneck)이 된 배송을 어떻게 해결할 것인지가 관건이다.

'~라 쓰고 ~라 읽는다'는 2007년 일본에서 방영된 TV 애니메이션 시리즈 〈세토의 신부〉에 처음 나온 말이다(〈세토의 신부〉는 어느 평범한 중학생이 인어 여자아이를 만나면서 벌어지는 이야기라고 한다). 요즘 뉴스를 보면 유사 표현들이 쏟아지고 있다. '~라 쓰지만 ~로 읽어야' 하는 속 터지는 상황들이 그만큼 많아졌다는 방증이겠다. 독자들의 수고를 덜어 드리기 위해 몇 가지만 옮겨본다.

기대라 쓰고 실망이라 읽는다.
꿈·희망이라 쓰고 돈·취업이라 읽는다.
훈육이라 쓰고 아동학대라 읽는다.
출장이라 쓰고 외유라 읽는다.
핀셋이라 쓰고 땜질이라 읽는다.

한 가지 더. '~라 쓰고 ~라 읽는다'에서 쓰는 자와 읽는 자가 다르면 참 난감해진다. 몇 가지 떠오르는 생각을 적어본다.

(사장은) 파이팅이라 쓰고 (직원은) 야근이라 읽는다.

참신한 헤드라인

(선배는) '편하게 해'로 쓰고 (후배는) '똑바로 해'로 읽는다.

(교수는) 학문이라 쓰고 (학생은) 학점이라 읽는다

(정치인은) 국민이라 쓰고 (국민은) 표라고 읽는다.

──── 같은 재료, 다른 레시피 ────

배송이 지연되는 것만 강조하면 '품절'과 '배송' 사이의 속절없는 엇갈림을 표현하지 못한다. 그럼에도 배송 이야기만 나오면 어제 주문한 물건이 언제 도착할지 촉각을 곤두세우고 있는 소비자들의 눈빛이 예리해진다.

라면-통조림 등 주문 몰려⋯온라인몰 배송지연 사태
주문·매출 사상 최대인데 앱은 다운되고 배송은 지연⋯
e커머스 '코로나 비상'

배송문제가 품절로 표출되는 현상을 제대로 짚기 위해서는 배송과 품절이 모두 헤드라인에 등장하는 편이 더 적절하다.

'품절' vs '느려도 배송' 어느 쪽이 좋으세요?
배송지 '대구' 입력하니 품절?⋯쿠팡 "주문 폭주로 배송 한도 초과"

거실로
퇴근했다

거실로 퇴근을? 그럼 출근은 어디로? 출근이란 걸 하긴 한 걸까?

사연인즉슨

오늘도 거실로 퇴근했다. 방문을 열고 나가 거실 소파에 앉으면 그
게 퇴근이었다. 퇴근이 별건가 싶지만 막상 이렇게 되니 별것 같기
도, 별것 아닌 것 같기도 했다. 벌써 15일째다.

전 직원 재택근무. 누군가에겐 부러움을 받았다. 또 어떤 이에
겐 걱정을 받았다. 코로나19의 위기 경보가 '경계'에서 '심각' 단계
로 격상된 다음 날이었다. 나 역시도 얼떨떨한 마음이었지만, 익숙
한 내 공간에서 편한 복장(이라고 쓰고 잠옷이라고 읽지만)으로 업무

를 할 수 있다는 생각에 조금 기대감이 들었다.

(…) 아무도 예상치 못한 사태긴 해도 적응은 생각보다 어렵지 않았다. 늘 하던 대로 업무용 메신저 서비스인 '슬랙'을 통해 의사 소통을 했고, 지메일·구글 문서·구글 드라이브와 같은 '지 스위트' 도구들을 이용해 업무를 진행했고, 생산성 도구인 '노션'으로 필요한 정보들을 주고받을 수 있었다. 똑같았다. 그동안 회사에서 노트 북과 붙어 있었던 시간만큼, 똑같이 노트북과 시간을 보내면 됐다. 나와 내 동료들에겐 정말로 크게 달라진 게 없었다.

(…) 재택의 기쁨과 슬픔을 깨닫기까진 오랜 시간이 걸리지 않았다. 편하고 좋은 만큼 힘들고 고됐다. 눈뜨자마자 출근할 수 있었지만, 동시에 숨 돌리는 시간도 줄어들었다. 출근해 있던 때의 나 자신과 방 안의 나 자신을 계속 비교하며 점검하게 됐다. 생각 해보면 이 둘을 비교하는 건 애초에 성립되지 않는 조건인데, 생애 첫 재택근무에 그만 저지른 실수였다. '루틴'한 일상을 피할 줄만 알았는데, 더 깊은 일상으로 들어와버렸다. 회사가 그리워지기 시 작했다. (…)

『한겨레신문』 2020년 3월 11일

스치는 생각

약 2만 년 전, 스페인 북부 알타미라 동굴 벽에 들소, 사슴, 멧돼지 를 그리기 시작할 때부터 인간에게 일과 삶은 하나였다[알타(Alta)

는 위, 미라(Mira)는 '보라'는 뜻. 합쳐서 알타미라는 '위를 보라'는 의미]. 해 뜨면 일어나 일(농사나 수공업)을 시작하고 해 지면 눈 감고 쉬는 생활이었다. 그러다 한 200년쯤 전에 산업화라는 이름의 대변혁이 시작되었다. 아침이 되면 정해진 시간에 정해진 장소(주로 공장)에 모여 일을 시작하고, 저녁이 되면 각자의 집으로 돌아가는 방식이 도입되었다. 일은 삶에서 분리되었다.

산업화 초기에는 인간의 동물적 시간관념과 회사가 원하는 근대적 시간관념이 어긋날 때가 많았다. 회사는 '지각'이라는 개념을 도입했다. 약속된 시간보다 늦게 등장하는 자에게는 망신을 주거나 급여를 후려쳤다(너무 일찍 나타나는 건 용서했다). 성실한 산업 역군 양성을 위해 학교도 나섰다. 초등학교 입학하자마자 이런 노래를 가르쳤다.

학교 종이 땡땡땡 어서 모이자 / 선생님이 우리를 기다리신다 / 학교 종이 땡땡땡 어서 모이자 / 사이좋게 오늘도 공부 잘하자

산업화 버전으로 옮기면 다음과 같다.

종 치기 전까지 출근합니다 / 지각하다 걸리면 월급에서 깝니다 / 다시 경고하는데 종 치기 전까지 출근합니다 / 동료와 힘을 합쳐 오늘도 생산 목표를 달성합니다

코로나가 인간의 일하는 방식을 또 한 번 뒤집을 것 같다. 워라

참신한 헤드라인

밸(Work and life balance, 일과 삶의 균형)의 궁극의 모습을 워라인 (Work and life integration, 일과 삶의 통합)이라고 했을 때, 코로나 재택근무는 아예 일터와 삶터를 일치시킨다. '거실로 퇴근했다'는 헤드라인은 일터(안방 혹은 공부방)와 삶터(거실)가 일체된 재택근무의 풍경을 형상화한다. 원격회의 등을 지원하는 각종 IT 장비와 시스템은 이미 넘쳐난다. 일을 관리하고 평가하는 방식만 바뀐다면 재택근무는 알타미라 시절로의 회귀를 뜻한다. 시간과 비용 면에서도 당연히 이득이다.

일찍이 디제이 디오씨(DJ DOC)는 이런 조짐을 읽었다(디제이 덕, 〈DOC와 춤을〉, 1995).

청바지 입고서 회사에 가도 / 깔끔하기만 하면 괜찮을 텐데 /
여름 교복이 반바지라면 / 깔끔하고 시원해 괜찮을 텐데 /
사람들 눈 의식하지 말아요 / 즐기면서 살아갈 수 있어요 /
내 개성에 사는 세상이에요 / 자신을 만들어봐요

이제 재택근무와 원격수업이 본격화되면 청바지나 반바지를 입을 필요조차 없다. '내 개성에 사는 세상'에서 우리는 비로소 '자신을 만들어볼' 수 있는 것이다.

경영학에 켈의 법칙(KEL's law)이 있다. 직급이 한 단계 벌어질 때마다 심리적 거리감은 제곱으로 커진다는 원칙이다. 그만큼 위계적, 권위적으로 된다는 뜻이다. 최단기간 내에 최고 효율을 내려면 어느 정도의 위계가 필요했을지 모른다. 그러나 이제는 우리의 뒷덜미를 잡아채는 개도국들을 떨쳐버리고 앞서가야 한다. 이럴 때는 위계가 오히려 걸림돌이 된다. 집에서 원격회의를 해보면 직급에 상관없이 참여자들의 얼굴이 같은 사이즈 직사각형으로 모니터에 뜬다. 굳이 화면 배치를 피라미드식으로 하지 않는 한 원격회의는 수평적이다. 재택근무 방식이 한국 기업의 위계적 질서를 해체하고 새로운 경쟁우위의 원천으로 자리 잡기를 기대해본다.

재택근무는 직원들의 생산성을 높이고 옥석을 가리는 효과도 있다. 잘 알다시피 회사에는 네 부류 유형이 있다. 똑똑하고 부지런한 '똑부', 똑똑하되 게으른 '똑게', 멍청하고 부지런한 '멍부', 멍청한데 게으르기까지 한 '멍게'다. 네 부류 중 양쪽 극단에 해당하는 똑부와 멍게는 온라인이든 오프라인이든, 재택이든 사무실이든 별 차이 없다. 그들은 하던 대로 할 거고 회사도 그들에 대해 하던 대로 하면 된다.

그럼 멍부와 똑게가 남는다. 멍부는 사무실을 들쑤시고 다니면서 쓸데없는 분란만 일으켰던 오프라인의 골칫거리였다. 온라인 재택근무로 이들은 더 이상 발붙일 데가 없다. 변신하든지 짐싸든지 둘 중 하나다. 반면 똑똑하긴 한데 시간관념이 부족했던 똑게는 일취월장한다. 회사도 이들의 잠재력을 재택근무로 극대화시킬 수 있다.

참신한 헤드라인

같은 재료, 다른 레시피

재택근무 현황과 만족도에 대한 헤드라인이 많다. 대부분 제목이 다 말해주기 때문에 클릭으로 이어질지는 미지수다.

직장인 10명 중 6명 "코로나19로 재택근무…68% 만족"
"집중 안 돼" 코로나 재택근무, 오히려 48분 더 일했다

코로나에 대응한 임시처방이 아니라 상시적인 근무 혁명의 시작을 암시하는 헤드라인도 많다. 근태에 목숨 거는 월급쟁이 직장인들의 눈에서 레이저가 나온다.

"침대서 책상으로 출근"…근무 패러다임 대변동
출퇴근 종말 예고편?…재택근무가 기본 노동형태 될 수도

재택근무 정착을 가로막는 장애물과 그 해결 방법에 대한 헤드라인도 관심이 높다. 속옷 바람이면 어떻고, 손바닥만 한 방구석이 노출되면 어떠랴. 지금까지 하의 잘 챙겨 입고 평수 넓은 아파트에 살아서 일 더 잘한 게 아니라면 말이다.

상의만 챙겨 입고 '하의 실종'…재택근무가 부른 '해프닝'
"재택근무해보니 방 4개 있어야"…중대형 평형 위상 높인 코로나
재택근무, 장소 변화 넘어 평가 대전환 필요

214

나의 호의가
당신의 권리가 될 때

'조금씩 양보하며 살아야지', '형편 될 때 베풀어야지' 하다가도 호의-권리 간 기묘한 미스매치에 직면하면 맥이 탁 풀린다. 아직 마음의 수련이 덜 된 탓일 거다. 페이백을 바라지 않아야 진짜 호의이고 선행일 텐데 말이다.

사연인즉슨

(⋯) 어떤 의미에서 기부는 독특한 행위다. 사실 누군가의 주머니에 있는 돈을 또 다른 누군가의 주머니로 옮기는 일은 쉽지 않다. 대가를 치르거나 상당한 마찰을 겪어야 한다. 노동을 제공해 돈을 옮겨 오면 밥벌이가 된다. 밥벌이의 고단함은 따로 말할 필요가 없다. 속이거나 몰래, 혹은 완력을 써서 남의 것을 가져가거나 남의 것을 빼돌려 내 것으로 만들면 사기나 절도·강도·횡령죄 등 각종 재산죄를 저지른 것이 돼 법적 처벌을 받게 된다. 심지어 내 것을

자식에게 넘겨줘도 증여세나 상속세를 내야 한다.

　기부는 이런 마찰에서 비켜서 있다. 감사와 칭찬이 따르고, 돈이 옮겨감에도 제동이 걸리기보다 장려의 대상이 된다. 한국의 경우 지정기부금 단체에 기부한 사람은 세액공제(15%)를 받을 수 있다. 기업도 필요 경비로 인정돼 세금을 줄일 수 있다. 기부를 받는 곳은 '좋은 일'을 하며 더 좋은 세상을 만드는 데 앞장설 수 있다. 아름다운 결론이다.

　하지만 언제나 예외는 있다. '나의 호의'가 '누군가의 권리'가 될 때다. 호의가 눈먼 돈이 되고, 기부의 의미는 퇴색한다. 최근 불거진 정의기억연대의 부실 회계와 기부금 유용 의혹이 그 위험을 적나라하게 보여줬다. 사상 유례없는 전 국민 긴급재난지원금에 따라붙은 '자발적' 기부도 그렇다. 대통령과 기관장·기업 대표 등이 기부 대열에 합류하며 실려 오는 압박의 무게 탓에 아무리 '자발'이란 말을 앞세워도 누군가가 '나의 호의'를 '자신의 권리'인 양 호도하는 듯 느껴진다. (…)

『중앙일보』 2020년 5월 25일

---------------------- 스치는 생각 ----------------------

2010년 개봉한 영화 〈부당거래〉에서 검사 역을 맡은 배우 류승범이 잔뜩 성질을 내며 던진 대사다. "내 이야기 똑바로 들어, 어↗. 호의가 계속되면 그게 권리인 줄 알아요." 영어에도 비슷한 표

현이 있다. "Do someone a favor and it becomes your job(부탁을 들어주다 보면 어느새 일이 되고 만다)."

세상 이치가 그렇다. 주는 쪽은 단돈 천 원에도 가슴을 졸이는데, 받는 쪽은 만 원쯤은 아무렇지 않게 여긴다. 경영학에서도 보너스가 직원의 사기에 미치는 영향을 연구했는데 정기적인 보너스는 더 이상 보너스로 여겨지지 않기 때문에 동기부여에 큰 도움이 안 된다고 결론 내렸다(오히려 불규칙하고 예측 불가능한 보너스가 더 효과적이라는 사실을 발견했는데, 이를 '간헐 강화'라고 한다).

비단 이번 코로나19 지원금이 아니더라도 각국 정부는 불황기 경기부양을 위해 국민들에게 현금을 살포하려는 강한 유혹을 느낀다. 이를 '헬리콥터 머니'라고 하는데 헬리콥터를 타고 올라가 공중에서 돈을 뿌린다는 비유다. 일본 아베 정부가 즐겨 사용했던 소비쿠폰이 대표적이다. 이런 정책이 나름 좋은 취지에도 불구하고 대개 늪에 빠지는 이유가 바로 호의-권리 간 불균형 때문이다. 호의의 진정성을 입증하기 위해서는 액수와 빈도가 점점 더 커지는 쪽으로 가게 되어 있다. 그래서 무의미한 '퍼주기'가 되는 것이다. 주는 의도와 받는 동기는 매번 어긋난다.

호의-권리는 반드시 갑을 관계를 전제로 하지 않는다. 누구라도 호의-권리 방정식의 어느 한쪽에 처할 수 있다. '은혜는 물에 새기고 원한은 돌에 새긴다'는 격언처럼 은혜가 원한이 되지 않도록, 즉 모처럼의 호의가 끔찍한 악몽이 되지 않도록 양쪽 모두 주의해야 한다.

우선, 주는 쪽은 바랄 거면 주지 말고 줬으면 바라지 말아야 한

참신한 헤드라인

다. 그래야 화병(火病) 안 생긴다(화병은 영국 옥스퍼드사전에 '한국인에게만 발생하는 정신질환'이라는 친절한 설명과 함께 'Hwabyung'으로 등재되어 있다). 꼭 베풀어야 할 상황이라면 다음 사항을 필히 체크하기를 권한다.

> 그 호의가 내 기분내기는 아니었을까?
> 그 호의가 그렇게 어려운 것이었나?
> 그 호의를 얼마나 호의적으로 베풀었나?
> 상대방의 권리 주장에 호의적으로 대응할 수 있나?

받는 쪽도 긴장해야 한다. 몽테뉴의 말처럼 "거저 받은 선물만큼 비싼 것은 없다." 호의를 권리로 소비하지 말고, 차례가 되었을 때 다음 호의로 정산해야 한다. 인간의 품위는 내 손에 들어온 떡을 나누는 데서 출발한다. 아울러 그래야 다음번 호의도 기대해볼 수 있다.

——— 같은 재료, 다른 레시피 ———

정부나 임대주의 '호의'를 부각시킨 헤드라인은 듣는 사람까지도 기분 좋게 한다. 다만 전체 스토리의 전반부만 본 것 같아 미진함과 불안감이 남는다.

임대료 동결·인하…'착한 건물주' 바람
LH, 영세상공인 임대료 6개월간 25% 할인
서울시, 공공상가 임대료 6개월 '반값'으로 인하

'호의'가 또 다른 '호의'로 이어지지 못하고 있음을 지적하는 헤드라인에는 안타까움과 무력감이 내비친다.

정부, 기부 장려했지만…"1차 재난지원금 기부 2% 불과"
팍팍한 현실…14조, 2488억 재난지원금 중 기부액 2,803억

일방의 '호의'가 상대의 '권리'로 이어지는 불편한 진실을 지적한 헤드라인은 무엇이 어디서 잘못되었는지에 대한 궁금증을 불러오며 격한 클릭으로 이어진다.

재난지원금, 어찌 이리 안일한가
1차 재난지원금 기부했던 사장님들도…"기부 후회될 정도"
"착한 임대인 되려다 먼저 죽겠다" 임대료 원상복귀 '아우성'

참신한 헤드라인

우리 속담과 서양 격언의 '궁금한' 헤드라인

•

게로 구럭도 다 잃었다

게는 잡지도 못하고 가지고 갔던 구럭까지 잃었다

(구럭은 작은 망태기),

어설프게 일을 꾸미다가는 이득은커녕 손해만 본다는 뜻.

•

메멘토 모리(Memento mori)

죽음을 기억하라.

승리에 취해 우쭐대지 말고 겸손하게 행동하라는 뜻.

4장

궁금한
헤드라인

Foggy

킬러에게 총을 맞고 쓰러지면서 그는 힘없이 속삭인다. '왜?'
킬러가 답이 없자 그는 혼신의 힘을 다해 마지막 한 마디를 외친 후
숨을 거둔다. "도대체 왜?"
인간은 총 맞는 것보다 궁금한 걸 더 못 참는다.
궁금한 헤드라인을 그냥 넘기면 꿈에 가위눌린다.

'우정 비즈니스'가
몰락하고 있다

기업 간 경쟁이 갈수록 심해지면서 별의별 비즈니스 모델이 다 나온다. 요즘 대세는 당연히 플랫폼 비즈니스. 장터를 깔아 놓고 오가는 상인과 손님들에게 수수료를 받는 장사다. 그런데 '우정 비즈니스'는 금시초문이다. 우정으로 모은 돈을 순번대로 몰아주는 계(契)는 아닐 테고….

사연인즉슨

"친구가 적어 외로웠는데 페이스북 친구가 늘어나면서 처음에는 좋았어요. 점점 감시받는 기분이 들었습니다. 잘 모르는 사람이 내 걱정이나 문제를 아는 게 부담스럽고 나중엔 맞춤법까지 하나하나 신경 써야 했으니까요. 친구 늘리려다 혹을 붙인 거예요." 직장인 오모(여·41) 씨는 최근 이런 이유로 페이스북을 접었다. 페이스북·트위터·인스타그램 같은 소셜미디어(SNS)를 떠나는 사람들이 늘고 있다. 가입률과 이용 시간이 함께 감소하는 추세다.

페이스북 CEO 마크 저커버그는 외로운 사람들에게 물건을 판매하지 않았다. 친구를 만들어주며 우정을 팔아 억만장자가 되었다. '우정 비즈니스'는 이제 벽에 부딪친 것일까? 서은국 연세대 교수(심리학)는 "SNS에 몰입할수록 덜 행복해진다는 연구가 많다"며 "결국 그 공간이 실제 사람과의 만남 못지않게 큰 스트레스와 피로감을 주는 것"이라고 했다.

(…) 한국인은 고독하다. 소셜미디어로 긴밀하게 연결돼 있지만 관계의 응집력은 느슨하다. 한국임상심리학회는 지난 4월 심리학자 317명에게 요즘 한국인이 얼마나 고독한지 묻고 점수를 매기도록 했다. 그렇게 산출된 고독지수는 100점 만점에 78점. '상당한 고독감'에 해당한다. 그 원인으로는 개인주의의 심화(62.1%)가 으뜸으로 꼽혔다. 사회계층 간 대립 심화, 장기화된 경제 불황, 사회적 가치관의 혼란, 온라인 중심의 커뮤니케이션 변화 등이 뒤를 이었다. 우울증, 자살, 일 중독, 악성 댓글, 혐오 범죄…. '이런 사회문제와 고독감이 서로 얽혀 있느냐'는 질문에 전문가들은 평균 83점이라고 응답했다.

(…) 올해 초 영국 정부는 '외로움 담당 장관'을 신설했다. 고독감으로 고통받는 인구가 900만 명에 이른다는 현실을 무겁게 받아들인 결과다. 미혼과 만혼(晩婚), 이혼과 고령화로 1인 가구가 빠르게 늘어가는 한국 사회에서 고독은 강 건너 불구경이 아니다.

『조선일보』 2018년 9월 22일

궁금한 헤드라인

헤드라인에서 페이스북, 트위터, 인스타그램 같은 소셜미디어(SNS)를 '우정 비즈니스'라고 명명한 부분이 인상적이다. 현실에서 벌어지는 복잡다단한 일들을 특징과 맥락을 살려 한두 마디로 압축하는 것이 바로 한 줄 헤드라인의 힘이라는 걸 잘 보여준다.

오프라인에서의 고독감을 온라인에서 만회하는 것이 추세였는데 이마저도 한계에 온 모양이다. 그렇다면 고독의 원인과 해법은 채널(온라인·오프라인)에 있지 않고 다른 데 있을지 모른다. 사소해 보이지만 소통에서 가장 중요한 건 상대방을 대하는 매너, 혹은 에티켓이다. 특히 구동존이(求同存異)가 중요하다. 같은 것은 구하되 다른 것은 남겨둬야 한다는 말이다. 그렇지 않으면 소통이 아니라 참견과 강요가 된다.

다름을 포용하지 못하고 각자의 색깔만을 고집하면 대화(다이어로그)가 아니라 독백(모노로그)일 뿐이다. 오프라인에서는 입이 문제고, 온라인에서는 손이 문제다. 오프라인에 구시화문(口是禍門, 입은 화가 들어오는 문)이라는 경구가 있다면 온라인에서는 수시화창(手是禍窓, 손은 화를 부르는 창)쯤 되겠다.

입놀림, 손놀림을 조심하려면 대화의 주제를 잘 가려야 한다. 종교나 정치 이야기는 관계를 끝장낼 각오가 아니라면 절대 해서는 안 된다. 고향이나 출신 학교 이야기도 찜찜하고, 지금 사는 동네나 모는 차도 신분을 드러낼 수 있으므로 안 하는 편이 좋다. 그럼 무슨 이야기를 하냐고? 날씨 이야기가 좋다. 이번 여름은 유난히 덥다(모든 여름이 유난히 덥다)든지 벌써 찬바람이 분다(찬바람은 항상 벌써 분다)든지 하는 이야기를 태연하게 주고받으면 된다. 그러다 정 싫증이 나면 그때는 기상청을 도마에 올리면 된다. 기상청 분들도 이제 웬만한 비난에는 무덤덤하시다. 노르웨이 같은 먼 나라의 기상예보도 곁들이면 글로벌 감각까지 뽐낼 수 있다.

코로나19 때문에 사회적 거리두기가 확산되면서 우정 비즈니스가 더 크게 흔들릴까 염려가 된다. 우정은 대면과 비대면의 균형 위에서 꽃을 피운다. "그리워하면 언젠가 만나게 되는 어느 영화와 같은 일들"(부활, 〈네버엔딩스토리〉, 2002)은 일어나지 않는다. 코로나19 비대면을 계기로 사람의 귀함과 만남의 중함을 알고 오프라인 면대면 만남에도 더 공을 들여야 할 것 같다.

한 가지 더. 칭찬을 많이 하면 우정에 플러스가 된다. 본시 한국인은 칭찬에 인색한 데 비해 서양인들은 말끝마다 칭찬 일색이다. 필자의 오래전 추억 하나. 영국 유학 중에 전공과목 과제물을 제출한 적이 있는데 교수로부터 "Excellent" 답장을 받고는 한동안 목에 철갑을 두르고 다닌 적이 있었다. 이탈리아 여학생에게 노트를 빌려줬는데 "Wonderful" 소리를 듣고는 국제결혼에 대해 심각하게 생각해보기도 했다. 칭찬은 고래도 춤추게 하고 우정도 샘솟게 한다.

같은 재료, 다른 레시피

일반적으로 오프라인의 외로움을 달래려 SNS를 찾는다. 그런데 SNS에서도 외로움이 밀려오면 큰일이다. 마음 둘 데 없는 많은 독자들이 조심스레 클릭할 듯하다.

우리는 왜 외로운가?…SNS 시대의 역설
폭발적 온라인 소통 속 고독 심화의 아이러니
SNS 많이 할수록 더 외로워져

'Z세대', '하루 2시간', '위험 2배' 등이 나오면 막연했던 외로움이 피부로 전해온다. 내가 알파벳 무슨 세대인지, 어제 몇 시간 SNS 바다를 헤맸는지, 나는 지금 얼마나 외로운지 같은 생각이 머릿속을 빠르게 훑고 지나간다. 언제부턴가 tvN 〈삼시세끼〉 전속 배우로 눌러앉은 이서진의 오래전 명대사 "아프냐? 나도 아프다"도 느닷없이 떠오른다(2003년 MBC 드라마 〈다모〉에서 이서진이 하지원에게 건네는 미치도록 애잔한 대사).

Z세대의 세상 읽기…"'외로움'에 주목하라"
'페이스북' 등 소셜미디어 하루 2시간 이상 하면 '외로움' 느낄 위험 2배
SNS에도 공허한 20代…카메라로 표현한 '자화상'

스마트폰
'死인치'

필시 '死인치'는 4인치렸다. 1인치가 2.54cm니까 4인치면 10cm
쯤 된다. 스마트폰의 10cm는 어디 부위일까? 죽을 사(死)를 쓴 걸
로 봐서 그 10cm가 죽은 공간이라는 건가, 아니면 그 10cm 때문
에 죽을 맛이라는 건가.

사연인즉슨

지난달 16일 영국 여성단체들은 "아이폰은 손이 작은 여성을 고
려하지 않은 반(反)여성적인 제품"이라며 비난 성명을 냈다. 애플
이 올 들어 4인치대 화면을 탑재한 스마트폰을 더 이상 내지 않고
5.8~6.5인치 크기의 대화면 아이폰만 출시한 것에 대한 반발이
었다.

영국 여성단체들이 지적한 대로 한 손으로 화면 전체를 조작할
수 있는 4인치대 스마트폰이 사라지고 있다. 애플뿐 아니라 안드

로이드 진영 대표인 삼성전자도 지난해 2월 이후 4인치대 제품을 내지 않고 있다. 일본 소니는 작년까지만 해도 4인치대 엑스페리아XZ 시리즈 제품을 출시했지만 올해는 내놓지 않았다. 중국 샤오미·화웨이·오포·비보가 만든 40만~60만 원대 중저가폰도 모두 5인치 이상의 대형 화면을 갖춘 제품들이다.

스마트폰 리뷰 업체 GSM아레나에 따르면 올해 출시된 6인치 이상 스마트폰은 삼성·애플·샤오미·오포 등 13곳 110종에 달한다. 스마트폰 시장조사업체 IDC는 "2022년까지 전 세계 안드로이드 스마트폰의 98%는 5인치 이상으로 커질 것"이라며 "6인치 이상 제품 비중도 36%까지 늘어날 것"이라고 전망했다.

왜 작은 화면 스마트폰은 나오지 않는 것일까. 제조사들은 매년 업그레이드되는 고성능 부품들을 탑재하려면 스마트폰이 커져야 한다고 설명한다. 스마트폰 개발 부서는 신제품 개발 때마다 한정된 공간에 다양한 부품을 집어넣기 위해 '땅따먹기' 전쟁을 벌인다는 것이다.

(…) 스마트폰에서 소비하는 콘텐츠가 텍스트에서 동영상으로 빠르게 전환되는 것도 주요 요인이다. 전문가들은 "동영상 콘텐츠가 확산되면서 5~6인치 대화면 스마트폰은 필수가 됐다"며 "스마트폰은 더 이상 한 손으로 조작하는 기기가 아니다"라고 말한다. (…)

『조선일보』 2018년 10월 10일

Foggy

결국 '스마트폰 死인치'라는 헤드라인은 4인치 스마트폰이 사라져가고 5~6인치 대화면폰이 대세가 되었다는 의미였다. 4인치의 '4'를 우리말 발음이 똑같은 한자 사(死)로 대체해 4인치 화면이 죽었음을 표현한 부분이 재치가 넘친다. 생산자 입장에서는 고성능 부품들을 탑재할 공간이 필요하고, 소비자 입장에서는 동영상을 실감나게 보고 싶으니까 화면이 커질 수밖에 없었을 거다.

기사를 읽어보면 대화면 스마트폰 출시 뉴스를 소개하기 전에 영국 여성단체의 비난 성명을 소재로 운을 띄웠다. 그렇다면 헤드라인도 좀 더 친절하게 '여성을 분노케 한 스마트폰 死인치'라고 했으면 어땠을까 싶기도 하다.

그나저나 영국 여성단체가 손 작은 여성들을 대표해 분노를 표출했다(손 작은 남성들은 덕분에 수고를 덜었다). 그런데 굳이 분노하지 않아도 될 것 같다. 고사양보다 그립감을 선호하는 소비자가 있는 한, 또한 손이 작아 5인치 이상은 버거운 소비자가 존재하는 한 소(小)화면에 타깃팅한 생산자가 나타나기 마련이다. 그게 시장의 질서이고 게임의 법칙이다. 시장의 시선은 언제나 그래왔듯이 소비자의 지갑에 닿아 있다. 게다가 애덤 스미스(Adam Smith)의 고향 영국이라면 '보이지 않는 손(Invisible hand)'이 더 분주하게 움직일지 모른다(애덤 스미스는 영국 스코틀랜드 커콜디 출생이다).

같은 재료, 다른 레시피

기기 제조사들은 대화면 구현에 역량을 결집하면서 스스로의 성취를 셀프 대견해한다. 대부분 헤드라인들도 대화면 구현을 벅찬 어조로 전한다. 다만 스마트폰 사양에 무덤덤한 독자라면 '음~ 대단하군' 하며 바로 다음 헤드라인으로 넘어갈 수 있다.

6인치 넘는 '슈퍼패블릿', 올해 스마트폰 30% 넘는다
한국IDC "스마트폰 시장 원동력은 '대화면'과 '5G'"

다음과 같은 헤드라인을 보면 대화면에 화가 난 사람들이 있다는 사실에 당혹감이 들면서도 '도대체 왜'라는 생각에 기사를 들여다보게 된다.

영국 여성 운동가들이 '아이폰XS'에 뿔난 이유는
스마트폰 크기·사무실 온도…세상의 표준에 여자는 없다
5인치대 스마트폰, 한국인 체형에 불편 '근육에 무리 갈 수도'

도둑은 토요일 새벽 3시를 노린다

미드(미국드라마) 제목 같다. 왜 하필 토요일, 그것도 지나치게 고요한 새벽 3시일까. 의문은 꼬리를 문다. 투잡이 아니라면 기자는 요일과 시간까지 어떻게 알았을까?

사연인즉슨

"토요일 새벽 3시, 빈집털이범을 조심하라."

보안업체 에스원의 범죄예방연구소가 지난해 90여만 고객의 집과 사무실 등에서 실제 일어난 침입 사고 570여 건을 분석한 결과, 발생 빈도가 제일 높은 시간대는 오전 0~6시(78%)였다. 특히 어둡고 인적이 드문 오전 3시(22%)에 집중됐다. 그다음이 오전 6시에서 정오 시간대(12%)였다.

요일별로는 토요일(17%)에 가장 많이 발생했다. 그 뒤로 월요일(16%)과 일요일(15%), 화요일(15%) 등의 순이었다. 주말 이외에 월·화요일에 빈집털이가 많았던 것은 지난해 부처님오신날과 한글날 등의 공휴일이 월·화요일에 많았던 것과 관련 있다는 분석이다.

월별로는 1~2월(20%), 7~8월(19%)에 도둑이 많이 들었다. 설과 휴가철을 맞아 집에 현금이 많고, 장시간 집을 비우는 경우가 많기 때문이다. 다만 2017년과 비교하면 월별 발생률이 비교적 고른 편이었다.

에스원은 "빈집털이 발생은 휴가와 밀접한 관계가 있는데, 작년엔 징검다리 휴가와 대체 공휴일이 월별로 고르게 분산돼 있었다"고 분석했다. 침입 경로는 창문(39%)이 가장 많았고, 이어 출입문(29%)과 보조 출입문(19%) 순이었다.

『조선일보』 2019년 1월 22일

스치는 생각

빅데이터(Big data)의 활용도를 유쾌하게 표현했다. 헤드라인에 장소, 날짜, 시간 등이 나오면 이목을 끈다. 왠지 나만을 위한 맞춤형 헤드라인처럼 느껴지기도 한다. 노래도 그렇다. 롤러코스터의 〈다시 월요일〉(2006), 아이유의 〈금요일에 만나요〉(2013), 어반자카파의 〈목요일 밤〉(2016)처럼 요일이 들어간 노래 제목은 뇌리에 각인된다. 심지어 35년 전 들었던 노래 때문에 수요일에는

Foggy

빨간 장미를 선물해야 한다는 철칙까지 생겼다(다섯손가락, 〈수요일에는 빨간 장미를〉, 1985).

그나저나 이제 도둑질도 못 해 먹게 생겼다. 무슨 요일, 몇 시에 오는지 다 들통이 났다. 방법은 딱 하나, 지피지기(知彼知己)다. 먹잇감이 되는 가정집들이 시도별, 구별, 동별로 주로 언제 비는지, 연휴나 스포츠 경기가 있을 때는 어떠한지, 최근 코로나로 인해 가족 구성원들의 동선은 어떻게 바뀌었는지를 파악하면 된다. 그게 가능하냐고? 어렵지 않다. 빅데이터 분석을 배우면 된다.

전국에 30여 개 캠퍼스를 운영 중인 한국폴리텍대학에 가면 각종 장학혜택을 주면서 빅데이터와 인공지능을 가르쳐준다. 과정을 충실히 이수하면 누구나 데이터 사이언티스트(Data scientist)가 될 수 있다. 그렇게 되면 영화 〈오션스〉 시리즈의 조지 클루니 정도는 가뿐히 뛰어넘는다. 4차 산업혁명 시대의 '디지털 도둑'으로 변신하는 것이다.

한 가지 문제는 폴리텍대학 졸업생들의 취업률이 너무 높다는 데 있다. 무려 80~90%다. 이쯤 되면 졸업 즈음에 인생 진로를 다시 고민해야 할지 모른다. 혹시 전 세계 무료 대학 강좌인 무크(MOOC; Massive Open Online Course)에서 얼결에 '정의란 무엇인가(마이클 샌델)' 같은 것들을 듣기까지 한다면 그때는 정말 본업으로 돌아가기 어려워진다.

빅데이터는 기존에 간과되었던 온갖 정보들을 IT기술을 활용해 분석해냄으로써 치안은 물론 전반적인 시장실패를 치유하는 데도 매우 유용하다. 경제학의 게임이론에 따르면 시장 메커니즘이 실패하는 이유는 정보의 비대칭성(Information asymmetry)에 있다. 상대가 어떤 유형의 사람인지 알 수 없을 때, 또 상대가 몰래 무슨 행동을 하는지 알 수 없을 때 기만과 배신이 발생하며 시장실패가 발생한다[게임이론 용어로 전자는 역선택(Adverse selection), 후자는 도덕적 해이(Moral hazard)라고 한다]. 빅데이터 분석을 통해 정보의 수집, 분석, 공유가 가능해지면 이러한 시장실패 현상들은 상당 부분 해소 가능하다.

선거에도 유용하다. 예를 들어 국회의원 선거라면 누구를 찍어야 할지 판단하기가 곤란한 경우가 많다. '아무 말 대잔치'가 아닌데도 온갖 근사한 공약이 쏟아지니까 누구 말을 믿어야 할지 매번 헷갈린다. 이때 빅데이터 분석을 통해 입후보자들의 과거 언행과 최근의 행적을 낱낱이 살펴보면 투표하는 데 큰 도움이 된다. 선거에 임박해서는 분석할 데이터도 넘쳐나기 때문에 도둑 잡는 것보다 훨씬 쉽다.

아, 한 가지 문제가 있긴 하다. 데이터 수집과 분석은 법적 테두리 내에서 이루어져야 하는데, 이렇게 빅데이터로 입후보자를 분석하는 행위는 입후보자 모두가 싫어할 거다. 여야 만장일치로 불법이다.

─────────── **같은 재료, 다른 레시피** ───────────

도둑의 심리를 꿰뚫어 보는 헤드라인이 많다. 날짜와 시간이 제각각이어서 솔직히 큰 믿음은 가지 않는데 아무럼 어떠랴. 이제 도둑은 빅데이터의 손바닥 위에 올라왔다.

> "남들 놀 때 일한다"…도둑은 토요일 새벽 활개, 마의 시간 '3시'
> 도둑은 '일요일 새벽을 좋아해'
> 가정집에 가장 도둑 많이 드는 때는? 수요일 저녁 6시
> '여름 도둑은 새벽 2-3시가 피크'

인공지능과 결합된 빅데이터는 간 크고 지능적인 도둑도 잡는다. 이를 소개하는 대견한 헤드라인은 격려 차원에서라도 꼭 클릭해야 한다.

> 영화가 현실로, 경찰 '빅데이터 기반 범죄예측 시스템' 도입
> 4차산업시대, AI와 빅데이터 활용해 범죄예측…'스마트치안'
> 몰카 찾아내는 AI, 금융사기 막는 빅데이터…기술이 범죄도 막는다

하노이의 세 가지 의문, 세 가지 오해

2019년 2월 27~28일, 미국의 트럼프 대통령과 북한 김정은 위원장이 만났다. 그것도 볼거리, 먹거리 많은 베트남의 수도 하노이에서 요란스레 만났다. 결과는 '소문난 잔치'에 '빛 좋은 개살구'였다. 그 흔한 '잘해보자'는 합의문 한 장 없었다. 도대체 뭔 꿍꿍이인지 모르겠다.

사연인즉슨

(…) 먼저 첫 의문. "과연 실무 협상을 하긴 한 걸까." 북한은 '영변의 알려진 시설'로 딜을 끝내려 했다. 미국은 영변 390개 건물 전체와 영변 외 시설을 문제 삼았다. 폐기의 대상은 협상의 기본이자 핵심이다. 그런데 이를 조율 않고 정상회담으로 넘겨 이 지경이 됐다.

   (…) 둘째 의문은, "과연 3차 회담은 가능할까"다. 양측은 결렬 후 협상 카드를 다 깠다. 향후 타협할 수 있는 여지를 서로 없앴다. 김정은의 일그러진 표정, 탱탱 부은 눈은 '트럼프 이후'로 향할 것

이다. 트럼프도 마찬가지. 워싱턴은 "박차고 나오길 잘했다"로 굳어졌다.

(…) 마지막 의문. "왜 우린 이런 결과를 예상 못 했나." 청와대는 회담 결렬 30분 전까지 분위기 파악을 못 하고 참모들과의 TV 시청, 종전선언 운운하며 들떴다. 정의용-볼턴 NSC 라인이 몇 달 째 '먹통'인 것은 쉬쉬했다. 이어지는 의문. 볼턴은 왜 방한을 취소하고 하노이에 있었을까. '빅딜' 내용을 한국에 사전에 알릴 경우 정보가 북한에 미리 샐 것을 경계한 건 아닐까.

(…) 오해(혹은 곡해)도 확인됐다. 첫째, 북한에 대한 오해. 우리 정부는 북한의 완전한 비핵화 의지를 전 세계에 대리 선전해왔다. 국민은 그런 줄 알았다. 그러나 이번 회담에서 북한의 비핵화 의지가 불확실함이 여실히 드러났다.

(…) 둘째는 미국에 대한 오해. 우리 일부 언론, 그리고 김정은은 트럼프가 노벨상 같은 개인적 욕심 때문에 성과에 집착할 것으로 오해했다. 물론 트럼프에겐 "시스템보다 개인의 독단으로 외교를 결정한다"는 적잖은 비판이 제기되어 왔다. 하지만 이번엔 '개인' 트럼프가 회담장을 박차고 나오도록 하는, '시스템'이 작동했다.

(…) 마지막은 '우리'에 대한 오해. 남북경협을 통해 중재자가 될 것이라 자신했지만 오해였다. 종전선언·금강산·개성공단 모두 '곁가지'였다. 비핵화가 본질이었다. (…)

『중앙일보』 2019년 3월 6일

하노이의 하(河)는 강, 노이(內)는 안쪽을 의미한다. 베트남을 흐르는 홍강 삼각주 안쪽에 있어서 그런 이름이 붙었다. 하노이는 석회암 지질 위에 건설되었기 때문에 폭우가 쏟아져도 배수가 잘된다고 한다. 그래서 하수도가 없는 것이 특징이다. 과거 식민지 시절 프랑스풍 건물도 군데군데 남아 있어 놀러 다니기 참 좋은 장소다. 정상 간 회담하기도 물론 좋다.

이번 하노이 회담에 사람들은 큰 기대를 했다. 트럼프 대통령과 김정은 위원장은 자아도취와 과대망상을 빼닮았기 때문에 통큰 담판이 가능하리라는 전망도 있었다. 그런데 까보니 꽝이었다. 득도한 스님들이나 하는 공수래공수거(空手來空手去)를 눈앞에서 보게 될 줄은 몰랐다. 둘 다 빈손으로 와서 빈손으로 갔다.

더 기가 막힌 사실은 김정은 위원장은 평양에서 하노이까지 4,500km나 되는 거리를 전용열차로 48시간을 달려왔다는 것이다. 서울-부산을 열 번 왔다 갔다 하는 거리, 왕복은 당연히 그 두 배다. 그 큰 덩치를 꼼짝없이 열차에 구겨 넣고 먼 길을 오갔을 모습이 참으로 딱하고 미련스럽다. 아, 중간에 중국 난닝역에서 내려 성냥불로 담배를 피우긴 했다. 비쩍 마른 동생 김여정이 유리 재떨이를 받쳤다.

도대체 하노이에서는 뭔 일이 있었던 걸까? 신문과 인터넷을 들춰봐도 쪼가리 정보와 추측성 기사만 넘친다. 그러던 차에 본 칼럼을 봤다. 기사 내용에 대한 판단은 개개인의 성향과 안목에 따라 다르겠으나 헤드라인은 압권이다. 의문과 오해를 세 가지씩 요점 정리해준다. 수능 대비 특별 과외를 받는 기분이랄까. 마음 속에 붕붕 떠다니는 풀리지 않는 의문들을 세 가지로 추렸다. 거기에 그치지 않고 수험생이 자주 착각하는 오해를 또 세 가지로 요약했다. 무조건 읽어야 한다.

같은 재료, 다른 레시피

하노이는 허무극일까 부조리극일까. 하노이를 연기한 두 주인공, 트럼프와 김정은의 일거수일투족에 대한 헤드라인은 궁금증을 배가시킨다.

트럼프, 김정은에 속은 것처럼 화냈지만…수위조절 속 북한 달래기

구겨진 재킷, 거친 숨소리…하노이 때와 달랐던 김정은

회담이 틀어진 이유에 대한 기자들 나름의 추측 내지 분석은 마치 추리소설을 읽는 듯한 박진감을 부른다.

북미회담 결렬…"전면해제" vs "일부 해제"

센토사에서 하노이까지, 북한의 오해와 미국의 오해

北美 '제재해제·영변+α' 공방…'포스트 하노이' 험로 예고

'노란 조끼'는 왜
그 식당을 습격했을까

프랑스 사람들도 한성질 한다. 평상시엔 꼬망딸레부(Comment allez-vous) 하며 우아하게 인사하고 인심 좋게 똘레랑스(Tolerance, 관용)를 과시하지만 한번 폭발하면 걷잡을 수 없다. 1789년 7월에는 바스티유 감옥을 덮쳤는데, 2019년 4월에는 식당을 습격했다. 군부대나 경찰서도 아니고 왜 하필 식당을 노렸을까.

─────── 사연인즉슨 ───────

지난 4일 오후 고급 상점이 줄지어 있는 파리 샹젤리제 거리를 걷다 보니 건물 하나가 눈에 확 들어왔다. 1층 전체를 사람 키 두 배 가까운 높은 철판으로 둘러 꽁꽁 싸매 놨다. 초행길이라면 어떤 곳인지 도무지 알 수 없는 광경이었다.

하지만 파리지앵은 어떤 장소인지 다들 알고 있다. 철판 뒤로 모습을 숨긴 이곳은 1899년 개업해 올해 120년을 맞은 고급 식당 '푸케(Le Fouquet's)'다. 작가 에리히 레마르크가 전쟁의 절망을 담아 2차 대전 직후 펴낸 소설 「개선문」에서 주인공 라비크가 사람을 만나는 곳으로 등장하는 식당이다. 오랜 세월 프랑스 정·재계 인사들의 사교 장소였다. 알랭 들롱, 장폴 벨몽도 같은 전설의 스타들이 드나들었다. 관광객들은 푸케 음식을 맛보며 파리의 숨결을 느꼈다.

잠잠해지던 '노란 조끼' 시위가 다시 격렬하게 불붙은 지난 3월 16일. 복면의 과격 시위대는 푸케를 집중 타격했다. 창문을 전부 박살 내고 내부에 불을 질렀다. 형체조차 알 수 없게 망가뜨렸다. 샹젤리제를 향해 뻗어 있던 기다란 빨간 차양과 그 아래 야외 테이블은 모두 사라졌다. 샹젤리제의 다른 상점·식당은 손님으로 북적이지만, 유독 푸케만 철판 너머에서 보수 공사를 하느라 적어도 석 달은 문을 닫아야 하는 형편이다.

(…) 푸케가 '부자들의 식당'으로 좀 더 뚜렷하게 각인된 건 2007년이었다. 대선에서 승리한 니콜라 사르코지는 주변 인물 100여 명만 골라 푸케에서 성대한 당선 축하 파티를 열었다. 사회주의 전통이 강한 프랑스에서 우파 대통령의 화려한 자축연은 많은 이의 뇌리에 유쾌하지 않게 남았다.

푸케의 코스 메뉴는 1인당 86유로(약 11만 원)다. 파리에는 그보다 더 비싼 식당도 많다. 하지만 긴 세월 샹젤리제의 돋보이는 위치에서 유명세를 치르다 보니 노란 조끼의 '목표물'이 됐다고 파리 지앵들은 말한다. (…)

『조선일보』 2019년 4월 8일

'왜 그 식당을 습격했을까'가 포인트다. 그 식당이 어디인지, 왜 밥상이 되었는지 궁금하던 찰나 눈은 이미 기사를 훑고 있다.

'노란 조끼'는 프랑스에서 각종 교통사고에 대비해 차량에 의무적으로 비치해야 하는 형광 조끼인데, 흔히 운전자 등 서민층을 상징한다. 2018년 10월, 프랑스 정부의 유류세 18% 인상안에 분노한 시민들은 자신의 차에 있던 노란 조끼를 꺼내 입고 과격한 반정부 시위를 벌였다. 에마뉘엘 마크롱 프랑스 대통령이 유류세 인상안을 철회하겠다고 한발 물러났지만, 시위대는 화를 가라앉히지 못하고 대통령의 사임을 요구하고 있다.

노란 조끼의 분노가 쉽게 가라앉지 못하는 이유는 그 분노가 결국 양극화에 닿아 있기 때문이다. 양극화 문제는 자본주의 세계라면 어느 나라나 예외가 없다. 자본주의 설계자들은 고삐 풀린 자본주의가 지금과 같은 극단적인 양극화를 낳을지는 몰랐을 거다. 오스트리아 태생의 과학 철학자 칼 포퍼(Karl Popper)의 말처럼 진작에 "추상적인 선의 실현보다 오히려 구체적인 악을 제거하는 데 주력"했더라면 노란 조끼 사태를 예방했거나 최소한 폭력 시위로 발전하는 건 막을 수 있었을지 모른다.

그런 점에서 노란 조끼의 분노는 어느 정도 수긍이 간다. 하지만 선을 넘지 말아야 했다. 폭력에 기대는 순간 노란 조끼는 자신들의 명분에 스스로 먹칠을 했다. 이 사람들이 과연 200여 년 전에 자유, 평등, 박애를 외쳤던 사람들의 후예인가 싶다. 감옥이나

경찰서가 아니라 만만한 식당을 노린 점도 이들의 순수성을 의심
케 하는 대목이다.

미국의 흑백갈등도 그렇다. 흑인 한두 명의 진짜 억울한 사연
을 자신들의 광기 발산의 불쏘시개로 쓰는 흑인들이 많다. 백인
경찰의 흑인 구타와 흑인 시위대의 상점 약탈은 전혀 별개의 것이
다. 야만과 무질서만 남게 된 후에는 애초에 분노한 진의조차 의
심받을 수밖에 없다. 유대 격언처럼 '가난은 수치가 아니지만 명
예는 더욱 아니다.' 가난은 약탈을 정당화할 수 없다. 어떤 폭력도
뜯어보면 위선이다.

우리나라에서도 형광 조끼(환경미화원), 방풍 점퍼(택배기사), 제
비 헬멧(우편배달원), 브라운 깔깔이(전역한 백수) 시위가 일어나지
말라는 법 없다. 헤겔의 변증법은 정반합(正反合)을 말한다. 어
떤 명제(테제, Thesis)가 등장하면 그에 반하는 반명제(안티테제,
Antithesis)가 대두되고 그 둘 간의 갈등 그리고 화해를 거쳐 합명
제(진테제, Synthesis)로 나아간다. 정(正)에 대한 반(反)의 등장, 둘
사이의 오해와 갈등은 필연이다. 관건은 이 둘 간의 대화와 타협,
그리고 이를 위한 조정이다. 그게 없으면 폭발한다. 그 전에 손써
야 한다.

────── 같은 재료, 다른 레시피 ──────

먼 나라 프랑스의 노란 조끼 시위를 전하는 헤드라인은 나오는 무

243

관하게 느껴지는 게 사실이다.

프랑스 '노란 조끼' 시위 다시 격화⋯방화·약탈까지
격화하는 佛 '노란 조끼' 시위⋯'50년 만의 대폭동'
佛 '노란 조끼' 시위가 몰고 온 경제 재앙

　노란 조끼의 폭동 반경에 우리에게도 익숙한 지명과 장소가 나오면 이야기가 달라진다.　지켜보는 생생함에 더 이상 남의 일이 아닐 수 있다는 초조함이 더해져 손에 땀을 쥐며 들여다본다.

佛 '노란 조끼' 주말 시위예고에 에펠탑, 루브르 등 폐쇄
"샹젤리제는 전쟁터"⋯'노란 조끼' 다시 격화
프랑스 노란 조끼 시위에 불타버린 푸케 레스토랑

Foggy

빌 게이츠의
후회

빌 게이츠는 인간이 두 발로 걷기 시작한 이후 지구상에서 가장 성공한 인물 중 한 명이다. 보통은 명예와 실익 중 하나가 빠지는데 빌 게이츠는 둘 다 챙겼다. 돈 버는 수완도 좋았고 말년에 세상을 향한 따뜻한 시선도 좋다. 그런 빌 게이츠에게 후회랄 게 있을까, 혹시 한창때 더 많이 벌지 못해서?

사연인즉슨

2007년 애플 아이폰이 세상에 나왔을 때 많은 이들이 혁신성에 박수를 쳤다. 반면 iOS(아이폰 운영체제)를 처음 접한 사용자들 중 상당수는 적잖은 당혹감도 느꼈다. 마이크로소프트(MS)의 컴퓨터 OS(운영체제) 윈도에 익숙했던 이들에게 iOS는 상당히 생소했던 데다 음악이나 앱 관리를 위해 별도로 설치해야 했던 아이튠즈라는 소프트웨어도 사용법이 꽤 까다로웠기 때문이다.

많은 이들은 스마트폰도 작은 컴퓨터인 만큼 조만간 윈도를 OS

로 택한 폰이 나올 것이고, 이것이 곧 스마트폰의 대세를 이룰 것이라고 생각했다. 하지만 10여 년이 지난 지금, 예상은 완전히 빗나갔다. 현재 모바일 OS 시장 점유율은 구글의 안드로이드 86%, iOS 14% 전후인 데 비해 윈도는 0.1%에 그친다. 오픈 소스의 무료 OS라는 안드로이드의 장점이 삼성을 비롯한 많은 스마트폰 제조사들을 끌어들인 결과다.

MS는 2010년 첫 스마트폰용 OS를 내놓았으나 이렇다 할 성과를 내지 못했다. 2014년 핀란드의 휴대폰 회사 노키아를 인수하면서 모바일 시장에서 재도약을 노렸지만 이 역시 삼성과 애플 등의 상승세에 밀려 고전의 연속이었다. MS는 스마트폰 시장에서 사실상 철수 수순을 밟고 있다. 올 초 MS의 서포트 페이지에는 오는 12월 10일을 끝으로 더 이상 윈도10 모바일 OS를 지원하지 않는다는 내용이 떴다. 지원 종료는 모바일 OS 버전 단종을 뜻한다.

스마트폰 시장에서 사실상 퇴출된 신세가 되자 MS 창업자 빌 게이츠가 뒤늦은 후회를 했다는 소식이다. 그는 지난주 한 행사에서 "소프트웨어 세계, 특히 플랫폼 시장은 승자독식 시장"이라며 "MS가 안드로이드처럼 되지 못하도록 한 것이 나의 최대 실수"라고 인정했다고 한다. 구글은 2005년 5,000만 달러에 안드로이드를 인수했다. 지금은 약 4,000억 달러로 추산되는 '대물'을 놓친 것을 크게 아쉬워한 것이다. (…)

『한국경제신문』 2019년 6월 24일

현재는 과거의 연속선상에 있지 않다. 맥락이 다르기 때문이다. 올챙이 때는 그때의 기준과 목표가 있고, 개구리가 되어서는 또 지금의 입장과 상황이 있다. 올챙이 시절을 잊었다고 나무랄 사람도 없고, 올챙이 시절을 후회한다고 위로할 사람도 없다. 빌 게이츠의 후회는 결국 모바일 OS를 차지하지 못했다는 거다. 그런데 그건 무리다. 한 기업이 모든 걸 다 잘할 수는 없다. 분업의 원리에도 어긋난다.

간혹 모든 걸 다 하겠다고 욕심을 부리다 소화불량에 무너지는 기업도 종종 나온다. 경제학에서 말하는 범위의 경제(Economy of scope)는 제품이나 사업의 수가 지나치게 많아지면 오히려 역효과를 가져온다. 마이크로소프트는 컴퓨터 OS의 절대 강자이고, 회사의 모든 체제와 인력이 거기에 특화되어 있다. 그만큼 잘했으면 충분하다. 그에게 들려줄 노래가 있다. 김종서의 〈플라스틱 신드롬〉(1995)이다. "세상 모든 걸 다 가지려 하지마. 꿈은 꿈대로 남겨둬."

비록 후회라는 표현을 썼지만 빌 게이츠처럼 세계 최정상에 오른 사람의 후회는 일반인들의 머리 쥐어뜯는 후회와는 많이 다를 것 같다. 그들의 후회는 대중을 위한 립서비스이거나 가진 자만의 자학 개그, 혹은 자서전 이야깃거리로 이해하는 편이 더 정확하다. 그래서 빌 게이츠는 틈날 때마다 후회를 남발한다. 전에도 직원들에게 스톡옵션 나눠 준 걸 후회한다고 했고, 또 어떤 때는 외국어 공부 안 한 걸 후회한다고도 했다.

빌 게이츠 본인만 모르는 한 가지 진실. 만일 과거에 직원들에게 스톡옵션을 안 줬으면 큰일 났을 뻔했다(2000년 초반 닷컴 붐이 불 때는 실리콘밸리 대부분 회사가 다 스톡옵션을 줬다). 일부 직원의 강한 반발, 대다수 직원들의 동조, 돈 냄새를 맡은 로펌들의 가세, 경영진 전횡에 대한 소송 제기, 배임 혐의로 경영진 구속으로 이어졌을지도 모르는 거다. 또 만일 젊은 날 창업 대신 외국어 공부에 탐닉했다면 어땠을까. 지금쯤 여행 가이드가 되어 한 마리 나비처럼 "날개를 활짝 펴고 세상을 자유롭게 날고" 있을지 모른다(윤도현, 〈나는 나비〉, 2006). 물론 소프트웨어 황제를 포기하고 자유로운 나비의 삶을 사는 것도 나쁘지는 않겠다.

──────── 같은 재료, 다른 레시피 ────────

대개의 헤드라인이 빌 게이츠가 후회하는 대상이 구글 안드로이드임을 지목한다. 헤드라인에 충분한 정보가 담겨 있는 만큼 독자는 '아, 그렇군' 하며 지나칠 수 있다.

> 빌 게이츠의 후회 "최대 실수는 구글 안드로이드 출시 기회 준 것"
> 빌 게이츠 "구글에 안드로이드 출범 허용, 생애 최악 실수"

안드로이드를 명시하지는 않았지만 구체적인 수치, 그것도 무러 480조 원을 적시한 헤드라인은 액수가 주는 무게만으로도 부지불식간에 클릭을 유도한다.

빌 게이츠, "4천억 달러(480조 원) 날린 인생 최대 실수는?"

사실 아무 이유나 내용을 달지 않아도 대상이 빌 게이츠라면 그의 모든 발언이 궁금증을 부른다. 자꾸 후회한다고 하는 걸로 봐서 빌 게이츠도 이제 많이 연로하신 듯하다(1955년생이시다).

빌 게이츠 "하지 않아서 후회하는 일" 질문에 대답이…
세계 최고 거부 빌 게이츠가 가장 후회하는 것은

미쓰비시 엘리베이터에서 떠오른 생각

엘리베이터에 오르면 모두가 경건해진다. 마치 숫자라는 걸 처음 본 사람들처럼 다들 층수 표지판의 빨간색 숫자를 응시한다. 숫자가 바뀔 때마다 마음속으로 따라 외기도 한다. 그러다 싫증 나면 눈길 줄 곳을 찾아 두리번거리다 이내 금속 판대기에 시선이 닿는다. '24명 정원에 1,600kg.' 마지막에 올라탄 자가 정원을 오버한 것 같은 불길한 생각이 들면서 제조사 이름을 확인한다. 티센크루프, 오티스, 현대, 동양 등이 보이는데 간혹 미쓰비시도 눈에 띈다. 전범(戰犯) 기업이다.

사연인즉슨

여름 휴가 기간 중 지방 도시의 고층 아파트에 사는 친지를 방문할 일이 있었다. 엘리베이터를 탔더니 전범기업 꼬리표를 달고 있는 미쓰비시 상표가 숫자판 위에 붙어 있었다. 단지 내 편의점에 일본 맥주를 팔지 않는다는 안내문이 적혀 있고 진입로 주변에 '다시는 지지 않겠습니다'라고 적힌 현수막이 내걸린 것과 달리 주민 그 누구도 미쓰비시 엘리베이터는 개의치 않았다. 맥주와 엘리베이터의 차이는 무엇일까. 그건 대체 가능한 것과 그렇지 못한 것의 차이다. 멀쩡한 엘리베이터를 교체할 수도 없고 아파트 주민들이 20층 고층을 걸어 올라갈 수도 없다.

불매운동은 의류나 맥주, 화장품 등 대체 가능품이 있는 소비재에 한정되어 있다. 자동차도 이 범주를 벗어나지 않는다. 공영방송 뉴스를 진행하던 앵커의 손에 쥔 볼펜이 일본제 아니냐고 시청자가 항의성 전화를 걸고, 앵커가 굳이 나서 국산이라고 해명하는 해프닝이 벌어졌다. 볼펜은 국산이라 해도 앵커의 해명을 안방으로 전달한 방송장비의 상당 부분은 일본제. 국내에서 사용하는 방송카메라는 거의 100% 일본제라 보면 된다. 일본 업체의 시장점유율이나 가성비 등을 고려하면 선택의 여지가 달리 없기 때문이다. 불매운동은 일본의 경제보복에 대한 항의 수단이라 해도 모든 일본 제품을 거부하기란, 중국산 제품 없이 살아가는 것만큼이나 불가능한 미션이다.

그렇다면 일본이란 나라는 우리에게 어떤 존재인가. 두말할 나위 없이 대체 불가능한 존재다. 그것도 영구적이다. 엘리베이터는 고장이 나거나 내구연한이 지나면 더 좋은 제품으로 갈아탈 수 있지만 이웃나라는 그럴 수 없다. 우리가 이사를 갈 수도 없다. 이웃나라는 밉든 곱든 좋든 싫든 벗어날 수 없는 숙명이다. 그런 대전제 아래 공존·공생할 전략을 짜고 관계를 설정해야 한다. 한국이나 일본 양국 정부 모두에게 해당하는 이야기다. (…)

『중앙일보』 2019년 8월 15일

궁금한 헤드라인

왜 하필 미쓰비시 엘리베이터여야 했을까? 유니클로 셔츠를 입으며 떠오른 생각이나 렉서스 핸들을 돌리며 떠오른 생각, 도쿄 회전초밥집에서 떠오른 생각도 있었을 텐데 말이다. 답은 재량 유무에 있다. 유니클로나 렉서스는 의지만 있으면 안 사면 된다. 허나 미쓰비시 엘리베이터는 내가 뭐라 할 여지가 없다. 건물주에게 항의할 수도 없고, 청와대 게시판에 국민청원을 넣기도 뭐하다.

'미쓰비시 엘리베이터에서 떠오른 생각'은 결국 함께 가야만 하는 한일 양국의 운명적 관계를 대변한다. 경제만 놓고 봐도 일본과 한국은 켜켜이 얽혀 있다. 뭐가 얼마나 어디서 얽힌 것인지 파악하는 것조차 힘에 부친다. 더구나 지금은 글로벌 경제 시대다. 한일 간 얽힌 사슬을 푸는 것은 불가능할 뿐 아니라 불필요하다.

학창 시절 탐독했던 무협지들은 대개 철천지(徹天之), 즉 하늘에 사무치도록 한이 맺힌 가문의 원수를 갚는 스토리다. 강호에 앙숙 관계인 A, B 두 문파가 있다. 왜 앙숙인지는 모른다. 원래부터 그렇다. 상대적으로 더 몰락한 A 문파의 아들은 도인을 만나 혹독한 수련 끝에 아무도 대적 못 할 무공을 완성한다. 그리고는 B 문파를 찾아가 방장을 죽이면 1권이 끝난다. 2권에서는 B집 아들이 A집을 찾아가 아버지의 원수를 갚는다(가끔씩 아들 대신 딸이 나서기도 하는데 그럴 때 독자의 카타르시스는 극대화된다). 3권은 가문의 원수가 다시 바뀌어 A집 3대 후손이 B집 2대 혹은 3대를 찾아가 죽인다. 4권부터는 누가 누구를 왜 죽이는지도 모르겠고 그저 눈에 띄면 죽인다. 5권부터는 더 읽을 필요도 없다.

한국과 일본의 보통 사람들은 가문의 원수 프레임을 잊은 지 오래다. 한국 불고기 맛집이 어디이고, 교토 사케를 어떻게 하면 맛있게 마실지에 몰두해 있다. 용사마, 지우히메, 사유리가 어디 가문의 몇 대째 원수인지를 따지지도 않는다. 그런데 왜 어떤 사람들은 지치지도 않고 반일과 혐한 노래를 부르는지 모르겠다. 5G 이동통신과 자율주행차의 시대에 죽창(竹槍)과 양이(攘夷, '오랑캐는 물러가라'는 일본 극우의 대표적인 혐한 구호)는 정말 아니다. 한물간 프레임만 편식하는 국가는 한물간 국가가 된다.

정치인은 두 부류다. 잊힌 정치인과 잊힐 정치인. 유일하게 역사가 기억하는 정치인은 이쪽저쪽이 아니라 나라를 위한 밸류(가치)를 만들어낸 정치인이다. 예전에 삼성 이건희 회장이 한국 기업은 이류, 행정은 삼류, 정치는 사류라고 했다가 사류 집단에게 엄청나게 두들겨 맞았다는데, 말이야 바른 말이다. 일본이 정녕 미우면 욕하는 걸로 끝낼 게 아니다. 일본을 더 많이 배워서 일본을 능가하는 뛰어난 제품을 만드는 게 이기는 거다. 소니를 이긴 삼성처럼 말이다.

역사상 가장 유명한 두 원수 가문인 캐퓰렛(Capulets)과 몬터규(Montagues) 가문의 불화는 양쪽 대표 로미오와 줄리엣이 모두 자살하는 걸로 끝난다. 두 사람이 죽어가면서 함께 "신이시여 우리를 용서하소서"라 했다는데 자살을 용서하라는 건지, 가문 싸움을 용서하라는 건지는 알 길이 없다.

같은 재료, 다른 레시피

대부분 헤드라인이 불매 운동에 따른 양국 기업의 피해를 전한다. '한-일'의 조합은 스포츠를 넘어 거의 모든 영역에서 핫이슈다.

등돌린 30대⋯일본차 판매급감 결정타

일본맥주 빈자리 누가 차지하나

일상화된 日제품 불매운동⋯유니클로 매출 74% 급감

"승객 없어 비행기 못 띄울 지경" 일본 노선 줄이는 항공사들

몇몇 기사는 불매를 뛰어넘어 글로벌 시대에 양국 경제의 밀접성을 생각케 하는 헤드라인을 뽑았다. 언제까지 이렇게 감정 대립을 해야 하나 고민하는 독자라면 당연히 클릭이다.

한일·일한 협력촉 '정상회담 조속 개최' 호소 결의문 채택

한일, 수출협의 재개 움직임⋯지소미아 사과는 '진실공방'

佛·獨 교류 거울삼아 한일 갈등 해결해야

日 기자가
슬쩍 준 정보

'슬쩍'이라는 말은 은근하면서 자극적이다. 뇌물 같은 걸 줄 때도 대놓고 주면 스릴이 없다. 예상치 못한 장소에서, 예상치 못한 사람이 '스~을쩍' 쥐야 주는 맛도 있고 받는 재미도 있(을 것 같)다. 정보도 마찬가지다.

사연인즉슨

지난해 9월 한 일본 기자가 "마이크 폼페이오 미국 국무장관이 조만간 휴가를 간다던데 들었어?" 하고 물었다. 국무장관이 뜬금없이 가을 휴가를 간다니… 이 한마디를 실마리로 본지는 폼페이오 장관의 4차 방북을 먼저 확인할 수 있었다. 미우니 고우니 해도 일본만큼 한국과 안보 이해관계가 맞아떨어지는 곳이 없다. 백악관이나 국무부 브리핑에서 한국과 일본 기자들이 질문하는 관점은 거의 같다. 국내에 보도되는 북한과 중국에 대한 백악관과 국무부

반응 상당 부분이 일본 기자들이 질문한 것이다.

(…) 지난 7월 워싱턴에서 한·미·일 의원 회의가 열렸을 때 한·일은 대외적으론 서로 "신뢰를 잃었다"고 공격했다. 그러나 당시 일본 기자들이 전해준 분위기는 좀 달랐다. 의원단의 버스를 끝까지 추적했던 일본 기자는 "한·일 의원들이 카메라만 빠지면 웃으면서 이야기를 잘 하더라"고 말했다. 서로 비판하면서도 대화 의지는 가지고 있었던 것이다.

강경화 외무장관과 고노 다로 일본 외무상이 의외로 사이가 좋다는 이야기도 워싱턴 싱크탱크와 일본 기자들 사이에서 나온다. 두 사람이 양국 국민감정을 의식해 만날 때마다 심각한 표정을 짓고 있지만, 사실은 서로 양해를 구하고 하는 행동이란 것이다. 실제 지난달 2일 태국 방콕에서 열린 한·미·일 외교장관 회담에서 폼페이오 장관이 가운데 서 있고 강 장관과 고노 외상이 굳은 표정으로 서로 다른 곳을 쳐다보는 사진이 찍힌 것은 세 사람이 합의하고 했던 '카메라용 포즈'였다는 설명이다. 이 말이 맞다면, 악화된 한·일 관계 속에서도 양국 외교 수장이 고충을 이야기할 수 있다는 점에서 그나마 다행이다. (…)

『조선일보』 2019년 9월 7일

———— 스치는 생각 ————

국가 차원의 갈등에도 불구하고 한국과 일본, 양국 언론계에는 정상적인 대화 채널이 작동되고 있음을 알리는 기사다. 각국 정부의 입장이 있으니까 드러내놓고 친한 척하기는 곤란하겠지만, 그렇다고 볼 때마다 인상 구기는 것도 못 할 짓이다. '日기자가 슬쩍 준 정보'라는 헤드라인의 방점은 '정보'가 아니라 '슬쩍'에 찍혔음을 알겠다. 헤드라이너로서 기자의 센스에 박수를 보낸다.

한국은 반일, 일본은 혐한이 한창이다. 한국 5천만 명, 일본 1억 2천만 명이 모두 한목소리는 아닐 테고, 아마 대다수 국민들은 이런 격한 이슈에는 별 관심이 없을 것 같다. 그런데도 누가 이렇게 반일과 혐한을 외치는 걸까. 형사들은 범죄가 발생했을 때 그로 인해 가장 크게 이득을 보는 자가 누구인지를 찾는다. 반일과 혐한의 경우는 어떠할까.

헤밍웨이의 소설을 영화화한 〈누구를 위하여 종은 울리나〉(1943)의 여자 주인공이자 아카데미 여우주연상 2회 수상에 빛나는 잉그리드 버그만은 "행복은 건강한 육체와 나쁜 기억력으로 구성된다"는 말을 남겼다. 절묘하다. 이제 식민지 시대 기억을 더듬는 일은 그만하고 육체를 건강하게 하는 데 노력을 기울여야 하지 않을까. 광복 75년이 지난 지금까지도 친일이 이슈가 되는 건 참 서글프다. 이러다 임진왜란의 기억을 되살려 몽진파와 항전파로 나뉘고, 병자호란의 아픈 기억을 소환해 친청파(주화파)와 친명파(척화파)로 나뉘어 싸우지 않을까 덜컥 겁이 난다.

미국 정치인 중에 이런 연설을 한 사람이 있다. "진보의 미국, 보수의 미국이 따로 있지 않습니다. 오직 미합중국만이 있을 뿐입니다." 짐작하겠지만 미국 전 대통령 버락 오바마가 2004년 민주당 전당대회 연설에서 한 말이다. 이 정도 철학과 신념이 있어야 노벨평화상도 타고(2009), 초강대국 미국의 대통령 자리에도 않는다(2009~2016). 자꾸 과거에 집착하는 건 백미러만 보고 운전하는 것과 다름없다.

같은 재료, 다른 레시피

한일 간 갈등 국면을 마치 테니스 랠리 중계하듯 건조하게 담은 헤드라인이 많다. 어쩌겠는가. 상황이 그렇게 전개되니까 헤드라인도 그저 덤덤할 수밖에. 불구경을 즐기는 독자라면 모를까 대다수 독자들은 헤드라인만 대충 봐도 가슴이 답답하다.

> 잇따른 '악수'로 막다른 골목에 다다른 한일관계
> '정면 대결' 한일 일단 숨 고르기…곳곳 지뢰밭

감정을 누르고 문제의 근원과 해결의 실마리를 더듬는 헤드라인은 과연 어떤 해법이 있을지에 대한 궁금증을 유발한다. 애국하는 마음으로 클릭하게 된다.

> 한일경제인회의 "양국 경제 상호발전 위해 정치·외교 복원해야"
> 한일 갈등 내주 분수령…공은 일본으로
> 美, 지소미아 종료에 "강한 우려와 실망"…한일 대화 촉구

'로레알 혁신'이 보여준
세 가지 메시지

로레알은 프랑스 화장품 업체다. 주로 고급 브랜드가 떠오른다. '로레알 혁신'은 뭘 말하려는 걸까? 바른 척만 해도 산소 같은 피부를 만들어주는 뭐 그런 거? 아니면 매일 지울 필요 없이 한 번 척 바르면 일주일은 너끈히 가는 그런 거? 한 가지 애매한 것은 로레알 혁신이 소개된 무대가 세계 최대 전자·IT 박람회인 CES였다는 사실이다.

사연인즉슨

7일(현지 시간) 세계 최대 전자쇼 'CES 2020'이 열리고 있는 미국 라스베이거스 전시장 인근 벨네시안타워. 글로벌 뷰티그룹 로레알은 이 건물 34층 209호에 공간을 마련했다. 넓지 않은 공간에는 로레알이 보유한 화려한 브랜드의 제품은 없었다. 대신 네모난 통 몇 개와 화장품 재료, 스마트폰이 전부였다. '로레알답지 않은 전시'란 생각이 들었지만 전문가들의 생각은 달랐다. "CES 2020에서 가장 인상 깊은 장면 중 하나"라고 했다.

정보기술(IT)과 인공지능(AI)의 발전으로 사업의 경계가 붕괴되고, 전통 제조업이 스스로 업의 본질을 바꿔나가는 것을 보여주는 '작지만 메시지가 많은 전시'라고 평가했다. CES 2020에서 현대자동차가 자동차를 한 대도 전시하지 않고, 소니가 전기차를 내놓은 것과 맥을 같이한다는 분석이었다.

로레알은 이 제품에 페르소란 이름을 붙였다. '개인이 직접 피부에 맞는 화장품을 제조할 수 있는 기기'란 의미를 담았다. 아침에 스마트폰 앱(응용프로그램)을 열어 얼굴을 스캔하면 끝난다. AI가 피부 상태, 대기질, 공해, 트렌드 등을 분석해 최적화된 스킨로션을 제조해준다. 하루치 분량을 캡슐 형태로 포장까지 해준다. 같은 방식으로 파운데이션, 립스틱 등도 제조할 수 있다.

글로벌 스타트업 지원사업을 하고 있는 이용덕 전 엔비디아코리아 대표는 전시장을 돌아본 뒤 이렇게 말했다. "전통 화장품기업이 서비스업으로 건너가려는 시도를 하고 있다. 업(業)을 넘나드는 이런 시도는 이번 전시회의 가장 중요한 트렌드이기도 하다." '페르소'가 성공하면 화장품 콘셉트를 정하고 원료를 사서 만든 뒤 이를 매장에서 판매하는 방식의 화장품 제조업은 서서히 사라질 것이란 전망도 덧붙였다.

(…) 로레알은 제조업에서 벗어나 인공지능(AI) 기반의 디바이스를 빌려주고, 화장품 원재료를 소비자에게 공급하는 서비스업으로 한 발짝 다가가게 되는 셈이다. (…)

『한국경제신문』 2020년 1월 9일

고등학교 때부터(사실은 그 훨씬 전부터) 이과와 문과로 나누는 건 시대역행적이다. 이과 회사, 문과 회사가 따로 있지 않기 때문이다. 스티브 잡스, 빌 게이츠, 일론 머스크, 마크 저커버그가 이과였는지 문과였는지 아무도 묻지 않는다(순서는 출생년도 순. 잡스와 게이츠는 동갑인데 잡스가 빠른 55년생이다).

산업 분류도 그렇다. 산업 주체 간 역할을 겹치지 않게 구분하고 각자 맡은 쪽만 잘하라고 하는 건 일종의 부분 최적화(Partial optimization)다. 색깔 구분이 명확한 시대라면 이런 방식이 매우 효율적일 수 있다. 그러나 경계가 희미해진 시대, 다시 말해 색깔 자체가 두루뭉술한 시대라면 역할 구분 자체가 불가능하고 무의미하다. 부분 최적화는 전체 최적화(Global optimization)로 수렴되지 못한다.

경계가 허물어진 4차 산업혁명 시대의 혁신 방식은 그 전과는 달라야 한다. 특히 한국은 대기업 중앙연구소에서 군사 작전하듯이 혁신을 해왔다. 언제까지, 어떤 사양의 제품을, 얼마의 가격에 목숨을 걸고 만들었다. 목표가 명확할 때는 이런 방법이 비인간성을 보상하고도 남을 만큼 효과적이다. 그런데 4차 산업혁명이 뭔가? 정체불명의 빅데이터와 어디로 튈지 모르는 인공지능이 죽이 맞아 세상을 요리하는 시대다. 이럴 땐 빗맞아도 한 방 전략이 오히려 더 적합하다. 야구 용어를 빌자면 '텍사스성 혁신'이라고 할까(야구에서 빗맞은 행운의 안타를 '텍사스성 안타' 혹은 원어 표현으로 '텍사스 리거'라고 한다. 초창기 미국 야구 텍사스 리그에서 이런 안타가 우연히 많이 나와서 붙여진 이름이다).

아울러 혁신은 기술에만 국한되지 않는다. 기술을 담는 그릇, 즉 경영의 혁신이 뒷받침되어야 한다. 런던비즈니스스쿨의 게리 하멜 교수는 『경영의 미래』(2008)에서 "우리는 여전히 테일러의 방식대로 일하고 있고, 베버가 만든 조직구조에서 살고 있다"고 부르짖었다. 두 사람 모두 20세기 초반 자본주의 경영의 이론적 토대를 연구한 사람들인데, 미국의 프레더릭 테일러(Frederick Taylor)는 노동자들의 작업 동작과 시간을 잘 배치하면 생산성을 극대화할 수 있다고 주장했고, 독일의 막스 베버(Max Weber)는 명령, 복종, 규범에 따라 운영되는 합법적 조직, 즉 관료제 조직이 가장 이상적이라고 주장했다.

테일러와 베버가 100여 년 전에 만든 관리 방식이 현재에 맞을 리 없다. 특히 한국 기업들은 경직된 기업문화(시키는 대로 할 것, 토 달지 말 것, 설치지 말 것) 때문에 혁신 속도가 매우 더디다. 직원의 역량을 100% 끄집어내고(공식적으로는 자아실현), 머슴임에도 주인집 아들처럼 행동하게 하며(주인의식), 혼수상태에 빠진 상상력을 흔들어 깨워야(창의구현) 4차 산업혁명을 헤쳐갈 수 있다.

튀는 사람이 활개 칠 때 비로소 튀는 성과가 나온다. 그것이 CES 2020이 던지는 메시지다.

같은 재료, 다른 레시피

화장품 회사 로레알의 혁신은 그 자체로서 쇼킹하다. 남녀 가릴 것 없이 독자들의 관심이 집중된다.

로레알, 맞춤형 디바이스 '페르소' CES 첫선
로레알, 개인이 원하는 대로 화장품 만들어주는
즉석 화장품 제조기 'Perso' 선보일 예정

뷰티업계와 첨단 기술의 만남에 대해 알 듯 말 듯 추파를 던지면 답답한 독자는 클릭을 참지 못한다.

"뷰티, 기술과 만나다"…판 커지는 뷰티기기 시장
AI가 피부 분석하면 맞춤형 파운데이션, 립스틱이 '뚝딱'
아모레퍼시픽, 美 CES서 韓뷰티업계 첨단 기술 선봬

비대면 수업과
사라진 40분

비대면 수업은 알겠는데 사라진 40분은 도통 짐작 가지 않는다. '사라졌다'는 표현은 동서고금 모든 추리소설의 기본 전제다. 사라지지 않았다면 추리는 무의미하다. 하다못해 눈썹 한쪽이나 머리 한 움큼이라도 사라져줘야 추리 본능이 시동을 건다.

사연인즉슨

(…) 우리는 이제까지 피해왔던 질문, 가르치고 배우는 매우 중요하면서도 번잡스러운 일을 근본적으로 되돌아볼 장면에 서게 되었다.

　(…) 수업을 위해 동영상을 촬영하는 이들이 공통적으로 호소하는 어려움이 있다. 60분 분량 수업을 촬영하면 꼭 20분짜리 동영상이 만들어진다는 것이다. '인강(인터넷강의)'에 익숙한 이 신인류들은 빨리보기를 통해 이를 10분 이내에 주파할 것이다. 전통적

수업은 40분, 혹은 50분을 허비하는 비효율적인 수업이라고 자조할 사람들도 있을 것이다.

그러나 나는 교육의 본질적인 부분은 그 사라진 40분에 있다고 생각한다. 그 시간에 학생들은 어리석은 질문들을 던지고, 답변은 반복될 것이며, 서로의 안색을 살피는 어색한 침묵의 시간이 흐를 것이다. 그 침묵의 어색함을 견디는 것이야말로 대면의 시간이 주는 선물이기 때문이다.

그래서 교육은 상호작용이자 서로에 대한 인내라는 것을 다시금 되새긴다. 선생은 학생들의 무지를 견디고, 학생들은 무지의 부끄러움을 견디는 것, 그리고 이것이 진행되는 그 어색한 침묵의 순간을 견디는 것. 그런데 돌이켜 생각해보면 그것 이외에 무엇이 교육인지 나는 알지 못한다. 그 침묵이 덧없이 흐른 후 가끔, 아주 가끔은 어느 인생이 바뀌는 영감과 깨달음이 예고 없이 번개처럼 지나갈 때가 있기 때문이다.

세계 질서가 바뀌고 경제체제가 붕괴하며 사람과 사람 사이의 풍습조차 바뀌는 이 시간에 학교와 교육 또한 어떠한 형태로건 변화를 피할 수 없을 것이다. 싫건 좋건 비대면 수업이 열어놓은 신세계는 불편하고 피곤하지만 많은 가능성이 열려 있는 불확실한 공간이기도 하다. 그러나 확실한 것은 어떻게든 이 신세계에 그 사라진 40분을 찾아 넣을 임무가 우리에게 주어졌다는 점이며, 그 성패에 또한 우리의 미래가 걸려 있다는 사실이다.

『중앙일보』 2020년 4월 24일

'사라진 40분'이라는 표현이 절묘하다. 비대면 수업이 황망하게 시작되자 불편, 혼란, 짜증, 변명이 줄을 이었다. 보고 싶은 사람을 못 보는 우울함과 꼴 보기 싫은 사람을 안 봐도 되는 상쾌함이 교차하면서 엉거주춤한 감정을 만들어내기도 했다. 그런 상황에서 '40분' 그것도 '사라진' 40분을 짚어낸 기자(혹은 칼럼니스트)의 예리함에 감탄하게 된다.

　많은 사람들이 조심스레 예견하듯이 앞으로는 비대면이 새로운 노멀(Normal)이 될 것 같다. 코로나가 언제 끝날지 모르고 끝난다 한들 또 다른 전염병이나 천재지변이 발생할 수 있으니까 그렇다. 새로운 질서를 뜻하는 뉴노멀은 기존의 고착화된 시스템과 관행에 대한 대대적 도전이자 재편의 기회다. 그 대상으로 빠뜨릴 수 없는 것이 교육이다. 한 나라의 교육 시스템과 제도는 여간해서는 바뀌지 않는다. 손질한답시고 여기저기 건드려놓으면 내성이 생겨 더욱 바뀌기 어렵다. 바꿔야 한다면 지금이 찬스다.

　현재 우리나라 교육 시스템 전반에 문제가 있는 것은 확실해 보인다. 서울대학교 정치외교학부 김영민 교수는 "공부하는 곳에 입학하기 위해 공부가 싫어지는 체험을 해야 하는 역설이 대학 입시 공부에 있다. 더 큰 문제는 그 싫어진 공부가 곧 공부의 전부라고 착각하게 되는 것이다"라고 말한다(김영민, 『아침에는 죽음을 생각하는 것이 좋다』, 2018). KBS도 2017년 내보낸 특집 다큐멘터리 〈명견만리〉에서 현재의 교육제도를 "19세기의 교실에서, 20세기의 교사들이, 21세기 아이들을 가르치는 모순"이라고 지적했다.

그럼 우리 교육은 어떻게 바뀌어야 할까. 구체적인 사항은 구체적으로 관련된 분들의 몫이겠으나 큰 방향은 거의 정해져 있는 것 같다. 시대 조류, 특히 4차 산업혁명의 요구에 맞춰 나가면 된다. 미국 국방부 장관을 역임했던 도널드 럼즈펠드가 제안한 상황 구분이 도움이 된다. 그는 정보에 직면했을 때의 상황을 알려진 앎(Known known, 알려져 있어서 아는 것들), 알려진 무지(Known unknown, 존재 자체는 알고 있으나 그게 정확히 무엇인지는 모름), 알려지지 않은 앎(Unknown known, 알고 있으나 방심하는 것들), 알려지지 않은 무지(Unknown unknown, 모른다는 사실조차도 모름)의 4가지로 구분한다.

지난 1, 2, 3차 산업혁명은 '알려진 무지', 즉 증기기관, 전기, 컴퓨터 등이 등장하는 것은 알고 있었는데 그 파급효과가 어느 정도일지를 몰랐던 경우였다. 이에 비해 4차 산업혁명은 '알려지지 않은 무지', 즉 세상이 도대체 어떻게 변해갈지 전혀 모르는 암흑 상태에 가깝다. 그렇다면 교육도 이미 알고 있는 영역을 이해하고 분석하는 암기와 스킬 위주에서, 미지의 세계에 도전하고 탐구하는 태도와 역량 위주로 전환해야 한다.

이번 비대면 원격수업을 4차 산업혁명에 맞선 교육혁명의 계기로 삼았으면 한다. 그 첫 단추로 헤드라인에서 지적한 '사라진 40분'을 어떻게 만회할지 많은 논의가 필요하다. 이와 함께 비대면으로 절약된 왕복 2시간 정도의 등하교 시간, 즉 '굴러온 2시간'에 대해서도 같이 논의하면 좀 더 입체적인 논의가 될 것 같다.

궁금한 헤드라인

원격교육 확산에 대해 팩트 위주로 전하는 헤드라인이 많다. 교육은 부동산과 함께 학부모들의 최대 관심사 2종 세트다. 당연히 클릭한다.

코로나19 대비 원격교육 플랫폼 구축 열풍
초등 비대면 학습 열풍 계속된다
원격수업 넘어 미래교육 논의 불붙었다

원격교육의 부작용과 중장기적 영향을 지적하는 헤드라인은 교육 시스템 재설계를 위한 좋은 힌트가 된다. 입에 쓴 약이 몸에는 좋다.

6월 모의평가, 줄어든 중위권…'원격수업 교육격차' 사실로
'코로나19'가 불러온 원격수업…교육 현장 어떻게 바뀔까?
"원격수업은 왜 끔찍한가"…전문가들의 이유 있는 경고

확진자X의
비밀

1990년대 미국 20세기 폭스사가 제작한 〈X파일〉을 아직도 기억하는 사람들이 많다. 멀겋게 생긴 멀더와 스타일리시한 스컬리 두 FBI 요원이 정부의 음모, UFO, 정체불명의 괴생명체 등을 파헤치는 내용이었다. 아, 그 불안한 카메라워크와 음울한 배경음악은 잊혀지질 않는다. 그 이후 'X'라는 알파벳 철자는 A, B, C 따위와는 급이 다른 신비로움을 품게 되었다. 그렇다면 '확진자X의 비밀'은 뭘까? ①그는 왜 X로 불려야 할까 ②그는 왜 확진자가 되었을까 ③그에게 숨겨진 다른 비밀이 있는 걸까.

——— 사연인즉슨 ———

(…) 일본 정부는 코로나19 확진자의 상세한 정보를 공개하지 않는다. 구(區) 단위의 거주지역과 연령대 정도만 공개한다. 확진자가 언제, 어디를 갔는지는 밝히지 않는다. 지자체에 따라 동네 정도는 밝히는 경우도 있다. 앞서 언급한 패스트푸드점과 편의점의 경우, 회사가 홈페이지에 밝히지 않았다면 조용히 묻힐 비밀이었다. 정보공개 여부는 100% 기업 혹은 개인의 몫으로 넘긴 것이다.

명분은 '개인정보보호'다. 공개했을 경우 개인이나 기업이 입을

269

과도한 피해를 우려해서다. 실제로 확진자가 있었던 학교의 여학생들이 "코로나"라고 손가락질을 당했다는 뉴스도 있었다. 이런 피해를 원천적으로 막기 위해, 아예 공개를 하지 않는다는 게 일본 정부 기조다. 소수의 피해자를 만드느니, 깜깜이 상태에서 다수가 조심하는 쪽을 택한 것이다. 정부가 시민들의 휴대전화 정보를 확보하는 것도 일본에선 건드릴 수 없는 성역처럼 다뤄지고 있다. 전체주의적인 발상이 떠오른다는 이유에서다.

이런 기조는 한국과는 정반대다. 서울시는 이태원 클럽에서 확진자가 나오자, 행정력을 동원해 그날 주변에 있었던 1만여 명의 휴대전화 통신정보까지 싹 뒤졌다. 원치 않게 신상이 공개돼 특정인에게 비난이 집중되는 부작용도 있었지만, 차츰 교정해나가고 있다. 결과적으로 일본은 감염경로를 파악하지 못하는 비율이 최근까지도 한국에 비해 높은 편이다.

정부의 정보 통제와 감시에 대한 우려는 모든 나라가 고민하고 있는 지점이다. 그 지점에서 보다 안전하고 쾌적한 사회에 살고 싶다는 시민들의 자발적인 요구가 건전한 감시사회를 만들어내고 있다. 많은 나라가 이 같은 흐름에 올라탔다. 감시를 허용할 것이냐의 문제가 아니라 정보를 공익적으로 사용하고 악용되지 않게끔 시스템을 갖추는 게 지금 논의할 일이다. 일본에선 아직까지는 불편하더라도 정보를 정부 권력에 넘기지 않겠다는 목소리가 더 우세한 듯하다.

『중앙일보』 2020년 6월 16일

일본을 대표하는 추리소설 작가 히가시노 게이고의 2006년 소설 『용의자 X의 헌신』을 연상시키는 헤드라인이다. 2009년에 같은 제목으로 일본에서 영화로 만들어졌고, 한국에서도 2012년에 〈용의자 X〉라는 타이틀로 리메이크되었다.

헤드라인에서는 용의자를 확진자로 바꿔 '확진자 X의 비밀'이라고 했는데, 크게 어색하지 않다. 사회의 시선이 곱지 않다는 점에서 용의자나 확진자나 별반 다를 게 없어서 그런가 보다. 특히 용의자와 확진자 모두 '놈 자(者)'로 끝난다. 노숙자, 범죄자, 도망자, 전과자처럼 확진자를 대하는 사회의 탐탁지 않은 심사가 내비친다.

코로나19 사태를 계기로 K방역이 전 세계의 관심을 끌었다. 허나 그 바탕에는 나라가 시키는 건 웬만하면 다 하는 착한 국민과 개인정보 공개쯤은 개의치 않는 대범한 시민이 있었다. 국란(國亂)을 많이 겪어서인지 우리 국민 단결력 하나는 전 세계 톱이다. 자랑스럽긴 한데 일말의 불안이 남는다. 만약 한국 국민들의 자의식이 어느 날 폭발해서 공동체의 안녕과 개인의 자유를 같은 선상에 놓고 고민하기 시작하면 어찌 될까. 이번 코로나19 사태를 거치며 그런 조짐이 여러 번 있었다. 언젠가는 이 부분이 K방역의 가장 큰 숙제가 될 것 같다. 확진자 X에게도 프라이버시는 있다.

헤드라인 이야기로 돌아오면 신문과 소설은 지향점이 좀 다르긴 하지만, 그럼에도 좋은 작가는 대개 훌륭한 헤드라이너다. 히

가시노 게이고의 책은 제목만으로도 흡입력이 있다. 『용의자 X의 헌신』 외에도 『백야행』(2000), 『붉은 손가락』(2007), 『아름다운 흉기』(2008), 『방황하는 칼날』(2008), 『갈릴레오의 고뇌』(2010), 『나미야 잡화점의 기적』(2012), 『공허한 십자가』(2014) 등 제목을 안 봤다면 모를까 일단 눈길이 스치는 순간 안 살 도리가 없다.

—————— 같은 재료, 다른 레시피 ——————

전 세계에서 K방역을 배우겠다고 난리다. 그러나 정작 우리는 K방역이 뭔지 모른다. 그저 나라에서 시키는 대로 했을 뿐이다.

> 각국 '한국식 코로나 대응' 배우기…이번엔 동선 추적 앱
>
> 日, 코로나19 방역 한국 따라하기?…스마트폰 위치정보 활용 검토

어떤 헤드라인은 코로나 방역이 생각보다 큰 이슈로 이어질 수 있음을 염려한다. K방역의 성공 대 J(Japan)방역의 실패, 이렇게 이분법으로 끝낼 일이 아니라고 생각하는 분들이라면 심각하게 클릭한다.

> 시민 안전 vs 사생활 보호…'디지털 빅브라더' 논란
>
> 전자팔찌 채운다는 韓, 동선파악도 힘든 日…극과극 두 나라

한바탕 춤판 뒤 무한경쟁…
죽음 부르는 '발리우드' 영화판

발리우드는 미국 할리우드에 버금가는 세계 영화의 산실이다. 인도 영화는 양적으로 방대하고 질적으로 유니크하다. 특히 중간중간에 느닷없이 떼지어 노래하고 춤추는 게 압권이다(장르와 배역에 상관없이 무조건 떼춤이다. 심지어 방금 전까지 죽기 살기로 싸우던 적과도 함께 춤춘다). 그런데 무언가 심상치 않은 일이 있나 보다. '춤판'에 따라 붙은 '무한경쟁'과 '죽음'의 연결이 심히 불길하다.

사연인즉슨

인도 '발리우드' 영화판은 무한 경쟁이 벌어지는 정글 같은 곳인가? 우울증 등에 시달리던 연예인이 스스로 목숨을 끊는 일이 인도 연예계에서 이어지고 있다. 지난 14일(현지 시각) 인도의 인기 남성 배우 수샨트 싱 라지푸트(34)가 스스로 목숨을 끊은 이후 인도 영화판의 치열한 경쟁과 인맥 중심으로 돌아가는 파벌적 분위기에 대한 비판이 제기되고 있다고 〈로이터〉 통신과 독일 방송 〈도이체 벨레〉 등이 16~17일 잇따라 보도했다.

라지푸트는 22살 때인 2008년 텔레비전 드라마로 데뷔한 뒤 〈카이 포 체〉(2013), 〈M.S. 도니〉(2016) 〈케다르나트〉(2018) 등의 영화에 출연하면서 명성을 쌓았다. 많은 인도 배우들이 연예계 출신 부모 등의 지원을 업고 성장한 것과 달리 라지푸트는 스스로 경력을 개척해 최고 스타 자리에 오른 인물이다. 이 때문에 그는 특히 인도 중산층의 인기를 한몸에 받았다고 〈로이터〉는 전했다.

라지푸트가 지난 14일 뭄바이의 자택에서 주검으로 발견된 이후, 그가 치열한 경쟁의 압박감과 우울증에 시달렸다는 현지 언론 보도가 나왔다. 아닐 메시무크 마하라슈트라주 내무장관은 경찰도 이런 각도에서 그의 죽음을 조사할 것이라고 트위터를 통해 밝혔다. 라지푸트의 사망은 그의 매니저였던 디샤 살리안이 28살 나이로 숨진 지 닷새 만의 일이어서 더욱 충격을 줬다. 여러 유명 연예인의 매니저로 일한 여성인 살리안은 지난 9일 자신이 사는 아파트에서 추락했다. 자살인지 사고사인지는 확인되지 않았다. (…)

『한겨레신문』 2020년 6월 18일

─────────── 스치는 생각 ───────────

발리우드(Bollywood)는 인도 뭄바이의 옛 지명인 봄베이와 할리우드의 합성어다. 지구상의 영화 4편 중 1편은 인도 영화라는 말이 있을 정도로 인도는 세계 최대의 영화 제작 국가다. 특히 화려한 원색의 향연과 배우들의 집단 군무는 발리우드 영화의 전매특

허다. 그런데 헤드라인에 나오는 '한바탕 춤판 뒤 무한경쟁'이라는 글귀가 묘한 불길함을 던지며 발리우드의 심상치 않은 상황을 암시한다.

그들의 신나는 춤은 니르바나[Nirvana, 산스크리트어로 열반(涅槃)의 뜻]가 아니라 살기 위한 몸부림이었나 보다. 항상 낙천적이고 흥이 많아 보였던 인도 영화배우들이 실상은 영화 밖에서도 생존 연기를 해왔다는 사실에 가슴이 먹먹해진다. 연예인은 극한직업이다. 전성기 때 화려한 주목을 받는 것은 잠깐, 그 전후의 심적 고통이 만만찮을 게 분명하다.

우리도 많은 스타들을 허망하게 떠나보내야 했다. 최진실, 이은주, 정다빈, 박용하, 최근의 설리, 구하라까지. 대중의 사랑을 받던 연예인들의 자살은 안타깝기 그지없다. 자살 원인은 결국에는 우울증인데 그 지경이 될 때까지 스타 주변을 맴돌던 그 많던 사람들은 뭘 했나 싶다. 니체는 죽음에 가까운 고통을 겪은 후에 새로운 통찰력이 주어진다고 했는데 그건 그나마 견딜 만한 고통에 한정된다. 죽음에 '가깝지' 않고 죽음보다 더한 고통을 겪었을, 고인이 된 스타들이 새삼 그리워진다.

──────── 같은 재료, 다른 레시피 ────────

팩트만 담긴 헤드라인은 '그런가 보다' 하고 넘기기 십상이다. 한국에서도 사건 사고가 끊이지 않고 안타까운 자살 소식도 많다.

인도는 미안하지만 너무 멀다. 거리도 관심도.

'흙수저 성공신화' 어느날 발리우드 톱스타가 숨진 채로 발견됐다
발리우드의 샛별 수샨트 싱 라지풋 서른넷 짧은 삶 마감

죽음 이면에 뭔가 있는 것 같은 냄새를 풍기는 헤드라인은 궁금증을 유발하면서 클릭을 손짓한다.

인도 톱스타의 죽음이 드러낸 발리우드 민낯…그리고 관음증
34세에 돌연 극단적 선택…'톱스타가 된 흙수저' 죽음의 미스터리
美인권엔 큰소리·자국 이슈엔 침묵…'印 발리우드 위선'에 비난

대통령은 뉴딜이
좋다고 하셨어

대통령이 직접 발표한 담대한 국가발전 정책을 놓고 이런저런 말들이 오간다. 두 가지로 추리자면 우선 이름이 촌스럽단다. 아무리 레트로(복고풍)가 대세라 해도 굳이 90년 전(90년대가 아니라 90년전) 미국 정책 이름을 가져다 써야 했냐고 투덜댄다. 다음은 내용이 식상하단다. 그린과 디지털 2종 세트인데 이미 맛본 한물간 메뉴라며 궁시렁댄다. 종합해서 말하자면, 다 반찬 투정이다. 어쨌든 대통령은 뉴딜이 좋다고 하셨다.

사연인즉슨

(…) 지난 14일 문재인 대통령은 선도형·저탄소 경제와 포용 사회를 축으로 삼은 '한국판 뉴딜'을 국민보고대회라는 형식을 빌려 발표했다. 2025년까지 국고 114조 원을 포함한 160조 원을 투입해 190만 개의 새로운 일자리를 만들겠다는 게 뼈대다. 한국판 뉴딜 종합계획엔 루스벨트 뉴딜의 발자국이 뚜렷했다. 1930년대 뉴딜의 '구제·회복·개혁'의 열쇳말은 2020년 한국에서 '버티기·일어서기·개혁'으로 재탄생했다.

(…) 다만 한국판 뉴딜 종합계획에선 정책의 방향성과 목표, 짜임새에 의구심을 던질 만한 대목이 적지 않다. 190만 개 일자리 창출 목표는 정부 스스로 슬그머니 꼬리를 내리는 숫자다. 디지털 전환이 가져올 일자리 대체 효과가 적지 않은 탓이다. 이뿐이 아니다. 국고 114조 원 가운데 세부 항목 기준으로 가장 많은 돈이 들어가는 분야는 5세대(5G)·인공지능 융합 확산 분야다. 고용안전망 강화에 쓰이는 재원에 버금가는 15조 원 가까운 나랏돈이 투입된다.

(…) 뉴딜은 요술 방망이가 아니다. 그럼에도 뉴딜이 오래도록 기억되는 이유를 단 한 가지만 꼽으라면, 의도했건 아니건 간에 결국 모든 경제 주체들의 기대심리에 '체계적 변화', 곧 신뢰를 뿌리내렸기 때문이다. 누구나 줄 건 주고 받을 건 받을 수 있다는, 결국엔 모두가 혜택을 입으리라는 확고한 믿음을 정부가 심어줬다는 이야기다. '딜'이란 이름값에 온전히 걸맞은 경험이다. 대통령이 마이크를 잡는다고, 재벌 총수가 손수 프레젠테이션을 한다고 딜이 성공하는 건 아니다. 신뢰의 싹이 정책 자체에서 움틀 때만 가능한 일이다. (…)

『한겨레신문』 2020년 7월 15일

스치는 생각 ---

들어도 들어도 마음이 찡해지는 노래가 있다. 지오디가 부른 〈어머님께〉(1999)다.

숨겨 두신 비상금으로 시켜주신 /
짜장면 하나에 너무나 행복했었어 /
하지만 어머님은 왠지 드시질 않았어 /
어머님은 짜장면이 싫다고 하셨어

간첩 아니면 다 아는 노래다. 간첩도 내려온 지 좀 된 간첩은 랩까지 하면서 이 노래를 부른다. 기사의 헤드라인 '대통령은 뉴딜이 좋다고 하셨어'는 당연히 '어머님은 짜장면이 싫다고 하셨어'의 패러디거나 오마주다.

대통령제가 원래 그렇긴 해도 우리는 같은 대통령제인 미국이나 프랑스 등에 비해 대통령에게 너무 많은 것을 기대한다. 대통령 입만 본다는 말이 절로 나온다. 그러다 보니 대통령 한 사람에게 너무 많은 부하가 걸린다. 대통령제 대신 내각제로 가야 한다는 주장에는 찬반이 있을 텐데, 대통령 혼자서 경영하기에 국가 살림이 너무나 방대해졌다는 사실만은 분명해 보인다. 어디 살림살이뿐인가. 실타래처럼 얽힌 국내외 외교와 각계각층의 이해관계 조정, 시도 때도 없이 올라오는 국민청원 대응까지 숨 돌릴 틈이 없으실 거다.

아무튼 대통령은 뉴딜이 좋다고 하셨다. 이번에 발표한 한국형 뉴딜은 이름이 좀 올드해서 그렇지 방향은 전적으로 옳다. 특히 그린 뉴딜과 디지털 뉴딜이 우리 경제의 양 날개 활로임은 분명하다. 다만 성공 여부는 조건부다. 무엇(What)보다 중요한 게 어떻게(How)다. 국가의 모든 역량이 최소 10년간은 여기에 집중되어야 한다. 기업들도 정부 계획을 믿고 그린과 디지털 제품이나 서비스 개발에 보조를 맞춰야 한다. 학교와 학생도 그린과 디지털에 올인해야 한다. 그렇게만 된다면 그린 뉴딜은 한국 경제 지속 가능 발전의 주춧돌이 되고, 디지털 뉴딜은 4차 산업혁명으로 올라타는 디딤돌이 될 수 있다.

회사에서 자주 하는 말 중에 '사장의 시선이 닿는 곳에 꽃이 핀다'는 말이 있다. 사장이 볼 때만 또 구체적으로 지적할 때만 움직인다는 말이다. 그렇게 해서 억지로라도 꽃 한 송이 피울 수 있다면 그나마 다행이다. 그런데 거기서 피어난 꽃은 생화일까 조화일까.

같은 재료, 다른 레시피

한국형 뉴딜에 대한 정부의 재정 지원 규모를 알려주는 헤드라인이 많다. 초대형 프로젝트에 많은 사람들의 눈길이 쏠리는 것이 당연하다.

내년에도 '확장재정'…한국판 뉴딜 20兆 쏟아붓는다
공공기관도 한국판 뉴딜 뒷받침…40개 프로젝트 추진

그린과 디지털을 두 축으로 한 한국형 뉴딜 정책의 보완점에 대한 헤드라인도 주목을 끈다. 이런 부분을 귀담아듣고 제도를

280

y

Foggy

롤링(rolling)해가야 한다. 그래야 성공 가능성이 높아진다.

190만 일자리 '한국판 뉴딜', 허수 안 되려면?

전자문서, K뉴딜 이끌 산업인데 정부선 '찬밥 신세'

그린뉴딜 해상풍력 추진, 어민들은 왜 반대하나?

불황 때 뛰는 '립스틱 지수'…
이번엔 마스크에 갇혔네

불황 때 자주 등장하는 '립스틱 지수'라는 게 있는데 이번엔 코로나 마스크에 갇혔단다. 말 그대로 립스틱이 마스크에 가려졌다는 말인지, 아니면 립스틱 지수가 뜻하는 반짝 경기 회복이 코로나 위세 때문에 어려워졌다는 말인지 궁금하다.

사연인즉슨

경기가 불황에 빠졌는지를 판단하는 풍향계로 활용되던 '립스틱 지수'가 코로나발(發) 경기 침체 국면에선 들어맞지 않고 있다. 립스틱 지수는 경기가 어려울수록 립스틱 판매량이 증가하는 현상을 지수로 표현한 것이다.

1930년대 대공황 시기에 소비가 침체한 와중에도 립스틱 판매량은 오히려 늘어난 데서 고안됐다. 여성들이 경제적으로 어려울 때 드레스·신발 같은 값비싼 제품 대신 상대적으로 저렴한 립스틱을 구매하며 '작은 사치'를 하기 때문이다. 2001년 9·11테러 때도 립스틱 판매가 증가하자 미국 유명 화장품 회사 에스티로더가 이런 현상을 지수화해 '립스틱 지수'를 발표했다. 이후 립스틱 판매량은 경기 상황을 판단하는 지표가 됐다.

그런 립스틱 지수가 최근 코로나로 인한 불황은 설명하지 못하고 있다고 28일(현지 시각) 미 NBC 계열 케어11이 보도했다. 이유는 마스크다. 마스크를 쓰면 입이 보이지 않고, 립스틱 얼룩이 입 주변과 마스크로 번져 여성들이 립스틱을 잘 바르지 않는다는 것이다. 25일 가디언에 따르면 소셜미디어 여론조사에서 화장을 일상적으로 하는 여성의 90%가 마스크 착용 시 립스틱을 바르지 않는다고 했다.

(…) 대신 마스크를 써도 드러나는 헤어와 손톱 관련 제품 판매량이 늘었다. 같은 기간 아마존에서 염색 제품은 172%, 손톱 관리 제품은 218% 더 판매됐다. 이런 트렌드는 유럽 전자상거래 사이트에서도 나타난다고 포천이 전했다. 맥킨지는 립스틱 효과 대신 "'매니큐어 효과'가 (상황을 보여주는) 대안이 될 수 있다"고 했다.

『조선일보』 2020년 7월 30일

———————— 스치는 생각 ————————

경제학은 숫자의 학문이다. 한 손에 잡히지 않는 복잡한 경제 현상을 이해하고 이해시키는 데 숫자만 한 게 없기 때문이다. 그래서 물가지수, 주가지수, 엥겔지수, 빅맥지수처럼 무슨 무슨 지수 (Index)가 그렇게 많은 거다. 립스틱 지수도 그중 하나다.

경제 전체가 불황인데 립스틱 몇 개 더 팔린 게 무슨 대수냐고 하겠지만 소비 심리에 불을 붙일 작은 불꽃은 될 수 있다. 립스틱이 마스크에 가려진 지금, 립스틱을 대신해서 경제에 스파크를 일으켜줄 것이 무엇인지 머리를 맞대고 답을 찾아야 한다.

코로나19는 공평하다. 대공황에 맞먹는 극심한 경기침체 속에서 전 세계 국가와 기업에 똑같은 고민을 던졌다. 그러나 기회의 평등은 결과의 평등을 담보하지 않는다. 이 와중에 새로운 승자와 패자가 갈릴 것이다. 일본인들이 경영의 신(神)으로 떠받드는 마쓰시다 고노스케 회장은 "호황도 좋지만 불황은 더욱 좋다"는 묵직한 멘트를 던졌다. 난세에 영웅 나고 불황에 거상 나는 법이다. 곡선 구간에서 승부가 갈리는 스피드 스케이팅이나 사이클 경기처럼 내공을 비축해온 몇몇 기업들에게는 이번 불황이 절호의 찬스가 될 수 있다. 늘 그래 왔던 것처럼.

이번 코로나가 일깨워준 것이 하나 더 있다. 한 나라 경제는 마치 레고블록처럼 수많은 조각들로 이루어져 있다는 점과 그 한 조각 한 조각은 경제 전체가 작동하는 데 없어서는 안 될 필수적인 자산이라는 점이다. 작은 밸브가 없으면 대기업 라인이 멈추고, 택배 노동자가 없으면 국가 물류가 마비된다. 코로나 뉴노멀 시대를 맞아 우리 산업계가 상생의 필요성을 절감하고 지속가능한 산업 생태계로 도약하기를 기대해본다.

같은 재료, 다른 레시피

코로나19 거리두기로 소비가 위축되고 경기가 곤두박질친다는 헤드라인은 그 자체로 우울하다. 안 좋은 기사에는 선뜻 클릭할 엄두가 나지 않는다.

개선되던 중소기업 경기 전망, 코로나19 재확산에 꺾였다
'지원금 파티' 끝난 소비…코로나 재확산에 경기 또 얼어붙나
한은, '코로나 쇼크' 올 경제성장률 −1.3%로 대폭 하향조정

소비 위축의 구체적 예시, 혹은 예상치 못했던 현상 등이 담긴 헤드라인을 보면 실마리라도 찾고 싶은 절박한 심정에 기사를 들여다보게 된다.

코로나발 경기침체, 립스틱 대신 불티난 '해외 명품'
"소비자심리지수 최악인데"…명품·화장품·먹거리 가격 줄인상

우리 속담과 서양 격언의 '심오한' 헤드라인

•

달도 차면 기운다

보름달 되면 곧 그믐달 된다.
세상 모든 것이 한번 번성하면 조만간 쇠퇴하기 마련이라는 뜻.

•

퀴 쿠피티스 게레레 코로남, 폰두스 에유스 수스티네테
(Qui cupitis gerere coronam, pondus eius sustinete)

왕관을 쓰려는 자 그 무게를 견뎌라.
권력의 크기에 비례하여 막중한 책임감을 가져야 한다는 뜻.

5장

심오한
헤드라인

Far-sighted

지식(知識)의 지(知)와 지혜(智慧)의 지(智)가 같지 않다.
지(智)는 지(知)에 날(日)이 더해져 숙성과 검증의 과정을 거친다.
고로 지식은 집 근처 학원에서,
지혜는 손 근처 헤드라인에서 배운다.

한국 대치동과
미국 대치동

대치동(大峙洞), 큰 고개 밑에 있던 마을이라는 뜻의 한티마을이
한자음으로 고쳐져 대치동이 되었다[큰 대(大), 고개 치(峙)]. 대치동
을 중심으로 동서남북에 각각 잠실동, 도곡동, 양재동, 삼성동이
호위하듯 도열해 있다. 아, 미국에도 대치동이 있는가. SKY를 향
한 간절한 기대와 부동산에 대한 집요한 열망이 정녕 거기까지 닿
았단 말인가.

사연인즉슨

최근 한국에서 화제가 된 사교육 소재 드라마에는 미국 버지니아
페어팩스 카운티 출신의 입시 코디네이터 '김주영 선생'이 나온다.
그러면서 드라마는 페어팩스를 "대치동 못지않게 열성적인 학부
모가 많은 곳"이라고 소개한다. 미국 워싱턴 인근의 교민이나 주재
원이 많이 사는 곳이 바로 '미국의 대치동'이라고 하는 페어팩스다.
드라마의 묘사는 과장됐지만 세계 정치의 중심인 워싱턴에 인접
해 전 세계에서 몰려든 외교관, 변호사, 로비스트, 기업인 등이 살

고 있어 교육열이 높은 곳은 맞다.

(…) 그러나 한국과 미국의 대치동엔 결정적 차이가 있다. 바로 경쟁을 대하는 방식이다. 한국의 대치동은 평등을 강조하는 공교육 때문에 비정상적으로 발달한 사교육을 상징한다. 한국에서 학생의 경쟁력 차이는 부모의 재력에 바탕을 둔 사교육에 따라 결정되는 경우가 많다.

반면 미국은 초등학생 때부터 경쟁을 인정하고 학교와 학생의 우열을 나눈다. 각 학교는 외부 기관이 평가해 1등급(못함)부터 10등급(잘함)까지 수준을 나눈다. 이 때문에 학군이 바뀌는 도로 하나를 사이에 두고도 집값이 상당히 차이 난다. 학생들도 각종 테스트를 바탕으로 초등 3학년부터 상위 약 10~20% 학생을 대상으로 우등반을 따로 편성한다. 우등반에 편성되면 거의 매주 테스트를 하고 밤 10시까지 숙제를 해야 할 정도로 과제를 내준다. 고등학교는 과학고 등을 통해 영재 교육을 실시한다.

(…) 미국 대치동은 한국 사교육 시장에만 있는 선행 학습을 공교육으로 상당 부분 흡수했다. 이를 위해 페어팩스는 지역 예산의 약 절반을 교육에 쏟아붓고 있다. 학교가 살아있으니 아이들 생활의 중심은 학원이 아니라 학교가 된다.

(…) 물론 미국 시스템을 그대로 우리나라에 도입했다가는 우등반을 위한 사교육이 폭발할 수도 있다. 그러나 명확한 것은 아무리 공교육에서 평등을 강조해도 경쟁에서 이기려는 학부모와 학생의 욕망을 막을 수는 없다는 것이다. (…)

『조선일보』 2019년 2월 22일

심오한 헤드라인

대치동. 서울, 아니 대한민국 최고의 핫플레이스, 말 그대로 가장 뜨거운(Hot) 동네다. 대치동이 뜨거운 이유는 바로 부모들의 교육열 때문이다. '한국 대치동과 미국 대치동'이라는 헤드라인은 자녀 교육에 올인하는 한국과 미국 부모들의 공통점과 차이점을 한발 떨어진 위치에서 조망한다.

국내 어느 대기업의 프랑스 법인장을 지낸 에리크 쉬르데주는 한국 사회는 "점수와 등수가 학생들의 생활을 지배하는 주문과도 같다"고 진단한다(에리크 쉬르데주, 『한국인은 미쳤다』, 2015). 한국인만 공유해야 할 비밀이 탄로 난 것 같아 찜찜하긴 한데 어쨌든 제대로 잘 짚었다. 점수와 등수가 중요하지 않은 사회는 없겠지만 우리는 그 정도가 특히 심하다. 그리고 그 점수와 등수가 오로지 좋은 대학 입학에 맞춰져 있다는 게 문제다.

각양각색의 아이들이 자신의 꿈과 개성 따위는 내려놓고 일제히 한 구멍을 향해 달려가는 혹은 몰리는 모습을 이제는 고인이 된 가왕(歌王) 신해철은 이렇게 노래했다(신해철, 〈민물장어의 꿈〉, 1999).

> 좁고 좁은 저 문으로 들어가는 길은 /
> 나를 깎고 잘라서 스스로 작아지는 것뿐 /
> 이제 버릴 것조차 거의 남은 게 없는데 /
> 문득 거울을 보니 자존심 하나가 남았네

지금까지 SKY 같은 좋은 대학은 성공의 보증수표처럼 여겨져 왔다. 그런데 앞으로도 과연 그럴까? 사회는 점점 더 정확한 문제(Right question)가 무엇인지 묻고 있는데, 기존 교육 시스템은 정확한 대답(Right answer)에 치중해 있다. 선진국이 던진 문제를 풀기만 하던 때는 후자가 중요했겠지만, 선진국의 일원으로 미지의 세계를 개척해야 할 때라면 전자가 훨씬 더 중요해진다. 스티브 잡스나 빌 게이츠가 디자인이나 코딩의 전문가가 아닌 데도 IT 업계의 거물이 된 이유가 여기에 있다. 좋은 대학 졸업장과 사회적 성공 간의 인과관계가 갈수록 희미해지고 있는데도 한 번 걸린 집단최면은 쉽게 깨지질 않는다.

그래도 다행인 것은 뜨거운 교육열은 한 사회에 희망의 불씨가 살아 있다는 강력한 증거라는 점이다. 다만 불길의 방향을 잘 잡아야 한다. 혹시라도 현재의 교육 제도와 풍토가 우리 경제사회가 다음 단계로 도약하는 것을 막고 있는 건 아닌지 염려가 된다. 서커스단에서 어린 코끼리를 말뚝에 묶어 키우면 다 자란 후에도 도망갈 생각을 못 한다고 한다. 과거의 기억에 얽매여 새로운 시도조차 할 엄두를 못 내는 것이다. 일종의 '후천성 의지 결핍증'이라 하겠는데, 현재의 교육 시스템이 우리 아이들을 '후천적으로' 어떤 인재로 키워낼지 걱정이다.

우리 교육이 지향하는 롤모델 중의 한 명이 스티브 잡스다. 그가 2005년에 스탠포드대학교 졸업식에서 한 축사는 명연설 중의 하나로 꼽힌다. 마지막에 그 유명한 "Stay hungry, Stay foolish"가 나오는 연설이다(의역을 하자면 '끊임없이 갈망하고 도전하라'는 뜻).

심오한 헤드라인

그 연설 중간에 이런 말도 있다. "시간은 제한되어 있다. 그러니 다른 누군가의 삶을 사는 데 낭비하지 마라(Your time is limited. So don't waste it living someone else's life)." 서커스 코끼리라면 단장과 단원들을 위한 삶이 아니라, 자신만의 삶을 살라는 의미로 해석된다.

실없는 제안 하나. 좋은 대학을 향한 집착은 은연중에 지하철에까지 투영된다. 우리나라처럼 지하철 역명에 대학 이름을 갖다 붙이는 나라는 없다(외국인들은 서울 지하철 2호선 낙성대도 대학인 줄 안다). 때맞춰 불어온 맛집, 술집, 혹은 패션 트렌드에 맞춰 역명을 바꿔보면 어떨까. 예를 들어 고대역은 영철버거역, 서울대역은 순대볶음역, 이대역은 액세서리역, 한양대역은 왕십리곱창역, 홍대역은 서교클럽역으로 바꾸는 것이다(학교 순서는 가나다순). 이렇게 하면 대학에 대한 집착이 완화되는 것과 동시에 퇴근길 지하철 승객의 입맛도 살고 소상공인 형편도 산다.

같은 재료, 다른 레시피

JTBC 20부작 드라마 〈SKY캐슬〉의 여운 탓일까. 특히 해외의 SKY캐슬을 소개하는 헤드라인이 종종 눈에 띈다. 상위 0.1%의 열성 학부모, 그리고 SKY캐슬 입주를 꿈꾸는 예비 학부모라면 100% 클릭, 정독 후 마음에 새긴다.

인기드라마 'SKY캐슬' 페어팩스 출신 '코디네이터' 어디까지 사실일까
"외국 '대치동' 찾는다면 미국 얼바인, 베트남 호치민"
美·中 사교육 시장 비교 "스카이캐슬은 어디나 있어"

　레디메이드 SKY캐슬이라 할 미국 사교육 체계에 대한 헤드라인도 당근 클릭이다. 한물간 줄 알았던 아메리칸 드림은 이제 사교육에서 다시 불붙고 있다.

'미국의 대치동' 페어팩스 "온라인 수업-주2회 등교 중 골라라"
스타 맹모들이 어바인으로 간 이유는? #교육열은 대치동 #외관은 분당
"○○는 뭐 하는 걸 좋아해요?" 미국의 사교육

심오한 헤드라인

비핵화 하는 척
믿는 척

이 헤드라인을 보고 '밀당'을 떠올렸다면 그건 예리한 걸까 주제 넘은 걸까. 헤드라인에 나온 '척'의 사전적 의미는 '그럴듯하게 꾸미는 거짓 태도나 모양'이다. 가짜라는 말이다. 하는 척만 하고 하지 않고, 믿는 척만 하고 믿지 않으면 도대체 비핵화는 어디로 가는 걸까.

사연인즉슨

"북한은 비핵화를 하는 척하고 트럼프는 믿는 척한다." 이 문장을 보곤 "꼴보수의 말인가" 여길 수도 있겠다. 아니다. 실제론 미국 워싱턴에 있는 일군(一群)의 전문가, 엄밀하게 말하면 북한의 핵 보유를 용인할 수밖에 없다고 주장하는 그룹에서 나오는 주장이다. 미들베리국제학연구소에서 동아시아 비확산프로그램 소장으로 일하는 제프리 루이스 박사도 그중 한 명이다. 북·미 간 핵전쟁 가능성을 점검한 그의 소설이 지난해 발간돼 한국에서 화제가 되기도 했다.

그는 이번 북·미 정상회담을 앞두고도 "북한이 무장 해제를 하는 척(mimic disarmament)할 것"이라고 봤다. 26일 외교안보전문지 포린폴리시에 실린 그의 글에서 몇 대목을 소개할까 한다.

①북한은 무장해제를 제안하고 있지 않다. 김정은에게 비핵화란 할아버지나 아버지와 마찬가지로 일종의 열망 같은 것이다. 버락 오마바의 2009년 '핵무기 없는 세계' 구상과 비슷하다. 누구도 그게 미국의 비핵화를 의미하는 게 아니라는 것쯤은 알 것이다.

②북한이 제안한 건 무장해제를 하는 척하는 일련의 제스처들이다. 영변 핵시설과 미사일 시험장 폐쇄 및 해체 등등. 이게 북 핵 위협 자체를 줄이거나 핵·미사일 생산을 막지는 못한다.

③바꿔 말해 북한은 이스라엘(혹자는 인도)과 같은 지위를 요구하는 것이다. 핵을 보유했으되, 떠벌리진 않는 상태 말이다.

④종전선언과 북·미 관계 개선, 외교관계 수립, 제재 해제 등을 해주면 기꺼이 '착하게 처신'(play nice)하겠다는 것이기도 하다.

루이스 박사는, 결과적으로 잔혹한 독재 정권을 감내해야 하고 때론 더한 재래식 도발로 이어질 수 있으나 그럼에도 해볼 만한 시도라고 본다. 북한이 핵폭탄을 가졌고 미국이 군사적으로 북한의 핵무장을 해제할 수 없다는 현실론에서다. 이해 가는 논리다. 미국의 전문가라면 그렇게 말할 수도 있겠다. (…)

『중앙일보』 2019년 2월 28일

남한과 북한은 "복잡한 인연에 서로 엉켜 있는" 관계다(임재범, 〈너를 위해〉, 2000). 그래서 "내 거친 생각과 불안한 눈빛과 그걸 지켜보는 너"는 "전쟁 같은 사랑"을 한다. 남과 북은 지금 전쟁인가 사랑인가.

헤드라인에서 북한 핵 문제를 둘러싼 주변국들의 복잡한 셈법을 '척'으로 표현한 부분이 압권이다. 1980년대 공산주의 진영의 맹주였던 소련(소비에트연방공화국)의 조크 하나. "우리는 일을 하는 척했고 그들은 보수를 주는 척했다." 당시 경직된 소련 사회의 비효율성과 그럼에도 아무도 문제를 제기할 수 없었던 공포 분위기가 연상된다. 그러니 망할 수밖에.

헤드라인에 나오는 '척'의 원조는 누가 뭐래도 '도망가는 척'과 '잡는 척'이다. 요즘은 어떤지 모르겠지만 예전 멜로 드라마에 빠지지 않고 나오는 장면이 있다. '나 잡아 봐라'다. 여자가 잔디밭과 나무 사이를 요리조리 뛰면 남자는 딱히 잡을 의도 없이 반쯤 눈이 풀려 허우적대며 좇아간다. 배경음악이 깔리고 슬로우 모션으로 바뀌고 나서야 겨우 여자가 잡혀 준다. 오글거림의 정수를 지켜본 국민들은 '저 짓은 절대 말아야지' 다짐을 했건만 방송국은 '그 짓'을 매번 되풀이했다.

설마 최근 몇 해에 걸쳐 요란스레 진행된 비핵화 소동이 '나 잡아봐라'의 리메이크(feat. 볼튼) 버전은 아니겠지. 북한에 스위스 치즈 좀 찢어 봤다는 팔팔한 김정은이 등장하고 때맞춰 남한에서도 촛불의 장엄한 물결 속에 통일 대통령이 나왔을 때만 해도 진짜 뭔가 되는 줄 알았다. 군사분계선에서의 역사적인 만남과 백두산 천지에서의 극적인 재회를 지켜보면서 전 국민은 넋을 놓고 반쯤은 실성했다. 그런데 그게 다였다. 도대체 어디서 뭐가 어그러진 건지 모르겠다.

그나저나 비핵화하는 척과 믿는 척만 하면 우리는 이제 뭘 해야 하나? 화들짝 놀란 척? 적잖이 화난 척? 아니면 다 이해하는 척? 이제 우리도 일본사람들에게 혼네(本音, 속마음)와 다테마에(建前, 겉마음)의 유체이탈 초식을 배워야 할까 보다.

같은 재료, 다른 레시피

북한은 말이 거칠다. 워낙에 서프라이즈여서 솔직히 다음엔 또 뭔 소리를 하나 기다려지기도 한다. 북한의 거친 화법이 담긴 헤드라인은 시선을 사로잡는다. 때로는 무섭게, 때로는 어이없게.

北외무성 "남한, 비핵화 개소리 집어치워야…무섭게 변할 것"
북한, 미사일 발사 비판 박지원에 "망탕 지껄이지 말라"

미국은 역시 한반도 문제의 당사자가 아니다. 매번 한발 뺀 듯한 멘트 일색이어서 헤드라인만 흘끗 보고 지나칠 경우가 많다.

폼페이오 "北 지도자가 누구든 비핵화 목표 불변"
"트럼프 행정부, 단계적 비핵화 수용 검토…타결 땐 北과 정상회담"

오히려 전 백악관 국가안보 보좌관 볼턴의 이야기가 진위공방
을 떠나 화끈하다 보니 아무래도 클릭으로 이어질 공산이 크다.

볼턴 "비핵화 외교는 끝났다"
"트럼프에게 北美회담은 홍보행사, 비핵화 무관심"

제로페이는
착하지 않다

과문한 탓에 '제로페이'를 처음 들었다. 이름 그대로 수수료가 제로인 줄 알았더니 이용률이 제로란다. 거기다 착하지도 않단다. 착한 의도와 실망스러운 결과의 잘못된 만남, 이제 데자뷰(Deja Vu)를 넘어 뉴노멀(New Normal)이 된 건가.

─────── 사연인즉슨 ───────

(…) 서울시가 작년 말 내놓은 간편결제 서비스인 제로페이 이용률이 제로(0)에 가깝다고 한다. 올 1월 결제실적은 8,633건, 금액으론 2억 원이 채 안 됐다. 같은 달 국내 개인카드(신용·체크·선불) 결제의 각각 0.0006%와 0.0003%에 불과했다. 박원순 시장이 소상공인의 카드 수수료 부담을 없애주고, 이용자에겐 소득공제혜택을 더 주겠다며 야심 차게 시작한 서비스 치고는 초라한 결과다. 소상공인도 돕고, 소득공제도 더 받는다는 이 '착한 페이'를 왜 아

무도 이용하지 않을까. 이유가 궁금해서 직접 써봤다.

(…) 제로페이 가맹점을 찾기부터 쉽지 않았다. 서울에만 9만 곳이 넘는다지만, 전체 업소의 15% 정도인 데다 시범구역 등에 몰려 있어 좀처럼 눈에 띄지 않았다. 어렵사리 발견한 가맹점에서 커피를 주문한 뒤 거래은행 앱을 구동해 '제로페이' 메뉴를 눌렀다. 본인 확인을 위해 공인인증서 로그인이 필요했다. 특수문자가 포함된 10자리 비밀번호를 입력해야 QR코드 촬영화면이 나왔다. 이걸로 매장에 붙어 있는 QR코드를 찍어야 한다. 이어 주문한 커피값 3,500원도 직접 스마트폰에 입력하고 '확인'을 눌러야 했다. 매장직원이 따로 가맹점주용 제로페이 앱에 접속해 입금을 확인한 뒤에야 결제가 끝났다.

(…) 서울시는 제로페이를 왜 이렇게밖에 못 만들었을까. 관제(官製) 서비스의 필연적 한계란 생각부터 들었다. 민간기업이었다면 이런 불편한 서비스는 시장에 내놓을 엄두를 못 냈을 거다. 만약 출시했더라도 '불편하다'는 시장 반응이 나오면 즉시 서비스를 중단하고 다시 상품을 설계했을 게 분명하다.

(…) 제로페이는 세금 낭비에만 그치지 않는다는 게 더 문제다. 이런 관제 서비스는 시장을 교란하고 민간 혁신의 싹을 짓밟는다. 정부가 세금으로 결제 서비스를 만들어 민간과 경쟁하겠다는 것 자체가 불공정 게임이다. 이런 게임에서 어느 민간기업이 자기 돈을 날릴 위험을 무릅쓰고 핀테크 등 혁신 서비스에 투자하려고 하겠는가. (…)

『한국경제신문』 2019년 3월 7일

심하게 말하자면 결과가 나쁘면 착한 게 아니다. 최소한 착하다고 말은 말아야 한다. 오스트리아 태생의 경제학자 프리드리히 하이에크(Friedrich Hayek)의 말처럼 "지옥으로 가는 길은 선의로 포장되어 있다." 처음부터 악의로 시작되는 경우는 거의 없다. 마오쩌둥의 참새나 로베스피에르의 우유처럼 말이다.

1950년대 말, 중국의 최고 지도자 마오쩌둥은 지방 시찰 중에 참새가 곡식을 쪼아 먹는 것을 보고 분개해서 참새를 '인민의 적'으로 낙인찍었다. 참새는 졸지에 쥐, 파리, 모기와 함께 사해(四害), 즉 네 가지 나쁜 적으로 규정된다. 대대적인 박멸 운동이 시작되었고 참새는 거의 멸종 직전까지 몰리게 된다. 그 후 참새가 없어지자 해충이 창궐해서 대흉년이 들었고, 4천만 명 이상의 인민들이 굶어 죽는다.

1789년 프랑스 대혁명을 성공시킨 자코뱅 당의 로베스피에르는 아이들에게 값싼 우유를 먹이고 싶었다. 그는 우유 가격을 강제로 반으로 내린 최고가를 정했고 이를 어기는 자는 단두대로 보냈다. 정해준 우유 최고가로는 젖소 사료값도 안 나왔기에 목축업자는 젖소를 도살해서 고기로 팔았다. 우유 공급이 줄어들자 우유값은 당연히 폭등한다. 로베스피에르는 이번에는 젖소 사료값이 문제라며 사료값을 반으로 내리고 최고가를 정한다. 어기면 역시 단두대행. 그러자 사료업자는 사료 생산을 중단해버렸고 우유 가격은 10배 이상 뛴다. 결국 시민 폭동으로 이어지고 로베스피에르는 단두대에서 생을 마감한다.

나설 데 안 나설 데를 가려야 한다. 심지어 부모, 자식 간도 그렇다. 부모는 자식이 장성해도 모든 게 염려된다. 추운데 '홑껍데기'만 입고 다니는 것, 밥은 안 먹고 '빵 쪼가리'만 먹는 것, 이성 친구도 '정신 나간 애들'만 사귀는 것, 나중 생각 안 하고 '쓸데없는' 취미에 돈 쓰는 것 등이 죄다 못마땅하다. 하지만 냅둬야 한다. 나서는 순간 꼰대다.

성(聖)과 속(俗)이 다르듯이 관(官)과 민(民)도 다르다. 각자의 영역이 있기에 그 선을 넘는 순간 왜곡이 발생한다. 수백만 원짜리 명품백이 갖고 싶은데 못 갖는 사람들이 있다. 사회적 위화감이 극에 달한다. 우울증에 걸리기도 하고 범죄로 이어지기도 한다. 이럴 때 정부가 참지 못하고 명품백 사서 돌리면 안 된다. 명품백은 온전히 민(民)의 몫이다. 아이돌(Idol)이 되고 싶은데 방법이 막막하다. 자라는 아이들의 꿈이 자본주의의 논리에 막힌다. 막무가내로 가출하는 아이들까지 생긴다. 이럴 때도 정부가 연예기획사 차리면 안 된다. 이것도 온전히 YG, JYP, SM의 영역이다.

일찍이 비틀스가 그랬다. '렛잇비' 하라고(Let it be, 순리에 맡기라는 뜻).

같은 재료, 다른 레시피

정부와 서울시에서 제로페이를 전폭 지원한다는 헤드라인들이

다. '뭐지?', '왜지?'가 살짝 궁금하지만 당장 클릭해서 들여다보기
에는 심신이 피곤하다.

정부 업무추진비도 '제로페이' 한다
2일부터 전국 4만여 개 편의점에서 제로페이 결제 가능
제로페이 가맹점 50만 개 돌파

제로페이에 대한 시장 반응이 썰렁하다는 헤드라인은 '역시나'
하는 실망과 함께 이유나 알고 보자는 욕구를 부른다.

제로페이 넉달…시장반응은 제로수준
구청까지 압박했지만…늪에 빠진 '제로페이'
30%나 할인해줘도 '제로페이'가 뭐지?

'타다'는 짬뽕인가, 라면인가

'타다'가 조용한 아스팔트에 묵직한 파문을 불러왔다. 먼지 날린다며 가만 있으라는 쪽과 알아서 달릴 테니 참견 말라는 쪽이 팽팽하다. 그런데 짬뽕은 뭐고, 라면은 뭘까? [추측 1] 짬뽕은 비싸고 라면은 싸다. [추측 2] 짬뽕은 끓여 주고 라면은 끓여 먹는다. [추측 3] 해장에는 둘 다 좋다.

사연인즉슨

짬뽕은 중국 음식인가, 한국 음식인가. 나가사키 짬뽕은 또 뭔가. 짬뽕은 혁신적 먹거리인가, 그저 그런 잡탕인가. '웃기는 짬뽕'은 칭찬인가, 욕인가. 사회적 기업 베어베터의 김정호 대표가 타다를 향해 "진짜 웃기는 짬뽕"이라고 말했다. "서민은 돈 내고 면허권을 사고 차량도 구입해야 하는데 그냥 앱이나 하나 만들어서 하면 되나요"라고 물으면서. 웃기는지는 모르겠고, 정체가 모호하다는 면에서 타다와 짬뽕이 비슷하긴 하다. 타다는 도대체 무엇인가.

① 타다는 택시인가? 법규상 택시가 아니다. 렌터카다. 보통 '렌트한다' 하면 최소 하루는 차를 빌리는 것을 의미하므로 다소 혼란스럽지만 타다 차량은 명백히 렌터카다. 그렇게 등록돼 있다. 따라서 타다 이용은 곧 '탈 때부터 내릴 때까지 렌트하는 것'이다. 탄 사람은 승객이 아니라 임차인이고, 내는 돈은 요금이 아니라 대여료다.

(…) ② 타다는 합법인가? 택시 기사들이 이렇게 물었는데 정부가 답을 안 한다. 타다 고발(개인택시 기사들이 했다) 사건에 대한 검찰 판단에 따르겠다고 한다. 검찰은 고민 중이다. 택시 업계에선 타다가 '나라시(무면허 택시)'와 다를 게 없다고 주장한다. 분쟁 핵심에는 여객자동차 운수사업법이 있다.

(…) ③ 타다는 혁신인가? 타다 홈페이지에는 '새로운 혁신이란 기존의 문제를 해결하며 시작된다고 생각한다'고 쓰여 있다. 드러내놓고 말은 안 하지만 자신들은 혁신이라고 믿는 눈치다.

(…) 크고 깨끗한 차에 평균적으로 더 젊고 더 친절한 기사, 이용자들의 반응은 대략 이렇다. 대신 요금이 20%가량 비싸다. 7명까지 탈 수 있지만 그렇게 떼 지어 타는 일은 드물다. 온실가스 많이 내뿜는 디젤 승합차 운행이 늘어난다. 그리고 무엇보다, 타다는 사회 가장자리에 있는 택시 기사들을 벼랑 끝으로 내몬다.

(…) 며칠 전 타다와 사업 모델이 같은 '파파'가 등장했다. 역시 11인승 승합차다. 제3, 제4의 타다를 준비하는 업체도 여럿이다. 택시로 포장된 렌터카가 웃기는 짬뽕에 그치면 차라리 다행이겠는데, 점점 '사나이 울리는 신라면'이 돼 간다.

『중앙일보』 2019년 5월 30일

심오한 헤드라인

스치는 생각

질문형 헤드라인은 무의식적인 클릭을 부른다. 뒤에서 누가 "길동아" 부르면 무관심하다가 "혹시 길동이 아니냐?" 하면 흘끗 돌아보게 된다. 카피라이터 최병광 교수의 지적처럼 연인 사이에 "자기는 너무 예뻐"라는 말도 좋지만 "자기가 왜 예쁜지 알아?"라고 물었을 때 효과가 극대화된다. 예쁘고 안 예쁘고는 중요하지 않다.

어느 날 황희 정승의 두 하녀가 다투다가 "누가 잘못했는지 판가름을 내자"며 정승에게 달려왔다. 한 하녀가 다른 하녀의 잘못을 낱낱이 고하자 황희 정승은 "네 말이 옳다"고 두둔했다. 뒤이어 다른 하녀가 상대의 잘못을 일러바치자 정승은 이번엔 "그래, 네 말이 옳다"고 했다. 이걸 지켜보던 정승의 조카가 "왜 둘 다 옳다고 하고, 바른 판가름을 해주지 않습니까?"라고 따지자 정승은 "그래, 네 말도 옳다"고 했다 한다.

황희 정승을 소환한 이유는 타다 측 입장과 택시 측 입장이 다 일리가 있기 때문이다. 그래서 어렵다. 택시와 타다는 지금 제로섬(Zero-sum) 게임을 벌이고 있다. 일방의 이득은 상대방의 손실로 이어질 수밖에 없는 구조다. 그렇기에 택시의 입장을 반영한 타다의 이익 극대화, 혹은 타다의 입장을 반영한 택시의 이익 극대화는 풀리지 않는 수수께끼가 된다. 그럼 어떻게 할까?

목적함수가 바뀌어야 한다. 지금까지 아무도 주목하지 않았던 사람, 저쪽 구석에 말없이 쭈그리고 앉아 있던 사람, 성은 소(消)

이름은 비자(賁者), 그 사람이 '목적'이 되어야 한다. '떡 줄 사람'이 있어야 김칫국을 마실 수 있다. 소비자의 이익 극대화를 목적함수로 놓고 타다와 택시의 이해를 조정하는 게 맞다. 그게 정부가 추구해야 할 소비자 후생 극대화의 사명이다. 어느 한 편의 이야기에 쏠려서 "앗 차가워, 앗 뜨거워"를 반복하는 '바보 목욕' 정책이 되어서는 안 된다(황희 정승도 아마 하녀들의 본분, 즉 집안의 일 처리를 말끔히 하는 본분을 목적함수로 놓고 두 하녀의 이해를 조정했을 것이다. 그렇지 않고서야 조선의 명재상 소리를 들었을 리 없다).

가보지 않은 길에 대한 호기심과 도전, 거기에 미래가 있다. 서양은 공유경제와 자율주행을 고민하는데 우리는 짬뽕과 라면에 막혀 있는 것 같다. 서양은 인사를 해도 '굿모닝'이나 '봉쥬르'처럼 미래에 좋은 일이 생길 것을 기원한다. 반면 우리 인사는 꼭 과거에 대한 것을 묻는다. '안녕하십니까(사지 멀쩡하십니까)'나 '별일 없습니까(끔찍한 꼴 당하지 않았습니까)'가 그렇다. 급기야 노골적으로 '잘 주무셨습니까(지난밤 가위눌리지 않았습니까)'나 적나라하게 '식사하셨습니까(밥은 먹고 다닙니까)' 묻기도 한다. 그나마 미래형이라고 할 만한 게 '수고하세요'인데 앞으로도 쭉 수고를 하라는 악담이다.

어쩌면 타다는 짬뽕도 라면도 아닐 수 있다. 먹어본 게 짬뽕, 라면밖에 없으니 타다라는 신문물을 규격화된 입맛으로 가늠하고 있는 건지도 모른다. 혹시 우리는 지금 이태리 파스타가 한국에 처음 등장했을 때, 이게 쫄면에 가까울지 비빔국수에 가까울지를 놓고 논쟁하고 있는 건 아닐까. 파스타는 그냥 파스타일 뿐인데 말이다.

같은 재료, 다른 레시피

이해관계가 갈리니까 당연히 찬성, 반대가 뒤따른다. 밥그릇 싸움이라는 인상도 드는 게 사실이다. 직접적인 이해관계가 없다면 헤드라인만 보고 넘길 수 있다.

> 택시업계 "타다, 과대포장된 단순 서비스⋯높은 플랫폼 수수료 챙겨"
> 규제 압박에도 타다 이용자 100만 돌파

불법이냐 합법이냐 이야기가 시작되면 머리가 복잡해진다. 솔직히 남의 송사(訟事)에 끼어들고 싶지도 않다. 그럼에도 일부 혹은 잠재 타다 매니아들은 초조하게 클릭할 것이다.

> 대다수의 만족과 소수의 불만, 불법 프레임에 빠진 타다
> 렌터카 '타다', 불법인가? 공유경제의 시작인가?
> '합법과 불법 사이'⋯유사·신종 승차공유 잇따르는데

그런데 배는
왜 12척만 남았을까

묵직한 헤드라인이다. 임진왜란, 선조, 원균, 이순신 등 구체적인 등장인물을 안 밝혀도 '12척'만으로 스토리가 그려진다. 다만 헤드라인 첫머리의 '그런데'에 시선이 멈춘다. 마치 '그런데'가 점점 줌인되면서 화면을 가득 채울 것만 같다.

사연인즉슨

아베 일본의 보복으로 어수선한 가운데 권력의 두 가지 단어가 등장했다. 대통령이 거론한 '12척의 배'와 청와대 민정수석이 환기시킨 '죽창(竹槍)'. 후대 대중이야 12척의 기적에 매번 뭉클한 자긍심을 느끼는 게 당연하다. 부조리와 모순에 맞서 일어선 동학 농민들의 정의감에 125년을 뛰어넘는 공감 역시 마찬가지리라.

(…) "역사는 과거와 현재의 대화"라는 말대로라면 그러나 국정을 책임진 우리의 후세 정치가들이 되물어야 할 성찰의 지점은

일반 대중과는 달라야 옳다. "불세출의 영웅 이순신 장군 앞엔 왜 12척만 남았을까…." "고부군의 순박한 농민들은 왜 호미 대신 죽창을 들고 나서야만 했나…." 바로 우리의 정치와 국력(國力)이다.

우선 12척. 왕명거역죄의 모함과 옥고, 백의종군 끝에 돌아온 충무공이 마주한 판옥선 숫자다. 선조의 영원한 총신(寵臣)이자 이순신의 '대체재'였던 원균이 직전 칠천량해전에서 전술과 리더십 부재, 나태로 134척 중 122척의 선박을 잃으며 왜군에 대패한 결과다.

(…) 임진왜란 1년 전. 조선통신사 황윤길과 김성일의 상극(相剋)인 보고와 결론은 또 뭘까. "침략 기색을 느끼지 못했다"는 동인(東人) 김성일의 의견이 상관인 서인(西人) 황윤길의 경고 대신 선조에게 채택된 건 당시 집권세력이 동인인 구도와 무관치 않다. 왜침 없다던 조선의 분위기가 유성룡의 『징비록』에 묘사된다. "이 태평한 시대에 성을 쌓으라니 무슨 당치 않은 일이오"라는 민초들 불평부터 "아 그 왜군의 조총이란 게 쏠 때마다 다 맞는답디까"라는 무장들의 호언까지….

(…) 장황히 역사를 복기한 건 왜침 때마다 조정의 실정과 무능, 분열과 국력의 쇠퇴가 함께 있던 사실 때문이다. '불편한 진실'을 꺼내고 스스로의 성찰을 먼저 강조하는 게 민주주의 언론의 까칠한 책무이자 그들 방식의 애국이다. 그러니 역사의 평가 대상인 권력 자신이 '애국'과 '매국'을 가를 일이 아니다. 매국이란 정권 비판이 아니라 그들의 '잘못된 선택'에도 동조·방임하는 것이다.

『중앙일보』 2019년 7월 23일

2차 대전 때 영국을 승리로 이끈 처칠 수상은 "현재와 과거가 싸우면 미래가 죽는다"고 했는데, 지금 우리 상황에 딱 들어맞는 말이다. 국민들은 미래의 먹거리를 근심하는데, 정치권의 시선은 과거에 맞춰져 있는 것 같다. 한 번도 예외가 없었다. 지금 정부는 지난 정부를 때리고, 지난 정부는 지지난 정부를 욕하고, 지지난 정부는 지지지난 정부를 물어뜯고…. 국민들은 투표 잘한 희열과 투표 잘못한 자책 속에서 또 다음 선거를 기다린다.

아인슈타인은 "똑같은 일을 반복하면서 다른 결과를 기대하는 일"을 '미친 짓(Insanity)'으로 정의했다. 임진왜란이 끝난 지 400년도 더 지난 지금까지도 우리 정치는 '왜 12척'이냐는 질문만 되풀이하는 건 아닌지 모르겠다. 한 척이라도 더 배를 만들 귀한 시간만 속절없이 간다. 소설가 김훈은 이순신 장군을 기억하며 "싸움은 싸울수록 경험되지 않았고, 지나간 모든 싸움은 닥쳐올 모든 싸움 앞에서 무효였다"고 썼다(김훈, 『칼의 노래』, 2001). '닥쳐올 모든 싸움'이 다시 임박한 지금 우리는 무슨 준비를 해야 할까.

가장 중요한 것은 당시 선조는 왜 그 모양이었고, 신하들은 왜 그 꼴이었는지, 그리고 이순신 장군에게는 왜 달랑 12척밖에 없었는지에 대해 제대로 복기하고 학습하는 일이다. 역사는 수능 암기식으로, 또 대하드라마식으로 흘러가진 않는다. 이순신 장군은 영웅, 선조는 비겁한 임금, 광해군은 억울한 왕자, 대다수 신하들은 간신이었다고 요점 정리하고 넘어가면 안 된다. 갈피갈피의 배경, 문맥, 동기를 알아야 지금 우리에게 필요한 교훈을 얻을 수 있다.

또 하나 중요한 것은 배 만들 사람이다. 지금 우리 사회에 가장 시급한 미래 어젠다가 무엇인지를 밝혀내고 그에 맞는 정책을 설계할 전문가가 있어야 한다. 필요하면 외국인 용병을 쓰는 방법도 있다. 국가대표 감독에 자질이 뛰어난 외국인을 데려다 쓰는 것은 이젠 상식이다. 경제나 과학기술 정책 분야도 외국인을 영입해서 쓰면 어떨까. 최소한 이런저런 인연들로부터 자유로울 수 있다는 사실 하나만으로도 그럴 가치가 충분히 있어 보인다.

한 가지 더. 시대 흐름을 읽고 국민들에게 바른 방향을 알려줄 리더가 있어야 한다. 일본인들이 자국 역사에서 가장 좋아한다는 전국시대(15~17세기) 영웅이 세 명 있는데, 이들의 통치 스타일은 제각각이었다 한다. 새가 울지 않으면 오다 노부나가는 새의 목을 베고, 도요토미 히데요시는 어떻게든 새가 울게 만들며, 도쿠가와 이에야스는 울 때까지 기다렸다고 한다. 지금 우리에게 필요한 리더는 어떤 새를, 어떻게 울게 할 리더일까.

———— 같은 재료, 다른 레시피 ————

대통령이 '12척'을 언급했다는 헤드라인이다. 이순신 장군이라는 존재가 한국인들에게 주는 의미는 더 말해 무엇하랴. 옥포해전, 한산도대첩, 명량대첩, 노량해전은 연도까지 외울 정도다. 영화

〈신세계〉(2013)에서 형사로 열연한 배우 최민식이 갑자기 총 대신 칼을 뽑아 들고 "신에게는 아직 12척의 배가 남아 있사옵니다"고 할 것만 같다(〈명량〉, 2014). 다만 그만큼 익숙하기 때문에 헤드라인만 놓고 봤을 때의 신선함은 다소 떨어질 수 있다.

<blockquote>
青 "12척 컨테이너선으로 국난 극복"

기간산업 해운·조선 힘싣는 문대통령…"12척 배로 국난극복"
</blockquote>

단지 12척이 아니라 '왜 12척'이 되면 호기심과 예감이 동시에 꿈틀거린다. 이런 기사는 클릭이 아니라 정독의 대상이 된다.

<blockquote>
이순신에게 누가 12척만 남겨주었나?

또 12척의 배만 남길렌가

'이순신 12척' 가능케 한 '배설' 장군을 아시나요?
</blockquote>

추격이냐, 추월이냐, 추락이냐

다 같은 '추'가 아니다. 추격과 추월에 들어가는 추는 '쫓을 추 (追)', 추락할 때의 추는 '떨어질 추(墜)'다. 쫓아가는 것과 떨어지는 것의 느낌은 사뭇 다르다. 일단 추락이 시작되면 어쩌지 못한다. 우리 경제에 이미 추락 조임이 보인다는 몇몇 전문가들의 말이 그래서 더 무섭다.

사연인즉슨

(…) 추격 사이클을 연구하는 학자들은 기술 패러다임 변화, 불황 등이 후발자에 '기회의 창'일 수 있다고 말한다. 기술 변화나 불황은 자본주의 발전과정으로, 기회의 창은 늘 열리지만 모든 후발자가 기회를 붙잡는 건 아니란 메시지도 던진다. '준비된 후발자'만이 때가 찾아올 때 '비약(leapfrogging)'으로 선발자를 추월한다는 것이다. 일본의 경제보복은 1965년 한·일 수교 이후 또 다른 전환점이 될지 모른다는 분석이 나오고 있다. 기술 변화나 불황과는 성격

이 다른 외생적 요인이지만, 정부가 어떤 전략적 선택으로 대응하느냐에 따라 결과가 달라질 것은 분명하다.

(…) 정부가 '소재·부품·장비 경쟁력 강화대책'을 내놨다. 일본의 수출규제에 맞서 100대 전략품목 공급망을 1~5년 내 안정화한다는 목표로 국산화 및 수입처 다변화에 나선다는 내용이다. 그러나 이런 공개적인 정책으로 '기회의 창'을 열 수 있을지 의문이다. 탈(脫)일본이 곧 일본 추월인 것도 아닐 것이다. "추격만 해선 추월을 못 한다"는 명제도 있다. 일본이 걸어간 경로를 추종하는 국산화는 위험하다. 우리가 그 경로를 밟아나가는 동안 일본은 가만 있는다는 보장이 없기 때문이다.

(…) 세계는 지금 인공지능(AI) 등 기술 패러다임 변화를 맞이하고 있다. 먼저 준비하는 쪽이 승자가 될 가능성이 높을 것이다. 새 게임이 시작된다고 보면 선발자라고 꼭 유리한 것도, 후발자라고 꼭 불리한 것도 아니다. 기술적으로는 선발자도 후발자도 동일 출발선에 있다고 볼 수 있다. 하지만 신산업에서도 한국은 일본을 추월할 준비가 돼 있는지 의문이다. 당장 법과 제도, 규제에서 양국 기업이 같은 출발선에 있는지부터 그렇다..

(…) 역사적으로 추격을 시도했지만 추월에는 실패한 사례가 수도 없이 많다. 뒤를 돌아보지 않고 추격만 하다 다른 추격자에게 추월당하는 경우도 종종 발생한다. 누군가에게 추월당한다는 것은 곧 추락을 의미한다. (…)

『한국경제신문』 2019년 8월 8일

경제전문지답게 한국과 일본의 상황을 친일 대 혐한 프레임이 아닌 추격·추월·추락의 관점에서 짚었다. 우리는 여전히 추격 중인지, 추월한 부분은 없는지, 우리만 모른 채 추락 중인 건 아닌지 곰곰히 생각하게 만드는 헤드라인이다.

지금까지 60여 년간 줄곧 추격만 해왔던 우리가 과연 선진국들을 추월할 수 있을까. 이와 관련해서 고대 그리스 철학자 제논의 이름을 딴 '제논의 역설'을 살펴볼 필요가 있다. 트로이의 영웅 아킬레스와 거북이가 달리기 시합을 하면, 아킬레스가 거북이보다 10배 빠르다고 해도 100m 앞에서 출발한 거북이를 영원히 추월하지 못한다는 게 골자다. 아킬레스가 100m 따라가면 거북이는 10m 가고, 다시 아킬레스가 10m 가면 거북이도 1m 가고, 또 아킬레스가 1m 가면 거북이는 0.1m 갈 것이기 때문이다.

누가 봐도 궤변이다. 엄밀히 계산해보면 넉넉잡아 112m 정도에서 아킬레스는 거북이를 앞지른다. 그런데 제논의 역설에 빠지지 않으려면 결정적 조건이 하나 있다. 아킬레스가 거북이보다 빨라야 한다는 점이다. 한국이 선진국들을 추월하려면 당연히 더 빨리 뛰어야 한다. 지금 우리는 과연 전속력으로 뛰고 있는가? 여기저기에 발이 묶여 있지는 않은가? 케인스(John M. Keynes)가 말한 대로 기업가의 '야성적 충동'을 권장해야 추격이든 추월이든 가능하다. 이리 묶고 저리 옥죄면 연명조차 버거워진다.

추격에서 추월로 넘어가는 순간은 일종의 전략적 변곡점이다.

변곡점(變曲點, Inflection point)이란 곡선의 형태가 오목(concave)에서 볼록(convex)으로 혹은 그 반대로 완전히 변하는 순간을 말한다. 등산할 때 내려갈 때의 호흡, 보폭, 보법이 올라갈 때와는 완전히 다른 것처럼 추격의 공식과 추월의 공식은 달라야 한다. 산업 간 영역을 넘나들거나(cross over) 여차하면 영역을 파괴(destruction)하는 접근이 필요하다. 스티브 잡스의 아이폰이 컴퓨터(전자산업)인지, 게임기(게임산업)인지, 전화기(통신산업)인지, MP3 플레이어(음반산업)인지 급기야 신분과시용품(패션산업)인지를 아무도 따지지 않는 것처럼 말이다.

다행히 한국은 비빔밥, 폭탄주, 짜파구리 등 컨버전스 문화가 일상화되어 있다. 감자탕을 배불리 먹고 나서도 꼭 국물에 김가루와 다진 김치 등을 넣고 볶음밥을 해 먹어야 직성이 풀린다. 영역 파괴도 서슴지 않는다. 닭을 먹어도 한 가지로 먹지 않고 튀겨 먹고, 쪄 먹고, 삶아 먹고, 고아 먹고, 볶아 먹는다. 우리 고유의 융복합 퓨전 문화가 힘을 발휘해 한국 경제가 추격에서 추월 차선으로 옮겨 타는 기폭제가 되어주기를 간절히 염원한다.

최악의 경우라도 추락은 상상할 수 없다. 한번 추락이 시작되면 가속도가 붙어 다시 반등하는 건 사실상 불가능하기 때문이다. 소설가 이문열 선생은 틀렸다. 추락하는 것은 날개가 없다(이문열, 『추락하는 것은 날개가 있다』, 1988). 다행히 『손자병법』에 보면 "지지 않는 건 나에게 달렸고, 이기는 건 적에게 달렸다"는 말이 나온다. 정신만 차리면 추월은 몰라도 최소한 추락은 면할 수 있다는 이야기다.

심오한 헤드라인

같은 재료, 다른 레시피

일본에 대한 분노가 담긴 헤드라인은 통쾌하고 시원스럽다. 양국 정치인들이 반일, 혐한에 나서는 것도 다 그 이유다. 하지만 딱 거기까지. 클릭은 각자의 몫이다.

한국, WTO에 '일본 경제보복' 제소
국민 76% "일본 경제보복 철회하지 않으면 불매운동 계속"
李총리 "日, 두번째 보복…넘어선 안되는 선 넘었다"

어떻게든 일본과 해결책을 찾아야 한다. 죽고 못 살 정도로 친할 필요는 없겠지만 안 보고 살 수는 없는 노릇이다. 관계가 이어져야 추격과 추월도 가능해진다.

일본 경제보복 100일…위기가 기회로
"경제보복 日도 피해 커…정부뿐 아니라 민간 교류 확대해야"

김정은이 주목하는
세 가지 숫자

이유 불문하고 김정은 위원장은 그 자체로서 뉴스다. 농구를 좋아하고, 술도 잘 먹고, 담배도 아무 데서나 막 피고, 급기야 수틀리면 막 죽인다. 그런데 그가 주목하는 세 가지 숫자는 뭘까? NBA 스코어? 점심 때 비운 양주병 수? 내리 피워 댄 담배 개피 수?

사연인즉슨

김정은이 매일 상기하거나 주목하는 숫자가 있을까. 있다면 정권 생존과 직결될 만큼 중요한 숫자일 것이다. 향후 비핵화의 향방이 이것에 달려 있다고도 할 수 있다. 이 정도로 중요한 숫자는 무엇일까.

첫째는 12월 31일이다. 김정은은 하노이 북미정상회담이 결렬되자 4월 최고인민위원회 연설에서 미국의 용단을 올해 말까진 기다리겠다고 말했다. 그때까지 변화가 없으면 신년사에서 밝힌 대로 '새로운 길'을 모색할 수 있다는 뜻이다. 왜 이렇게 연말을 시한으로 못 박았을까. 북한은 시한을 정함으로써 협상의 레버리지를 키우려 하고 있다. 하노이 회담에서 북한은 제재 때문에 비핵화 협상에 나왔음을 은연중 시인했다. 수를 읽힌 북한은 '시간은 우리 편'이라는 미국의 믿음을 바꾸지 않고선 협상에서 우위를 점할 수 없음을 깨달았다.

(…) 둘째는 북한 쌀 1kg의 가격인 5,000원이다. 제재가 직접 충격을 주는 대상은 '무역과 외화벌이'지만 그 효과는 시장까지 파급된다. 무역통계에 따르면 북한은 해마다 20만~30만 톤의 식량을 수입하고 있다. 통계에 잡히지 않는 밀수까지 합하면 실제 수입은 이보다 2~3배 많을 것이다. 그러나 제재로 인해 외화벌이가 줄면 이전 규모로 수입하기 어려워 시장에 공급되는 식량이 감소한다. 또 주민 소득도 낮아지기 때문에 식량을 예전처럼 살 수 없다. 그 결과 세 끼 쌀밥을 먹던 주민도 값싼 옥수수를 섞어 먹든지 끼니를 줄여야 한다. 당연히 북한 정권에 대한 주민의 반발이 거세질 수 있다.

(…) 셋째는 김정은도 알지 못하는 숫자, 바로 북한의 외환보유고다. 외화만 있으면 식량도 수입할 수 있으니 이것이 더 큰 문제다. 지금 북한은 국가 기관과 기업이 외환 관리를 따로 할 정도로 외환집중제가 유명무실해졌다. 군·노동당·내각·지방정부도 그 산하 기업을 통해 각자 외화를 벌어 운영한다. 제재 이전 북한 권력층은 무역액의 상당 부분을 킥백(kickback)으로 받아 부를 축적했다. 주민들도 해외파견 근로나 밀수, 시장 활동 등을 통해 외화를

모을 수 있었다. 김정은을 비롯해 거의 모두가 외화 주머니를 각자
차고 있는 셈이어서 다 합쳐 얼마가 있는지 알 수 없다. (…)

『중앙일보』 2019년 9월 25일

스치는 생각

전 세계 77억 명 중에 대한민국이 어디 붙어 있는지 아는 사람이
몇이나 될까. 남한과 북한이 의절하고 지내는 걸 아는 사람은 또
얼마일까. 우린 작아도 너무 작아 민망할 정도다. 그나마 반쪽뿐
이어서 존재감이 확 떨어진다. 그럼에도 우리 민족은 참 대단하
다. 남과 북이 각기 다른 방법으로 세계를 놀래키고 있다. 한쪽은
전 세계의 질투를, 다른 한쪽은 분노를 유발한다는 점이 차이라면
차이다.

북한 김정은에 대한 뉴스는 하루도 빠질 날이 없다. 김정은 스
스로도 뉴스를 통해 존재감을 확인받고 싶어 한다. 얼핏 연예인
병 조짐도 보인다. 이 부분은 저쪽 미국 트럼프 대통령과 어찌 그
리 닮았을까. 그러다 보니 독자들은 일종의 김정은 피로증후군에
빠진 듯하다. 쏘거나(미사일), 뒷짐 지거나(순시), 욕하거나(남한 당
국자) 중 하나다. 아, 하나 더 있다. 좋아 죽거나(모란봉악단 관람).

그러던 차에 '김정은이 주목하는 세 가지 숫자'라는 헤드라인은
서치라이트처럼 빛을 발한다. 쉽지 않은 분석을 쉬운 제목으로
덮은 작성자의 통찰이 돋보인다. 김정은도 필시 읽었을 거다.

심오한 헤드라인

옛말에 '동산에 오르면 마을이 보이고, 태산에 오르면 천하가 보인다'고 했는데, 지금 우리 주변에 북한 정세에 대한 큰 그림(Big picture)을 보여주는 사람이 없어 안타깝고 답답하다. 오히려 큰 그림은 김정은이 그리고 있는 것 같다.

김정은은 고수(高手)다. 같이 죽자고 덤비면 상대가 어쩌지 못한다는 것을 알고(벼랑 끝 전술), 야금야금 도발하면 상대가 대놓고 보복에 나서기 어렵다는 것을 안다(살라미 전술). 김정은의 입이 아니라 눈을 봐야 하는 이유가 여기에 있다. 그가 좋아하는 세 가지 숫자뿐 아니라 그가 즐겨 마시는 세 가지 양주, 그가 좋아하는 세 가지 안주, 그가 부르는 세 가지 팝송까지 살펴야 한다.

같은 재료, 다른 레시피

김정은은 슈퍼스타다. 국민적 관심도 높다 보니 그에 대한 뉴스는 거의 하루도 빠지지 않는다. 그러다 보니 싱거운 헤드라인도 종종 보인다. 대단찮은 동정 기사일지라도 지속적으로 내보내야 하는 기자의 고충이 느껴진다.

협상 결렬에도…28일 만에 옥수수 들고 웃으며 나타난 김정은
미사일 대신 옥수수 든 김정은 "먹는 문제 해결해야"

데자뷰가 느껴지는 헤드라인도 있다. 지겹더라도 북한 소식은

뭐 하나 놓칠 수 없다. 아래 헤드라인에서 중국 시진핑 국가주석
에 보낸 축전에 나오는 "언제나 함께 있을 것"이란 문구는 몹시 자
극적이다.

北 노동신문, 김정은 '어버이'로 지칭
북한 김정은, 100세 장수 할머니에게 생일상 보내
김정은, 시진핑에 건국 70주년 축전 "언제나 함께 있을 것"

미국과 당장에 뭔 일이 진행될 것 같은 긴박한 헤드라인은 매
번 속으면서도 혹시 또 모를 클릭을 유도한다.

트럼프 "올해 어느 시점에 김정은 다시 만날 것"
김정은, 벼랑 끝 전술로 트럼프 압박…연내 3차 북미 정상회담 승부수

누가 홍콩을 두려워하랴

머리로 기억하는 홍콩과 눈앞에 보이는 홍콩이 더 이상 같지 않다. 이제 누가 있어… 홍콩 따위를… 두려워할까.

─── 사연인즉슨 ───

(…) 인구 740만 명, 일인당 국민소득 6만 6천 달러의 부자도시 홍콩이 화염에 휩싸였다. 민생이 아니라 민주를 향한 절규다. 페퍼포그차, 화염병, 경찰, 깨진 벽돌이 뒤엉킨 홍콩 거리는 깊숙이 파묻은 우리의 경험을 들쑤시기에 충분하다. 파이프로 무장한 시위대, 불타는 바리케이드가 독재에 맞섰던 청년 시절의 빛바랜 사진을 급히 인화한다. 섬뜩하다. 인간의 본성을 뒤바꿔놓는 정치권력의 무서운 위력은 탄환을 발사한 경찰의 다급한 동작과 느닷없이 생

명줄을 놓아야 했던 청년의 피격에서 절정에 달했다. 수십 명의 사상자가 났고 300여 명이 체포됐다. 당랑거철(螳螂拒轍), 거대한 대륙국가에 속절없이 달려드는 남쪽 끝 작은 식민도시의 운명은 예견 가능해서 더 서글프다.

(⋯) 서방국가와 세계 언론들은 침묵과 신중모드로 일관한다. 베이징 정부가 두렵다. 자칫하면 국정 개입이라는 지탄을 받는다. 유엔인권위는 아예 중국 편에 섰다. 기껏해야 '상황 주시'(필리핀), 또는 '평화로운 방식'(독일, 영국, 프랑스)을 어눌하게 언급하는 정도인데, 미국만 예외적이다. 처음엔 폭도 운운했던 트럼프 대통령은 하원이 홍콩인권·민주주의법을 통과시키자 태도를 바꿨다.

(⋯) 지구지역적(glocal) 관점에서 '동아시아'는 중국·한국·일본이 가꿔가는 문명적 생활공간이다. 한국과 일본이 하나 마나 한 멘트를 날리고도 동아시아의 균세와 평화가 이뤄진다고 믿는 사람은 없다. 누가 홍콩을 두려워하랴. 그러나 정작 두려워할 것은 홍콩의 절규를 두려워하지 않는 동아시아인의 위축된 방관이다.

『중앙일보』 2019년 11월 25일

───────── 스치는 생각 ─────────

헤드라인은 1966년 개봉한 미국의 블랙 코미디 영화 〈누가 버지니아 울프를 두려워하랴〉를 차용했음 직하다. 두려워할 것이 많은 세상이어서 그런지 '두려워하랴' 시리즈의 헤드라인이 참 많

심오한 헤드라인

다. '누가 변화를 두려워하랴', '누가 비트코인을 두려워하랴', '누가 여성의 야망을 두려워하랴', '누가 통합을 두려워하랴', '누가 브리짓 바르도를 두려워하랴', '누가 채플린을 두려워하랴'. 급기야 '누가 방울토마토를 두려워하랴'(문화심리학자 김정운 교수의 2019년 1월 칼럼 제목).

홍콩은 한자로 향항(香港), 향기 나는 항구라는 뜻이다. 많은 한국인들에게 홍콩은 영화 속의 아련함으로 기억된다. 홍콩은 〈영웅본색〉(1986), 〈천녀유혼〉(1987), 〈아비정전〉(1990), 〈천장지구〉(1990), 〈동방불패〉(1992), 〈중경삼림〉(1994), 〈첨밀밀〉(1996), 〈화양연화〉(2000)가 만들어진 곳이다. 주윤발, 유덕화, 여명, 양조위, 왕조현, 장만옥, 양자경 등은 오래 알고 지낸 사람들처럼 친근하게 느껴진다. 2003년 만우절 날, 만다린 오리엔탈 호텔 24층에서 거짓말처럼 몸을 날린 장국영까지(장국영이 마지막 묵었던 호텔 방은 아직도 손님을 받지 않고 밤에도 불을 켜놓는다고 한다).

1980~1990년대 전성기 홍콩 영화는 끝나고 그 시절 배우들은 늙거나 죽었다. 1997년 중국에 반환되는 순간부터 홍콩은 이미 다시 돌아올 수 없는 네버랜드(Neverland)를 향해 떠난 건지도 모른다. 2020년 한 해 동안, 자유를 외치는 홍콩 시민들의 절규를 TV 화면으로 지켜보면서 무력한 비애를 느껴야 했다. 먼 훗날 우리는 홍콩을 어떻게 기억할까. 백종원 대표가 운영하는 중국집 이름(홍콩반점)으로만 남을 것 같아 먹먹하고 두렵다.

힘 앞에 장사 없다고 중국이 무섭긴 무섭나 보다. 자유와 인권에 대한 그 아름답고 찬란했던 말들은 다 어디 가고, 전 세계가 홍콩의 목을 조르는 중국을 스포츠 중계 보듯 무심히 지켜봤다. 우리나라 5·18 때도 외국인들은 아마 그렇게 지켜봤을 테고…. 문명이라는 게 과연 발전하긴 하는 걸까. 하긴 석기시대는 돌로 때려 죽이고, 그보다 개화되었다는 청동기시대는 칼로 찔러 죽이고, 근대에 와서는 총으로 쏴 죽였을 뿐 달라진 게 뭐가 있을까 싶기도 하다.

김동률이 작곡하고 이적이 가사를 붙인 〈거위의 꿈〉(1997)은 "헛된 꿈은 독이라고, 세상은 끝이 정해진 책처럼 이미 돌이킬 수 없는 현실"이라고 생각하지 말라 했는데, 아무래도 홍콩은 돌이킬 수 없는 현실이 되어 가는 것 같다. 마치 "이 무거운 세상도 나를 묶을 순 없죠. 내 삶의 끝에서 나 웃을 그날을 함께해요"라 외칠 것만 같은 홍콩인들에게 모두가 속수무책으로 죄송할 따름이다.

'누가 홍콩을 두려워하랴'는 헤드라인에는 아무도 힘없는 홍콩을 두려워하지 않는다는 체념과 함께 홍콩이 결코 남의 일이 아닐 수 있음을 두려워해야 한다는 경고가 번갈아 비친다. '누가 서울을 두려워하랴' 따위의 헤드라인은 볼 일이 없어야 한다.

──────── 같은 재료, 다른 레시피 ────────

갈수록 늘어나는 홍콩 시위 참가자 수와 거기에 대한 중국 공산당의 대응이 시시각각으로 보도된다. 참견할 수도, 도와줄 수도 없는 '남의 일'인 탓에 헤드라인은 대개 건조하게 팩트에 충실하고,

독자들은 그저 각자의 일상에 충실한 것 같다.

홍콩 15만 명 시위 "완전 직선제 도입"…경찰과 격렬 충돌
새해 첫날 대규모 시위…"100만 명 도심 행진"
시진핑, 홍콩에 최후 통첩…시위 양상 바뀌나?

홍콩 시위가 미칠 여파를 짚어주는 헤드라인은 단순 팩트 전달
보다는 훨씬 더 독자의 눈길을 잡는다.

反정부 시위에 우한 폐렴까지…꽁꽁 얼어붙은 홍콩 경제
홍콩시위 장기화에 양안관계 경색까지…'중국몽' 흔들
홍콩처럼 될라, 유학생도 대만으로 투표 귀향

"너는 늙어봤냐, 나는 젊어봤단다"

젊음은 지나오고 늙음은 닥쳐온다. 해서 젊음과 늙음은 마주 앉지 않는다. 허나 우리 사회가 직면한 시공간이 뒤틀리면서 겸상이 불가피해졌다. 대화의 기술이 필요한 때다.

사연인즉슨

(…) 앞으로 선거법을 고쳐서 18세부터 투표권을 준다는데 맘에 차지 않는다. 이건 '조선일보의 논조'와 상관없는 개인적 생각이다. 고3이 상당수 포함되고 '교실이 정치판이 될 것'이란 걱정이 많다. 지금 열한 나라를 제외한 세계 90% 넘는 국가에 18세부터 선거권이 있고, 오스트리아·브라질 같은 여섯 나라는 16세부터 투표한다지만 우리도 그 방향이 옳을까 싶다.

(…) '포퓰리즘 면역 항체'가 없는 첫 투표자들, 그리고 일부 '포

풀리즘에 중독된 기성세대'에게 현금 복지는 쥐약 같다. 대중 영합 정치로 망해버린 국가 사례를 수없이 보여줘도 소용없다. 통장에 넣어주는 몇 푼 돈에 판단은 흐려지고 이성은 실종된다. 선거를 통한 대의 민주주의가 인류 최고 발명품이라고? 천만에. 어떤 나라는 악마가 바빠 선거제도를 대신 보냈다.

이런 선거는 선거가 아니라 차라리 '매표(買票) 파티'다. 매관매직처럼 해롭다. '연동형 비례대표'가 아니라 '연동형 현금 살포'가 될지 모른다. 금수저 젊은이와 '로또 분양'을 경쟁하다 지친 꼰대 가장(家長)들이 이제는 생애 첫 투표를 하는 애송이와 세대 전쟁을 벌인다.

(…) 영화 〈은교〉의 대사는 명문장이다. "너희 젊음이 너희 노력으로 얻은 상이 아니듯, 내 늙음도 내 잘못으로 받은 벌이 아니다." 서유석도 노래한다. "너는 늙어봤냐, 나는 젊어봤단다." (…)

『조선일보』 2019년 12월 20일

스치는 생각

류시화 시인의 시집 제목 『지금 알고 있는 걸 그때도 알았더라면』 (1998)처럼 지나온 시절 중에서 몹시도 후회되는 순간이 있기 마련이다. 허나 '그때도 알았더라면' 뭐가 달라졌을까. 부질없는 상상일 뿐이다. 몸이 그때로 돌아가면 정신도 그때로 돌아갈 것이기 때문이다. 어설프고 불안해 보여도 그때는 그래서 그때인 거다. 반대로 가끔 몸은 20대인데 정신은 60대인 사람이 있긴 하다. 속칭 애늙은이, 사전적 의미로 '생김새나 행동이 나이가 든 사람 같은 아이'다. 얘는 대개 어디에도 못 낀다.

인간은 결국 늙는다. 가인(歌人) 김광석은 노래한다(김광석, 〈서른 즈음에〉, 1994).

> 점점 더 멀어져 간다 / 머물러 있는 청춘인 줄 알았는데 /
> 비어가는 내 가슴속엔 / 더 아무것도 찾을 수 없네

젊었던 그 시절을 "내가 떠나보낸 것도 아니고 내가 떠나온 것도 아닌데" 늙음은 늘 억울하고 속상하게 온다. 그런데 조금씩 변하는 모습이 보여 반갑다. 늙음을 자연스럽게 받아들이고 오히려 젊음이 감히 흉내 낼 수 없는 고차원의 멋으로 승화시키는 추세다. 바다 건너 알 파치노나 메릴 스트립이 그렇고, 이 땅의 이순재, 신구, 김수미, 김혜자 선생이 그렇다.

젊음과 늙음이 세대 간 갈등이 되지 않고 자연스럽게 바통 터치되려면 관계자(?)분들 모두가 생각을 바꿔야 한다. 우선 연로하신 분들은 딱 한 가지만 하시면 된다. '백문이 불여일견', 백번 잔소리보다 한번 솔선수범을 보여주시라. '젊어 고생은 사서도 한다'든지 '아프니까 청춘이야' 같은 말씀은 속으로만 하시라. '라떼의 추억'은 아직 이르다. 당신의 전성기는 아직 안 왔을지 모른다.

다음은 어린 분들. 독서를 흔히 간접 학습이라고 하는데 그건 책 장사들의 술책이다. 주변 어르신들을 잘 활용(?)하면 손쉽게

직접 학습에 준하는 효과를 얻을 수 있다. 책 살 돈도 아끼고 운 좋으면 용돈도 받는다. 영화 〈인턴〉(2015)에서 은퇴한 노땅 벤(로버트 드니로 분)을 심부름꾼, 운전기사, 나아가 인생의 멘토로 요긴하게 써먹는 줄스(앤 해서웨이 분) 같은 현명한 청춘을 닮아야 한다.

마지막으로 연로하지도 어리지도 않은 분들, 대개 40~50대인 이분들이 중요하다. 부서 회식에서 마음껏 시키라는 보스와 마음껏 시키는 신입 사이에 '낀'세대다. 이들은 갓 빠져나온 젊음과 미구에 들이닥칠 늙음을 모두 안다. 양극단 세대 사이에서 멋쩍게 웃거나 두 개의 가면을 번갈아 쓸 게 아니라 '누가 늙으래', '누가 젊으래'를 외치는 양쪽 사이에서 소통과 중재역을 맡아야 한다.

중국 속담처럼 청년은 노인처럼, 노인은 청년처럼 행동하면 만사형통이다. 늙음과 젊음을 필연적인 시간 축이 아니라 각자가 선택한 공간 축에 놓고 보면 쉽다. 우리말에 '비켜 앉다'는 말이 있는데 서로의 시선에 대한 배려와 존중을 담아 엇비슷하게 앉는다는 의미다. 남자와 여자, 백인과 유색인종, 스님과 신부님처럼 각자의 공간을 인정하면서 최소한의 예의만 지키면 된다. 그게 힘들면 간섭없이 각자의 길을 가는 것도 방법이다. 영화 〈친절한 금자씨〉(2005)에서 배우 이영애가 무심히 내뱉는 말에 울림이 있다. "너나 잘하세요."

한 마디 더. 세대 차이를 아날로그와 디지털 세대로 구분하는 경우가 종종 있다. 구세대는 아날로그 세상에서 디지털로 옮겨온 디지털 이주민(Digital Immigrant), 신세대는 태어날 때부터 디지털의 은총을 입은 디지털 원주민(Digital Native)이다. 각각 파이썬

세대와 포트란 세대라고 할까? 그런데 둘 중 어느 쪽이 더 유리할까? 아, 질문이 틀렸다. 어느 쪽이던 잘하는 쪽이 유리하다. 송가인과 임영웅을 꾸준히 따라 부르는 이주민, 혹은 〈쇼미더머니〉와 〈미스(터)트롯〉을 자유롭게 넘나드는 원주민 모두 정답이다. 인간은 디지털 갑옷을 입은 아날로그 종족이다.

같은 재료, 다른 레시피

만 18세 투표권에 대한 걱정을 담은 헤드라인이 많다. 정치인들의 표 계산하는 소리에 눈살이 찌푸려지지만, 워낙 중대한 변수이다 보니 기사를 살펴보게 된다.

"고등학교 교실 정치판 될 것"…"만18세 투표권은 세계적 추세"
"10대 유권자를 잡아라"…만 18세 투표권, 총선 새 변수로

이미 하기로 한 이상, 잘 하는 게 중요하다. 어떤 교육이 제대로 된 선거교육인지 궁금한 독자라면 자라나는 아이들을 위해서 반드시 클릭한다.

만18세 유권자들에게 거는 기대
50만 명의 18세 투표권 시대, 선거 교육 제대로 해야

세상을 다 구하고 싶은 의사 vs 영웅 뒷바라지에 지친 병원

'해리포터' 시리즈도 다 끝난 마당에 절대 선과 절대 악이 어디 있으랴. 부득이 선과 악이 뒤엉켰을 때는 누군가 다툼의 맥을 정확히 짚어 갈등의 핵심을 한칼로 정리해주면 좋다. 그게 헤드라이너의 역할이다.

---------------------- **사연인즉슨** ----------------------

경기 수원시 아주대병원 권역외상센터 이국종 교수에게 유희석 아주대 의료원장이 욕설이 섞인 전화를 한 사실이 보도되면서 이 교수와 병원 측의 갈등이 세상에 알려지게 됐다. 이 교수 측은 병원이 노골적으로 편법을 써가며 외상 환자 진료를 가로막았다고 토로한다. 이 교수는 "열심히 외상 환자 보는 의사를 병원이 범죄자 취급하고 병신을 만들어버렸다"고 말했다. 외상센터 의료진은 15일 "해군 태평양 항해 훈련에 참가했다가 돌아온 오늘도 분을

참지 못하고 외상센터를 그만둘 작정인 분위기였다"고 전했다.

의료원 측의 말은 다르다. 이 교수가 무리하게 헬기 이송을 늘려서 대구나 제주도까지 날아가서 외상 환자를 실어 오고 있어 안전상의 문제 등을 지적한 것이라는 입장이다. 언론과 정치권을 활용하고, 병원 경영을 문제 삼으면서 독선적으로 움직이고 있다는 것이 이 교수를 바라보는 의료원 측의 시선이다.

(…) 2016년 아주대는 건립비 300억 원, 운영비 연간 60억 원 등을 정부로부터 지원받아 100병상 규모의 권역외상센터를 열었다. 당시 이 교수는 본격적인 외상센터 개원으로 의욕이 넘쳐 있었다. 아주대는 경기 남부 관할 권역외상센터인데도 이 교수는 전북에서 일어난 교통사고 환자도 헬기를 타고 날아가 데려왔다. 백령도, 연평도 등 서해 도서 지역은 인천 길병원 권역외상센터 관할 지역이지만, 섬에서 발생한 외상 환자도 헬기로 싣고 왔다. 중증 외상 환자를 극적으로 살리는 사례가 뒤따랐고, 세상은 이 교수에게 박수를 보냈다.

하지만 병원 측은 "헬기가 해상 운영에 적합한 기종이 아니고, 그에 따른 안전 장비를 갖추지도 않았다"며 무리한 헬기 이송을 자제하라고 이 교수에게 요구했다. 헬기 운영 범위로 다툼이 잦아졌다. 지방의 권역외상센터 일부에서는 관할을 넘어서는 이 교수의 무리한 헬기 이송에 불만을 제기하기도 했다. 헬기 출동에 따른 소음도 갈등 요인이 됐다. 주변 아파트에서 소음 관련 민원이 끊임없이 제기됐다. (…)

『조선일보』 2020년 1월 16일

스치는 생각

싸움 구경이 재미있다고 하는데 그건 처음 3분쯤이다. 가만히 듣다 보면 누구 말이 맞는지도 헷갈리고, 안다 한들 한쪽 편을 들기도 곤란해진다. 진짜 모르겠다는 바보 같은 표정을 지으며 자리를 빠져나오는 게 상책이다. 어차피 싸움의 근본 원인을 해결해 줄 것도 아니라면 더욱 그렇다.

이국종 교수와 아주대병원 모두 우리 사회에 꼭 필요한 존재들이다. 기사를 살펴보면 승패 가르기와 일방의 편들기는 맞지 않아 보인다. 양쪽은 서로 할 일을 했을 뿐이다. 군대에서 1분대에게는 땅을 파라고 시키고, 2분대에게는 1분대가 판 땅을 메우라고 번갈아 시키면 어떻게 되겠는가. 1분대와 2분대는 원수가 된다. 파란다고 그렇게 깊게 파야 했느냐, 메우란다고 다질 필요까지 있었느냐 하면서 아주 웃기게 심각해진다. 문제를 제공한 소대장은 보통 먼 산을 본다.

이번 사태도 잘 들여다보면 교수와 병원이 반대로 달릴 수밖에 없게 만든 제도의 허점이 있을 듯싶다. 그 메커니즘을 찾아 손질해야 한다. '세상을 다 구하고 싶은 의사 vs 영웅 뒷바라지에 지친 병원'이라는 헤드라인은 양쪽이 추구하는 방향이 다를 수밖에 없음을 암시하면서 어떻게 실마리를 찾아야 할지에 대한 힌트를 주는 것 같다.

요즘 이국종 교수뿐 아니라 대부분 의사들의 심기가 어지럽다. 코로나19 때문에 죽을 맛인 데다 정부와도 의사 정원 문제로 의

견이 갈려 정신이 복잡하다. 누가 뭐래도 국민들은 의사라는 직업의 귀함과 대한민국 의사들의 헌신을 기억한다. 힘든 때일수록 더욱 용기내기 바란다. 용기는 전염된다.

하나 더. '직업에는 귀천(貴賤)이 없다'는 말은 귀한 사람이 했을까 천한 사람이 했을까. 전자라면 위로이고 후자라면 자존심이겠다. 아무튼 대개의 직업은 귀하다. 그런데 어떤 직업은 특히 더 귀하다. 의사가 그렇다. 그래서 전 국민이 직업호칭매뉴얼 없이도 무조건 의사에게는 꼬박꼬박 '선생님' 칭호를 붙이는 거다. 판사나 경찰, 기자 등도 나름 귀한 직업인데 고작 '님'자 정도에 그친다. 열 받으면 '님' 대신 '양반'을 붙이기도 한다.

────────── 같은 재료, 다른 레시피 ──────────

이국종 교수와 아주대병원 간 갈등이 갑자기 불거지면서 많은 사람들을 당혹게 했다. 예사롭지 않은 다툼은 이목을 부른다.

> 곪은 게 터졌다?…이국종-아주대의료원 수년간 외상센터 갈등
> 욕설 파문, 이국종 교수·아주대병원 갈등 표면화
> "이국종, 돌아올 수 없는 강 건넜다…내달 출근 즉시 사임"

놀람이 진정되면 도대체 뭐가 문제인지에 관심이 간다. 기자들도 차분해지면서 헤드라인에 무게가 실린다.

이국종 교수가 포기한 '외상센터' 진짜 문제는 이것
이국종 "병원에서 계속 돈 따오라고 요구해…이젠 지쳤다"
"돈만 밝히는 병원 평가 지나쳐" 아주대 현직 교수들, 이국종 주장 반박

기승전결(起承轉結)에서 결(結)을 전하는 헤드라인은 안도감을 준다. 다만 이야기가 잘 풀려서 해결되었음 됐지 굳이 기사를 클릭해야 하나 주저하는 마음이 생긴다.

폭언 듣고 사직했던 이국종, 아주대 외상연구소장으로 복귀
아주대 의료원장에 박해심 교수…외상센터와 갈등 해결여부 관심

코로나는 돌아온다,
방심과 망각의 틈으로

더 강력하게 무장한 코로나19는 모두가 한숨 돌릴 때, 아픈 기억을 털고 일상으로 돌아갈 때를 노린다. 방심과 망각의 순간, 어디 코로나19뿐이겠는가. 성난 불길을 잡을 사람도 필요하지만, 꺼진 불을 다시 보는 사람도 필요하다.

────────── 사연인즉슨 ──────────

사흘 동안 '0'의 기록을 이어가던 코로나19 지역사회 감염이 6일 다시 발생했다. 지난 1~2일 서울 시내 클럽과 주점 등 유흥업소를 여러 군데 방문한 남성이 확진 판정을 받았다. 7일에는 이 남성과 함께 클럽에 갔던 남성이 확진 판정을 받았다. 밀집도가 높고 환기가 잘 안 되는 유흥업소는 감염 위험이 크다.

  (…) 6일부터 생활방역으로 전환하면서 다중이용시설들이 잇따라 다시 문을 열고 있다. 전국 박물관과 도서관 등 국공립 시설

24곳이 운영을 재개했고, 무관중 경기지만 프로야구 정규 시즌도 시작됐다. 하지만 코로나 사태 이전과는 상황이 엄연히 다르다. 사람이 몰리는 곳은 간격 유지가 필수고, 마스크 착용과 발열 확인도 의무 사항이다.

(…) 그런데도 거리는 물론이고 버스·지하철 안에서도 마스크를 쓰지 않은 사람이 차츰 늘고 있다. 클럽 등 유흥가도 북적인다. 우리는 코로나19 이전으로 돌아간 것이 아니다. 정부가 생활방역으로 전환하면서 "국민 개개인과 우리 사회 모두가 스스로 방역을 책임지는 방역 주체가 돼야 한다"고 당부했던 사실을 되새길 필요가 있다.

(…) 이런 상황에서 개인의 부주의와 작은 일탈만으로도 공동체의 상호 신뢰가 무너질 수 있다. 권준욱 중앙방역대책본부 부본부장은 7일 "가장 두려운 시나리오는 우리의 방심 그리고 망각"이라고 말했다. (…)

『한겨레신문』 2020년 5월 7일

---------------- **스치는 생각** ----------------

메르스라는 전대미문의 전염병에 치를 떨던 2015년 5월 무렵, 보건복지부는 보도자료를 통해 "낙타와의 밀접한 접촉을 피할 것. 멸균되지 않은 낙타유 또는 익히지 않은 낙타고기 섭취를 피할 것"을 권고했다. 이어지는 온라인 댓글에는 안도와 걱정이 엇갈

렸다. "출퇴근할 때 낙타 대신 대중교통을 이용해야겠다. 아침에 냉장고에서 낙타유를 꺼내 마실 뻔했다. 엄마가 김치찌개에 낙타 고기를 넣었어요."

한 번 갔던 길이어서 그런지 이번 코로나19 대응이 그때보다 한층 세련되어 보인다. 최소한 "가방에 박쥐를 넣지 말 것, 박쥐를 생으로 먹지 말 것" 같은 방역지침이나 "집에서 키우는 박쥐는 괜찮나요? 익혀 먹는 건 상관없죠?" 같은 질의가 없는 것으로 보아 그렇다. 그 덕에 한국은 방역 선진국으로 칭찬도 받고 K방역이라는 선진 모델을 전 세계에 전파하는 위치에도 올랐다.

그러나 미국 프로야구의 전설 요기 베라(1925~2015)의 말처럼 "끝날 때까지 끝난 게 아니다." 피로가 쌓이고 슬슬 긴장이 풀리면서 곳곳에 누수의 조짐이 보인다. 이럴 때일수록 코로나19 사태가 어떻게 전개될지를 예의 주시하면서 새로운 대비책을 항상 준비해 놔야 한다. 보통 성패는 기대와 자신감에 찬 플랜 A가 아니라 야속한 현실에 직면했을 때의 플랜 B에서 갈린다.

헤드라인에서 코로나의 귀환 가능성을 방심과 망각, 두 가지로 잡아낸 부분이 압권이다. 마치 견고한 성문에 작은 틈 두 개가 있는데 그 틈의 이름이 방심과 망각이라는 것처럼 생생하게 전해진다.

우선 방심. 방심은 미래의 불안으로부터 자신을 지켜주는 훌륭한 심리 기제다. 미래의 온갖 시시콜콜한 것까지 미리 염려할 필요는 없다. 닥쳤을 때 적당히 땜빵을 해도 괜찮다. 다만 생명에 직결되는 무시무시한 일까지 방심해선 안 된다.

심오한 헤드라인

다음은 망각. 망각은 과거로부터 보호해주는 장치다. 누구나 아픈 기억이 있겠지만 그걸 매번 새롭게 꺼내어 들춰보다가는 제 명에 못 산다. 적당히 잊히거나 잊어야 한다. 다만 괴로웠던 일들 만 망각해야지 반드시 챙겨야 할 것까지 망각해서는 본인 존재도 자동 망각될 수 있다.

같은 재료, 다른 레시피

'방심하지 말라'는 말은 지당하신 잔소리로 들릴 수 있다. 헤드라 인을 보고 '넵' 하면서 다음 헤드라인으로 넘어갈 공산이 크다.

정부 "싱가포르 코로나 재확산 보라, 절대 방심해선 안 돼"
안도하던 독일·한국·중국 코로나19 재유행 조짐에 경악

방심하지 말아야 할 것들을 조목조목 짚어주면 독자들의 눈빛 이 달라진다. 아래 헤드라인에 보이는 '연휴', '클럽', '해외' 등에 뜨 끔한 분들은 반드시 클릭한다.

오늘부터 '코로나 연휴'…순간의 방심에 뚫린다
이태원 클럽발 확진자 90명 육박…코로나19 재확산 불씨 되나?
해외발 코로나 비상…장기전 대비해야

한 사람에겐
열 가지 취향이 있다

사자성어에 십인십색(十人十色)이란 말이 있다. 열 사람에게 제각
각의 개성과 취향이 있다는 뜻이다. 세상은 단 1%의 예외도 허용
하지 않았다. 백인백색(百人百色)이란 말도 있는 걸로 봐서 그렇다.
세상이 좋아지기는 하나 보다. 급기야 일인십색(一人十色)의 시대
가 왔다.

─────────── 사연인즉슨 ───────────

(…) 삼성전자가 타깃 소비자를 좁히는 '마이크로 타깃팅'을 강화
하고 있다. 마케팅 전문가들은 버락 오바마 대통령이 2008년 미
국 대선을 준비하며 유권자 성향을 세세하게 분석해 각각의 타깃
층에 다른 유인물을 보낸 것을 마이크로 타깃팅의 효시로 꼽는다.
이 전략은 '0.1명 타깃팅'으로도 불린다. 같은 소비자라 하더라도
10가지 이상의 다른 특성을 갖고 있다는 전제 아래 마케팅 전략을
짜기 때문이다.

삼성전자 마이크로 타깃팅의 시작은 지난해 하반기 신혼가전 캠페인이었다. 소비자 유형을 라이프스타일에 따라 잘게 쪼갰다. '예쁜 주방에서 함께 요리하는 게 꿈인 신혼부부' '집에서 함께 운동하며 건강에 관심이 많은 신혼부부' 등으로 구분해 구체적인 가전제품 조합을 제안했다.

결과는 성공적이었다. 올 1~6월 삼성 디지털프라자에서 삼성전자 멤버십을 통해 혼수를 구매한 소비자 숫자는 지난해 같은 기간보다 약 세 배 늘었다.

(…) 삼성전자는 전 세계 7개 디자인 연구소, 트렌드 랩, 각 사업부 상품기획팀 등을 통해 소비자 데이터를 분석한다. 지역과 연령대, 국적뿐 아니라 날씨, 기분, 가족관계 등에 따라 소비자들의 의사결정이 달라진다는 게 삼성 측 설명이다.

(…) 전문가들은 소비를 통해 개성을 표현하는 밀레니얼 세대(1980년대 초반부터 2000년대 초반 출생)가 구매력을 갖추면서 소비자 분석이 더욱 쉬워졌다고 설명한다. 이경묵 서울대 경영학과 교수는 "취향이 제각각인 밀레니얼 세대의 마음을 사로잡으려면 솔루션이 구체적이어야 한다"고 말했다.

인공지능(AI) 기술 발달로 소비자 분석이 쉬워진 것도 영향을 미쳤다. 서용구 숙명여대 경영학부 교수는 "구글, 넷플릭스 등 정보기술(IT) 기업이 먼저 마이크로 타깃팅을 시작한 뒤 금융, 전자 등 업계로 확산되며 갈수록 정교해지고 있다"고 설명했다.

『한국경제신문』 2020년 7월 14일

2016년 12월, 미국 시사주간지 『타임』은 '올해의 인물'로 '당신(You)'을 선정했다. 블로그나 유튜브를 통해 폭발적으로 성장하며 영향력을 키워가고 있는 개개인 한 명 한 명이 중요하다는 의미다. 과거에는 소품종 대량생산으로 단가를 낮추고 비용을 줄이는 방식이 주류였다. 개인의 선택 폭은 제한적일 수밖에 없었다. 하지만 경제의 주도권이 공급자에서 소비자로 넘어가면서 유사한 기능이더라도 다양한 제품군을 확보하고 디자인도 다양해지고 있다. 다품종 소량생산(Mass customization)의 시대가 온 것이다.

다품종 소량생산 체제에서는 제품 설계에서부터 생산라인, 부품관리, 영업·마케팅에 이르는 전 과정의 변화가 필요하다. 특히 유연생산체제가 필수다. 하나의 생산라인에서 여러 제품을 동시에 생산할 수 있어야 한다. 이러한 맞춤형 생산은 비단 기사에 소개된 가전제품에만 국한되지 않는다.

구두를 예로 들자면 여전히 남성 구두, 여성 구두로 구분된다. 간혹 '성공한 중년 남성'을 위한 구두 같은 광고가 눈에 띄지만 아마 별 재미를 못 봤을 거다. 모든 중년 남성은 끝끝내 성공에 목말라 하니까. '세련된 도시 여성'을 위한 구두도 마찬가지다. 세련된 도시 여성은 〈섹스앤더시티〉(1998)나 〈악마는 프라다를 입는다〉(2003)에나 존재하니까.

오히려 '이 땅의 소방관'을 위한 구두는 어떨까. 소방관 단어만 들으면 누구나 동공이 흔들린다. 1초도 버티기 힘든 화마와 유독 가스 속으로 결연히 몸을 던지는 모습이 떠올라 먹먹해진다. 도대체 소방관들을 위한 구두는 어떻게 생겼을까 궁금하다. 그다음은 꼭 소방관에게만 파는 것이 아니라면 나도 이참에 하나 장만해야지 하는 마음이 든다. 이것이 고객을 세분화하는 커스터마이제이션의 힘이다.

여기까지는 십인십색, 즉 사람마다 취향이 제각각이라는 이야기였다. 그런데 한 사람의 취향도 시시각각 변한다. 헤드라인에서 지목한 일인십색이다. 기업에겐 절호의 기회다. '열 가지 취향'은 고객 한 명이 분신술을 발휘해서 열 명이 된다는 거니까 곧 시장이 열 배로 커진다는 의미다.

일찍이 세이코, 시티즌 같은 일본 전자시계에 밀려 고전했던 스위스 시계업체들은 스와치(Swatch)라는 브랜드로 재기에 성공한다. Swatch의 S는 두 번째(세컨드, Second)를 뜻하는데 평생 달랑 한 시계만 찰 것이 아니라 그날의 기분이나 옷 색깔, 만나는 사람, 방문하는 장소 등을 생각해서 그때그때 컬러풀한 시계로 바꿔 차라는 의미다. 사람의 취향이 수시로 변한다는 생각, 그리고 시계가 그걸 뒷받침할 패션 아이템이 될 수 있다는 생각이 스위스를 살렸다.

열 가지 취향에 더해 자신도 모르는 숨겨진 취향까지 공략한다면 어떨까? 하버드 경영대학원의 잘트만 교수는 말로 표현되는 고객의 니즈는 5%에 불과하다고 말한다. 내 마음 나도 모른다는 뜻이다. 일찍이 가황(歌皇) 나훈아는 이 부분을 짚었다(나훈아, 〈갈무리〉, 1989).

내가 왜 이런지 몰라 / 도대체 왜 이런지 몰라 /
꼬집어 말할 순 없어도 / 서러운 맘 나도 몰라

4차 산업혁명의 각종 신기술과 렌털 비즈니스 모델을 잘 섞으면 '꼬집어' 말할 수 없는 내 마음의 변덕까지 달래줄 혁신적인 사업 아이템이 나올 수 있다.

같은 재료, 다른 레시피

밀레니얼 신혼부부의 눈길을 사로잡는 헤드라인이 대다수다. 디자인과 편의성을 강조하긴 했는데 다소 추상적으로 들리기도 한다. 그럼에도 결혼을 앞둔 신혼부부라면 앞뒤 가리지 않고 클릭한다.

'밀레니얼 부부' 잡아라…디자인·편의성 잡은 신혼가전 주목
신혼가전 新트렌드 "더 예쁘게, 더 편리하게"…신혼레리어 격변

'디테일러', '맞춤형', '100色'이 나오면 관심이 확 높아진다. 잠재적 구매자들은 자신의 개성과 취향을 곰곰이 짚어보게 된다.

삼성 디지털프라자, 가전 전문가 '디테일러'가 맞춤 상담
"밀레니얼 세대 잡아라"…활짝 열린 '맞춤형' 가전시대
컬러가전 전성시대, 핑크 냉장고·민트 세탁기…100色 가전

쇼는
계속되어야 한다

"와, 이번 에어쇼는 진짜 굉장해" 할 때의 쇼인가, 아님 "완전 쌩 쇼하고 있네" 할 때의 쇼인가. 사전적 의미로 전자는 '춤과 노래 따위를 엮어 무대에 올리는 오락'을 뜻하고, 후자는 '일부러 꾸미는 일을 비유적으로 이르는 말'이다. 혹시나 싶어 찾아보니 원어도 그러하다. 'Show[ʃəʊ]: 오락물, 일부러 꾸미는 짓.'

──────────── 사연인즉슨 ────────────

(…) 아이돌로, 발라드 가수로, 또 트로트로 계속 도전한 23년 경력 장민호를 비롯해 상당수 트롯맨은 어쩌면 '인생 패자부활전'의 산 증인 같다. '실패자'라며 손가락질 받을 때 '살아 있다'며 스스로 일어났다. 부활의 아이콘이 직접 팬을 만날 기회가 공연마다 서로 다른 잣대에, 명확한 가이드라인 없이 좌초하고 있다. 팀 해체 뒤 택배 일을 하는 등 어떻게든 살아내려 했던 그룹 '태사자' 공연 역시 마찬가지다.

서울 송파구에선 "5,000석 이상 대규모 공연 집합 금지"로 미스터트롯 콘서트가 무산되더니, 지난 25일 열리려던 '고작' 400석의 태사자 공연은 광진구의 불허로 관객 입장이 무산됐다. 단지 노래를 넘어 삶의 자세를 우리에게 보여주고 있던 이들이다. 이를 무대로 올리려 했던 대중음악 공연계 종사자 수천 명이 생계를 토로하는 아우성과 허탈감 역시 짐작 가능하다.

이뿐인가. 다음 달 1~2일 송파구 올림픽공원 88호수 주변 무대에서 열릴 예정이던 록밴드 데이브레이크의 1,500석 규모 공연은 취소됐다. 하지만 한 차례 취소됐다가 강서구 KBS 아레나홀로 자리를 옮긴 김호중 팬미팅은 다음 달 14·15일 회당 1,500여 관객 앞에서 열린다고 27일 발표했다. 지자체마다 입장객 허용 숫자도, 공연 스타일 판단도 오락가락이다.

(…) 코로나로 어려운 시기이지만 희망의 불꽃까지 사그라든 건 아니다. 해외에선 파산 보호 신청을 했던 '태양의 서커스'가 지역별로 다시 모여 연습을 시작했다는 소식이 들린다. 그룹 '퀸'의 프레디 머큐리는 유언 같은 마지막 앨범 '쇼는 계속되어야 한다'에서 이렇게 부르짖는다.

"내 영혼은 나비의 날개처럼 칠해져 있지. 지난날의 동화들은 자라겠지만 영원히 죽지 않아. 친구여 나는 날 수 있다네." 비상하려는 이들의 날갯짓은 과연 누가 꺾는 것일까.

『조선일보』 2020년 7월 31일

영국이 낳은 전설적 록 밴드 퀸의 노래 〈The show must go on〉을 그대로 헤드라인으로 썼다.

> 쇼는 계속되어야 합니다 / 내 심장은 부서지고 있어요 /
> 화장도 조각조각 떨어져 나갈 겁니다 /
> 하지만 내 미소는 여전히 남아 있네요

이 노래가 수록된 음반 이누엔도(Innuendo)는 1991년 2월에 발매되었는데, 그해 11월 24일에 리드보컬 프레디 머큐리가 세상을 떠났다. 병이 깊어 일어설 수도 없는 상태에서 보드카 한잔을 들이키고 단 한 번에 녹음을 끝냈다고 한다. 이 노래는 2018년 개봉한 영화 〈보헤미안 랩소디〉의 엔딩크레디트가 올라갈 때 흘러나온다. 앞뒤에 앉은 많은 사람들이 울었다.

코로나19 방역으로 국내 인기스타들의 쇼가 번번이 취소되는 것을 안타까워하는 기사다. 그 헤드라인을 퀸의 노래 제목으로 뽑은 점이 탁월하다. 시점의 문제이지 쇼는 당연히 계속되어야 한다. 인간은 빵만으로 살 수 없다. 쇼(서커스)가 있어야 한다. 우리는 모두 호모 나랜스(Homo narrans, 이야기하는 인간)이자 호모 루덴스(Homo ludens, 유희하는 인간)이기 때문이다.

코로나19로 잠시 주춤하고는 있지만 K팝을 필두로 한 우리의 쇼가 전 세계에서 박수를 받는 모습은 감동 그 자체다. 조선시대

에는 사당패를 하대했고, 근대에 이르러서는 딴따라를 업신여겼
는데, 그런 척박한 풍토에서 K팝의 질주는 놀랍기만 하다. 혹시
지난 수십 년간 사회의 관심이 온통 대학입시와 공무원 시험에 쏠
려 있어서 그런 건 아닐까 하는 생각도 든다. 우리는 태생적으로
'하던 짓도 멍석 깔면 안 하는' 민족이다. 가식이 느껴지거나 인위
적 느낌이 나는 건 질색이다. 만일 그렇다면 결국 사회의 무관심
이 K팝을 키워낸 일등공신이라는 이야기가 되겠다.

K팝이 성공한 이유가 힘 있는 분들이 BTS 같은 음악을 이해하
지 못해서라는 설(說)도 있다. 그렇다면 더욱 다행이다. 줄탁동시
(啐啄同時) 한답시고 이리저리 쪼아대다가 공연히 병아리 다치게
할 수 있다[줄(啐)은 병아리가 알에서 나오려고 안에서 껍질을 깨는 것, 탁
(啄)은 어미가 바깥에서 그 소리를 듣고 껍질을 쪼아 도와주는 것]. 혹시라
도 기어이 K팝을 도와야겠다면 코로나19 같은 상황에도 방역을
지키면서 쇼를 펼칠 수 있는 판을 마련해주면 좋을 것 같다.

———— 같은 재료, 다른 레시피 ————

쇼가 멈추는 것을 우려하는 헤드라인이 많은데, 제목에 걱정을 다
표현했기 때문에 우울한 기사까지 들춰볼 엄두는 잘 나지 않는다.

코로나19로 다음 달 문화예술행사 절반 이상 취소
코로나19에 또 발목잡힌 BTS…오프라인 공연 가능할까

코로나19 재확산으로 '미스터트롯' 서울 콘서트 무기한 중단

쇼가 온라인으로 돌아왔음을 알리는 헤드라인은 먹구름 사이에 비치는 한 줄기 빛처럼 상쾌하기 그지없다. 독자는 원래 편파적이다. 굿뉴스는 기필코 찾아 읽는다.

코로나로 잃어버린 여름 페스티벌…온라인으로 돌아왔다
방구석 팬미팅·콘서트…코로나가 불러온 핸드폰 'AR 엔터' 시대
증강현실 기반 비대면 아이돌 콘서트 '눈길'

온라인 쇼에서 돈 냄새까지 나면 금상첨화다. 헤드라인을 노려보는 동학개미들의 뜨거운 시선이 느껴진다.

코로나19에 자리잡은 안방덕질…엔터株 부활 날갯짓
웅크린 엔터株, 하반기 기지개 켜나

'세한도'의
후예들

'후예(後裔)'라는 단어에서는 비장미가 느껴진다. 선열의 뜻을 받들어 온갖 풍파에도 묵묵히 가시밭길을 걷는 모습이랄까. 2001년에 개봉한 프랑스 영화 〈늑대의 후예들〉도 먹먹한 기억으로 남았고, 2016년 방영되었던 KBS 〈태양의 후예〉도 비록 송송 커플의 로맨스에 가려졌지만 나라를 지키는 태백부대의 활약상을 그렸다. 그나저나 김정희 선생의 〈세한도〉에는 어떤 후예들이 있을까.

사연인즉슨

(…) '세한도'는 두 말이 필요 없는 추사의 명작이다. 값을 매길 수 없는 '무가지보(無價之寶)'로 꼽힌다. 소장자 손창근(91) 씨가 지난주 국립중앙박물관에 아무 조건 없이 기증해 코로나19로 우울한 우리 사회에 즐거운 소식을 안겼다. 개성 출신의 사업가인 선친 손세기(1903~1983) 씨에 이은 2대째 문화재 기증으로 화제다. 지도층의 사회적 책임을 뜻하는 '노블레스 오블리주'의 모범이 됐다.

'세한도'는 단출한 그림이다. 제주 바닷가에 유배 중인 추사가

심오한 헤드라인

제자 이상적(1803~65)에게 그려주었다. 가로 69.2cm, 세로 23cm 작은 화폭에 소박한 집 한 채와 소나무·잣나무 네 그루를 쓱쓱 그려 내려갔다. 중국에서 구한 귀중한 책을 바다 멀리 스승에게 보내준 제자의 깊은 정에 감사하는 마음에서다.

(…) '세한도'는 스토리텔링의 보고다. 19세기 한·중 문화교류가 1막이라면 2막은 20세기 한국 학자들의 응답이다. '세한도'는 주인이 여러 차례 바뀌었다. 이상적에 이어 그의 제자 김병선, 김병선의 아들 김준학, 일본학자 후지쓰카 지카시(藤塚隣) 등이다. 서예가 손재형은 1944년 오랜 설득 끝에 후지쓰카로부터 작품을 넘겨받고, 1949년 국어학자 정인보, 독립운동가 이시영·오세창에게 보여줬는데 이들 셋 또한 '세한도' 말미에 역사에 남을 헌사를 적었다. '이 그림을 보며 수십 년 동안 고심에 찬 삶을 산 선열들이 떠올라 삼가 옷소매로 눈물을 닦는다'(이시영), '그림 한 폭 돌아옴이 조국강산 되찾을 조짐임을 누가 알았겠는가'(정인보) 등이다.

이런 측면에서 볼 때 '세한도'는 미완성이다. 현재진행형이다. 정인보의 글 뒤에 빈 공간이 꽤 많이 남아 있다. 추사와 이상적은 지금 그 여백을 채울 21세기의 후예들을 기다리고 있을지 모른다. 3막의 불씨는 일단 손세기·손창근 부자가 지폈다. 거상(巨商) 손세기는 손재형을 거쳐 또 다른 개성 상인에게 넘어간 '세한도'를 1960년 4·19 무렵 사들였고, 그 아들 손창근이 60년 만에 국민의 품 안으로 돌려보냈다. 파란만장한, 이른바 팔자가 드센 '세한도'가 영원한 안식을 누리게 됐다. (…)

『중앙일보』 2020년 8월 27일

민족의 보물인 〈세한도〉를 지켜온 사람들을 일컫는 '세한도의 후예들'이라는 헤드라인이 〈세한도〉만큼이나 멋지다. 암울한 시기에 모처럼 만나는 뜻깊은 기사여서 더욱 반갑다. 이번 〈세한도〉 기증을 계기로 전 국민이 손씨 가문을 우러러보게 되었다. 이럴 때는 영국이 부럽다. 이런 분들께는 작위를 부여하고 대대손손 '경(Sir)' 칭호를 붙여 드려야 한다.

국보 180호인 〈세한도〉는 조선 후기의 학자 추사(秋史) 김정희의 작품이다. 전문 화가의 그림이 아니라 선비가 그렸다 해서 문인화로 분류된다. 조선 말엽 극심한 혼란기에 웬만한 학자 치고 귀양 안 가본 사람 없다. 김정희 선생도 예외가 아니었다. 세한도는 선생의 제주 유배 시절인 1844년에, 옛 제자 이상적에게 고마움을 담아 그려 준 그림이다.

〈세한도(歲寒圖)〉라는 이름은 『논어』에 나오는 "세한연후 지송백지후조(歲寒然後 知松柏之後凋)"에서 따왔다고 한다. 우리말로 '겨울이 되어서야 소나무와 잣나무가 시들지 않는 것을 안다'는 의미인데, 갈수록 살기 퍽퍽한 요즘에 더욱 와 닿는 문구인 것 같다.

이번 코로나19 사태를 겪으면서 우리 사회는 '시들지 않는' 든든한 벗을 알게 되었다. 전대미문의 국가 재난 앞에서 정부를 도와 팔을 걷어붙인 기업들이다. 어떤 기업은 환자 치료소를 제공했고, 어떤 기업은 마스크 공급을 도왔으며, 또 어떤 기업은 의료진 지원 키트를 부지런히 실어 날랐다. 공장 소재지 인근의 자영업자와 소상공인을 도와준 기업도 많았다. 사실 국내 많은 기업들은 이미 오래전부터 각자의 방식으로 묵묵히 사회공헌 활동을 해왔었다. 그런데 이번에 코로나19 지원에 모든 기업들의 역량이 집중되면서 더 빛을 발하게 되었다.

요즘은 '사회적 책임'이 기업경영의 큰 명제로 자리 잡았다. '기업시민(Corporate citizenship)'이라고도 하는데 돈만 잘 벌면 되는 시대는 끝났고, 사회공동체의 일원으로서 사회와 조화를 통해 성장해야 한다는 의미다. 환경(Environment), 사회(Society), 지배구조(Governance) 측면에서 책임을 다한다는 뜻에서 ESG경영이라고도 한다. 그런 의미에서 사회와 함께 공생을 추구하는 우리 기업들도 '시들지 않는 소나무와 잣나무'처럼 '세한도의 후예들'이다.

마지막으로 필자가 생각해낸 싱거운 농담 하나. 세상에서 가장 빠른 새는? 정답은 '어느새'. 그럼 세상에서 가장 오래 걸린 그림은? 정답은 '아직도(圖)'.

기사에 나온 대로 〈세한도〉는 미완성이고 현재진행형이다. 우리 사회와 국민, 그리고 미술을 사랑하는 이웃 나라 국민과도 함께 완성해 가야 한다. 그런 의미에서 〈세한도〉는 '아직도(圖)'다.

───────── 같은 재료, 다른 레시피 ─────────

국보, 세한도, 기증이라는 재료가 들어갔는데 레시피가 뭐가 중요할까. 이런 재료는 눈 감고 대충 버무려도 미슐랭 별 셋이다(아쉽

계도 미슐랭은 별 3개가 최고).

> '세한도'까지 국가 기증했다…손세기·손창근 代 이은 기부
> 2대에 걸친 기증… 추사의 '세한도'까지 국민 품에

김정희 선생에 초점을 맞춘 기사도 있다. 서화일치(書畵一致). 뜻도 모르고 외웠던 사자성어의 의미를 이제야 알게 된다. 〈세한도〉에 얽힌 한일 간 스릴 넘치는 헤드라인도 무조건 클릭을 부른다.

> '서화일치의 경지' 추사 김정희 '세한도' 국립중앙박물관에 기증
> 10번 주인 바뀐 세한도, 하마터면 일본서 폭격에 사라질 뻔

우리는 모두 헤드라인을 생산하는 '헤드라이너'이자 그것을 소비하는 '헤드라인 쇼퍼'입니다. 한 줄 헤드라인의 힘을 이해하고 활용하는 것은 정보 홍수 시대를 살아가는 현대인의 숙명인지도 모르겠습니다.

마스크로 얼굴의 반을 가렸는데도 오가며 알아보고 인사 주고받는 걸 보면 신기한 생각이 듭니다. 그런데 만약 얼굴 아래가 아니라 얼굴 위, 특히 눈을 가렸다면 부모 형제도 못 알아봤을 겁니다. 눈은 역시 사람의 아이덴티티입니다. 그런 의미에서 헤드라인은 콘텐츠의 눈에 해당합니다. 용의 눈동자를 어디에 찍느냐가 그림의 가치를 좌우하듯이 헤드라인을 어떻게 뽑느냐가 콘텐츠의 운명을 결정하기 때문입니다.

예를 들어 보겠습니다. 토요일 새벽 3시, 청담동에 위치한 어느 명품 숍에 도둑이 들었습니다. 시즌 할인 행사가 막 시작될 무렵이라 매장엔 온갖 명품들이 산더미처럼 쌓여 있었다고 합니다. 도둑은 여행용 트렁크 하나를 가지고 와서는 유독 값 비싼 명품들만 골라 담았습니다. 매장 한구석 냉장고에서 고객 응대용 비타500 몇 병을 꺼내 마시는 여유까지 부렸다고 합니다. 그러다 결국 밤늦은 시간에 냉장고에서 새어 나온 불빛을 수상히 여긴 건물 경비원의 신고로 덜미가 잡혔습니다.

이 뉴스에는 어떤 헤드라인이 좋을까요? 필자가 제안하는 5F를 기준으로 했을 때 '비타500을 사랑한 루팡'(Funny), '도둑이 고른 명품의 조건'(Fruitful), '도둑은 프라다를 입는다'(Fresh), '토요일 새벽 3시 그 남자의 외출'(Foggy), '누가 명품을 두려워하랴'(Far-sighted) 정도가 떠오릅니다.

전달하고자 하는 포인트에 따라, 또 살리고자 하는 스타일에 따라 다양한 헤드라인이 나옵니다. 정답은 물론 없습니다. '헤드라이너'의 식견과 감각이 중요하고, 그에 필적하는 '헤드라인 쇼퍼'의 안목이 중요한 것입니다.

여러모로 부족한 책을 여기까지 읽어주신 독자분들께 감사함을 전합니다. 이 책이 헤드라이너와 헤드라인 쇼퍼 모두에게 작은 도움이 되었으면 하는 바람입니다. 시간과 여건이 허락된다면 앞으로도 한 해를 빛낸 헤드라인 중에서 여전한 감동과 여운으로 남는 것들을 엄선해서 독자분들과 함께 배우고 리뷰하는 노력을 이어갈 생각입니다.

모쪼록 다다익선(多多益善)의 시대에 과유불급(過猶不及)의 작은 팁을 얻으셨기를 바랍니다.

2021년 새해 아침,
박용삼

헤드라인 쇼퍼

읽고 싶어지는 한 줄의 비밀

초판 1쇄 발행 2021년 1월 11일

지은이 | 박용삼
펴낸곳 | 원앤원북스
펴낸이 | 오운영
경영총괄 | 박종명
편집 | 최윤정 김효주 이광민 강혜지 이한나
디자인 | 윤지예
마케팅 | 송만석 문준영
등록번호 | 제2018-000146호(2018년 1월 23일)
주소 | 04091 서울시 마포구 토정로 222 한국출판콘텐츠센터 319호(신수동)
전화 | (02)719-7735   팩스 | (02)719-7736
이메일 | onobooks2018@naver.com   블로그 | blog.naver.com/onobooks2018
값 | 16,500원
ISBN 979-11-7043-162-6 03320